浙江省普通高校"十三五"新形态教材

U0671146

普通话考级新形态教程

赵则玲 编 著

电子工业出版社·
Publishing House of Electronics Industry
北京·BEIJING

内 容 简 介

本书聚焦"普通话考级",以"教学"和"测试"为核心,在重点研究和考察"地方普通话"的基础上,针对方言地区的人学习普通话的现状,结合编著者长期从事普通话教学研究的经验、自身学习普通话的体会及方言学研究成果进行编写。本书旨在帮助广大需要参加普通话考级的学员,使其能够在短时间内快速提高普通话水平并顺利通过相应等级,同时也为从事普通话教学和测试工作者提供教学和研究上的帮助。本书分为上下两篇,共九个单元。上篇包括第一至四单元为普通话教与学,下篇包括第五至九单元为普通话考级指导与训练。本书配备各种类型的教学资源,针对性强,包含电子文件、音频、视频等多种形态,全面帮助参加普通话考级的学员提高普通话水平。本书以"学"为本,加强学员的"自我训练",精心编写和设计练读材料,许多练读材料有较强的趣味性,让枯燥无味的正音训练充满乐趣,让学员爱读爱说。通过文字材料与音频文件配套练习、教师讲解与视频演示结合、正音指导和示范练读紧密结合等多种新颖形态,充分调动学员的兴趣和积极性。

图书在版编目(CIP)数据

普通话考级新形态教程 / 赵则玲编著. —北京:电子工业出版社,2020.2

ISBN 978-7-121-35229-4

Ⅰ. ①普…　Ⅱ. ①赵…　Ⅲ. ①普通话—水平考试—教材　Ⅳ. ①H102

中国版本图书馆 CIP 数据核字(2018)第 236964 号

责任编辑:李　静

印　　刷:北京七彩京通数码快印有限公司

装　　订:北京七彩京通数码快印有限公司

出版发行:电子工业出版社

　　　　　北京市海淀区万寿路 173 信箱　邮编 100036

开　　本:787×1092　1/16　印张:13.5　字数:389 千字

版　　次:2020 年 2 月第 1 版

印　　次:2021 年 4 月第 2 次印刷

定　　价:42.00 元

凡所购买电子工业出版社图书有缺损问题,请向购买书店调换。若书店售缺,请与本社发行部联系,联系及邮购电话:(010)88254888,88258888。

质量投诉请发邮件至 zlts@phei.com.cn,盗版侵权举报请发邮件至 dbqq@phei.com.cn。

本书咨询联系方式:(010)88254604,lijing@phei.com.cn。

前　言

　　南方方言地区是普通话水平测试达标的重点和难点地区。普通话和方言属于同一种语言系统，然而方言地区人学习普通话总是下意识地比照自身的方言母语类推学习，这就势必受到幼时学习方言母语的干扰，逐渐形成一种带有明显方言特征的地方普通话，目前这种地方普通话已成为方言地区人们的主流语言。综观普通话教学现状，普通话的系统训练以模仿和跟读为主要方式，训练强度大、针对性不强。其结果是"课堂略见成效，课后旋即回生"。怎样提高学员们的普通话水平，使其顺利达到等级考试的相应标准，令教师们感到困惑。究其原因，主要是缺乏行之有效的教学手段和科学的训练方法，只重视教师的"教"，而忽视学员的"学"。因此，要提高普通话水平测试达标率，研究和探讨如何在短期内快速提高普通话水平至关重要。

　　本书在重点研究和考察"地方普通话"的基础上，针对方言地区人们学习普通话的现状，结合编著者长期从事普通话教学研究的经验、自身学习普通话的体会及方言学研究成果，在研究普通话"教"与"学"的规律方面做了比较深入的研究和创新，旨在帮助广大学员在短时间内快速提高普通话水平，同时也为从事普通话教学和测试工作的专业人士的教学和研究提供帮助。

　　本书从最初的辅助资料到成品书，修订改版历时二十余年：《普通话口语日常训练手册》（浙江师范大学校内发行，1996.9—2002.1）→《普通话学习与测试教程》（黑龙江人民出版社2002.5）→《普通话学习与测试教程第2版》（黑龙江人民出版社2005.8）→《普通话口语测试教程》（南京大学出版社2017.5）→《普通话考级新形态教程》（电子工业出版社2019.9）。

　　与同类教材相比，本书主要有以下三个特点。

　　（1）包含多种新形态教学资源，针对性强。

　　本书包含电子文件、音频和视频等多种形态教学资源；编撰过程融入了编著者多年普通话研究成果及方言学研究成果，全方位帮助学员正确认识自我语音与标准普通话语音的差距，有针对性地攻克难点音，从而提高普通话语音水平。

　　（2）教与学经验丰富。

　　编著者结合长期从事普通话教学的经验，以及亲身参加国家级、省级普通话水平测试的体会，精心编写和设计练读材料。

　　（3）以学为本。

　　通过文字材料与音频文件配套练习、教师讲解与视频演示结合、正音指导和示范练读紧密结合等多种颖新形式，充分调动学员的兴趣和积极性。本书以学为本，加强学员的"自我训练"，紧扣普通话水平测试大纲，以"测"促"练"，以"教"保"测"。

目　　录

上篇　普通话教与学

下篇　普通话考级指导与训练

上篇　普通话教与学

第一单元　普通话概论

> ## 教 学 要 求
>
> - 正确理解普通话内涵，初步建立普通话理论体系。
> - 掌握普通话和方言两个概念的内涵及其关系。
> - 理解普通话语音的规范化问题。
> - 了解普通话与方言的区别。

第一节　普通话与汉语方言

一、普通话定义及其内涵

1955 年 10 月，在全国文字改革会议和现代汉语规范问题学术会议上，把现代汉族共同语称为"普通话"，并明确了它的定义：它是以北京语音为标准音，以北方话为基础方言，以典范的现代白话文著作为语法规范的汉民族共同语。中国大陆称普通话，中国台湾称国语，境外华人地区称华语或中文。

在国际上，普通话是代表中华人民共和国的"中国话""国家通用语"，这也是国务院 2000 年 10 月颁布的《中华人民共和国国家通用语言文字法》中对普通话的叫法。

"官话"是普通话的旧称。官话原是官场上使用的语言。汉语方言存在分歧，官民上下语言不通，明清时代朝廷要求各级官员在执行公务的场合必须使用官话，后来老百姓也学用官话，官话便在民间流行起来，成为明清时代的汉族共同语。早期的普通话与官话没有严格区别。

应着重从两个方面理解"普通话以北京语音为标准音"。一方面，汉语方言的分歧以语音差异最大，不仅上海、广州的语音系统与北京的不同，就是与北京邻近的天津、保定的语音系统与北京的也不相同。国家要统一语音，必须以一个地方语的语音系统作为标准。北京是我国政治、经济、文化的中心，也是历史上多个朝代的都城，选取北京语音作为标准音是汉语历史发展的必然结果。另一方面，作为规范和标准的"北京语音"指的是北京的语音系统，即北京音的声韵调系统和北京的字音，这是一个整体的标准，并不包括土音部分。

"普通话以北方话为基础方言"是指普通话的词汇标准。应着重理解两点，一是为什么不以北京话为基础方言，这是因为一种语言的词汇具有量大多变的特点。对民族共同语普通话来说，尤其需要分布范围广、影响力大的方言作为它的词汇仓库。北京话是地点方言，北方话则是地区方言，显然后者范围大，这正适应了普通话词汇的需要。二是普通话以北方话为基础方言，并不排除从其他方言、外来语种等词汇中吸取营养。

"普通话以典范的现代白话文著作为语法规范"是对普通话语法标准的规定。一是指有广泛代表性的优秀著作，如国家的法律条文、报刊社论和现代著名作家的作品，这是从范围上理解的。二是指语言规范的文章和作品。例如，鲁迅是个大文豪，但他许多作品的语言用例带有半文不白及绍兴方言色彩；郭沫若的文章《一只手》中有句话"他的脚步没有停止着过"就不能作为语法规范。

二、地方普通话

在现代社会中，绝大多数人都是先习得自己的方言母语，即家乡话，然后根据需要学习普通话。在学习普通话的过程中，由于语言环境、习得母语方言的干扰等因素，所学习的普通话往往或多或少地带有方言色彩。我们称这种夹有方言味儿的普通话为"某某地方普通话"，过去也被人们称为"蓝青官话"①。

目前，这种地方普通话普遍流行于社会，已经成为人们的主流语。这种地方普通话不是单纯的一种口音，而是两种以上口音的杂糅，因人因地不同，有的难懂，有的易懂，"可懂性"差异较大。方言和"地方普通话"都在一定程度上影响了人们的语言交际。

著名语言学家周有光先生曾讲过这么一件事，改革开放初期，在全国政协的小组会上，竺可桢先生用浙江普通话发言，土音严重，大家听不懂，就请周有光先生当翻译。竺先生感叹说："我说英语能走遍世界，我说中国话却走不出家乡，我年轻时没有受到国语训练，下一代青年必须像学习英语那样学好普通话！"由此可见，"地方普通话"同样会影响人们的交际。

三、普通话与北京话

普通话以北京语音为标准音，是汉语历史发展的必然结果。普通话的语音不可能凭空创造出来，必须以一种现实存在的地方方言为基础。古今中外，民族共同语都是以政治、经济、文化中心的语音为标准的。几百年以来，北京一直居住着大量的各民族和从各地区来的人，对传播北京话起了重要的作用，北京话也就逐步成为人们交流的语言，北京语音也成为大多数人公认的语音标准。半个多世纪以来，北京语音已经被全国各地人民所接受，所以自然地取得了普通话语音标准的资格。但北京话并不等于普通话，北京话也是一种汉语方言，普通话以北京语音为标准音，并不是不加分析、不加选择地采用，而是排除了北京话中的土音、土语成分。

总之，普通话不等于北京话。普通话是以北京语音为标准音的，北京话是北方话的代表。普通话是一个完整的概念，其语音、词汇、语法三个方面是一个统一的整体。我们要学好普通话就必须从以上三个方面理解其真正含义并掌握它的标准，这对于培养普通话的语感是十

---

① "蓝青"意为不纯粹，"官话"是指这种话开始只在官场上使用。

分重要的。为了进一步说明这一问题，试举数例说明北京话与普通话不同的字词，如下所示。

	北京话	普通话
逮	dēi	dǎi
弄玩~	nèng	nòng
塞	sēi	sāi
人	rénr	rén
事	shìr	shì
清早	qīngzǎor	qīngzǎo
公园	gōngyuánr	gōngyuán
试卷	shìjuànr	shìjuàn
曹操	cáocao	cáocāo

第二节 普通话教与学的要点

一、普通话的"教"

普通话教学属于语言学科的教育范畴，除遵循教学的一般规律外，还有其自身的特点和规律。在教学活动中，教师的教学能力具有举足轻重的作用。一般来说，普通话教学学时短，教师如果不具备良好的素质，普通话教学势必陷入"走过场"的境地。要提高普通话的教学质量，不仅要有适合普通话教学的教材，更重要的是教师既要掌握标准普通话，又要具有较强的语音听辨能力、语音理论知识、方言学知识及相关的学科知识，善于总结和探索普通话的教学规律，将教学与科研有机地结合起来，这样才能高效率地发挥普通话教学的作用。本书编著者根据自身长期从事普通话教学研究的体会，归纳出以下几条普通话的"教"的经验。

（一）消除心理障碍

具备良好的心理素质是学好普通话的内在动力。有的学员感觉自己年龄偏大，而自尊心又强，如果摸底考核没过关，则难免产生消极情绪。教师首先应阐明普通话首次过不了关，并不说明他们的智商或能力有问题，而是多种原因造成的，以消除他们的自卑心理。然后分析年龄偏大的优劣势，并从感情上加以沟通，以消除他们的心理障碍。最后说明个人的毅力和自信心是纠正方音、学好普通话的重要前提。

（二）激发学好语音的欲望

美国心理学家兰伯特长期以来致力于从社会心理学的角度研究双语现象和第二语言的学习过程。他将学习语言的动机分为两种类型：实用动机（仅仅为了功利而学习）和归附动机（对另一种语言文化集团产生了好感，希望成为其中一员）。教师可以诱导学员从实用动机和归附动机出发，激发学员学好普通话的欲望。普通话水平考级是实用动机，归附动机比实用动机更重要。教师可将普通话与方言做比较，来说明普通话具有韵律感强、音节铿锵悦耳、词汇丰富多彩、语法简洁严谨等特点，用以诱导学员的归附动机。

（三）掌握学员语音现状

教师只有掌握学员的语音现状，才能有针对性地进行语音教学。总体来说，学员目前的语音状况与十年、二十年前相比大有改观，方言语音大多不明显，这与普通话的大环境及中小学教师普通话持证上岗是分不开的。但来自不同地区的学员在语音上存在的问题仍存在一定的差异。可以通过分析新生入学后的普通话过关考核、普通话水平测试结果，以及平时普通话教学积累等途径掌握学员语音状况。教学实践表明，注重了解学员的语音状况，可以帮助教师准确地把握语音教学的重点，有针对性地选择适合学员语音状况的教学方式，避免面面俱到，影响普通话教学的效率。

（四）增强语音听辨能力

普通话发音准确是语音教学的最基本的要求。要提高学员的正音水平，教师的语音示范和听辨能力是关键。因为语音的教学主要靠口耳相传，所以教师的语音应达到普通话水平测试一级标准，听音和辨音能力也应达到测试员标准，否则很难保证教学效果。如果教师的语音不标准，就无法给学生做正确的语音示范。教师听音、辨音能力不强，分不清学员发音的正误，也就不能及时纠正学员的不标准发音。因此，普通话教师最基本的素质是语音标准，并应具有较强的语音听辨能力。

（五）培养标准普通话语感

标准普通话语感是规范的、高层次的，需要经过培养方能得以实现。若要培养学员的普通话语感，则教师应给学员创造听说练习的机会，多听多说。听是语言的输入，是解码的过程；说是语言的输出，是编码的过程。我们是从口头说话中获得听觉语感，再由听觉语感升华为口语语感的，它们相互依存、相互促进。标准音听得多了，自然而然会说得标准。由此可见，必须首先在"听"的过程中形成相应的语感，然后用于监控和调节"说"的实践。从某种意义上讲，"听"服务于"说"，听得准才能说得好。"听"有时比"说"更重要。我们只有具备丰富、灵敏的语感，才能逐步形成标准普通话的语感，这样自然就能说好普通话了。

（六）积累语音资料

普通话教学以语音为核心，教师不断积累语音资料十分重要。对于方言地区的人来说，在普通话水平测试中，因字音错误而扣分的原因一是读得不标准，二是读得不正确。不标准是因为受方音影响，不正确是因为读错别字。若要有效地纠正错误的读音，则教师应及时分析测试结果，在教学中注意发现学员常易读错的字音，然后编成正音资料，并且作为正音训练的重点，这样会收到事半功倍的效果。教师还可将收集到的易读错的字词归类，同时分析造成错误的原因，以便找出相应的纠正方法，同时进行集中训练，这样可以用较少的时间进行重点突破。

（七）注重教学研究

教师的教学离不开教研活动，若要提高普通话教学效率，就应该注重教学研究。教师在了解学员的语音状况、积累大量语音资料的基础上，应针对学员出现的语音问题，研究对症下药的方法，以便短时间内提高学员的正音效果。在教学实践中，本书编著者总结出一些行之有效的方法：一是比较法，将标准音和不标准音加以比较，教师要善于模仿学员的不标准音，让学员进行听辨比较；二是语境法，把难点音放在具体的普通话语境中练读，以加深学员对标准音的印象；三是体势法，将语音理论的讲解和教师的发音融于体势中，如运用手势练习平翘舌音的区别，运用头势练习阳平和上声调等；四是辨析法，如找出地方普通话与标准普通话语音的对应类型加以辨析，把易混读的字词在字形和词义上加以辨析；五是观察法，让学员注意观察教师发音时的口形，然后对着小镜子观察自己的口形。正音方法多种多样，教师只要做个有心人，善于研究总结，学员在短期内快速提高普通话语音水平将不是空话。

二、普通话的"学"

要提高普通话水平，教师的"教"固然重要，但教师"教"得好，并不代表学的人一定能学得好。除掌握学习普通话的规律和科学的训练方法外，关键还在于自我的强化训练。普通话水平的提高，需要一个从量到质的飞跃，而普通话训练本身就是不断量化的过程。但是如果练的时候不注意方式方法，花了工夫而长进不大，就会越练越没有兴趣，因此要达到普通话水平质的飞跃，是不可能的。本书编著者结合参加国家级、省级普通话水平测试的体会，总结了以下几条经验，供学员借鉴参考。

（一）知"己"知"彼"

只有"知己知彼"才能"百战不殆"，这是一句大家所熟知的古代成语。这里的"己"指的是学员自己的语音情况，"彼"指的是普通话标准音。要学好普通话，既要有自知之明——了解自己所说的普通话中有没有方言语音，又要具备标准普通话的语感。要想知道自己的普通话里有没有方言语音，只有在普通话标准音的比照下才能发现。而要真正做到知"彼"，就要在不断克服方言语音的过程中培养普通话的语感。有了语感，就会自然而然地对语音的正确与否做出感知判断。相反，如果缺乏对于"标准"与"不标准"语言的感知判断能力，就会陷入满口的方言语音还自以为标准的境地，以致要提高普通话水平就成了一句空话。

（二）正音与语感训练相结合

从普通话测试结果中可以发现，许多学员在第一、二项字词测试中发音较准确，扣分少，但在朗读特别是说话中，吐字生硬，方言语音时有流露，语感差，这说明他们并没有将普通话的正音练习和平时的日常用语结合起来。书本上练一套（主要是书面语），平时说一套（主要是口语，对普通话口语语感缺乏综合的把握）。要改变这种状况，学员在自我训练时要走出字词的正音练习和读背文章的套路，强化语感训练。在听广播、看电视、与人聊天中有意强化普通话语音的感知能力。如果能从播音员的语音中听清平翘舌音、前后鼻音及轻声、儿化、变调等，那么对于练好标准音是有很大帮助的。用普通话思维创造更多自由交谈、讨论的机会，也是一种对标准普通话语感的模仿方式。心中有了标准普通话的语感，在正音和练习巩固阶段就会自然而然地随时监督自己的发音。这种有意识地培养语感的方法与方音辨正同时进行，就会取得事半功倍的效果。

（三）熟练掌握吐字归音法

我们知道，普通话音节结构分为声、韵、调三部分。声，又叫字头；韵，分为韵头、韵尾、韵腹三部分；调，体现在韵腹上。普通话单字词的发音应该遵循汉字音节结构的特点，音要发得"珠圆玉润"，尽量将每个字词的发音过程处理为"枣核形"，以声母或韵头为一端，以韵尾为另一端，以韵腹为核心。一个音节的音程很短，大多在三分之一秒就会结束。要在短短的时间内兼顾声、韵、调和吐字归音，就必须从日常训练开始严格要求。

（1）出字——要求声母的发音部位准确、弹发有力。

（2）立字——要求韵腹拉开立起，做到"开口音稍闭，闭口音稍开"。

（3）归音——干净利落，不可拖泥带水。尤其是 i、u、n、ng 等做韵尾时，要注意口形的变化。

（四）巩固比纠正更重要

学好普通话，找出发音误区并进行纠正，显然很重要。在一定的语音理论指导下，经过对比辨音，模仿标准音，大部分方言语音都能得到纠正。但是方言语音纠正后，到了具体的说话语境中，一张口说话又会恢复到原来的口音。为此，有很多学员在学习普通话时感到急躁不安。其实大可不必紧张，这说明刚纠正过来的新语音尚未在旧的语音系统中得到巩固，必须经过一个强化巩固的阶段。这就需要数十次甚至数百次的"练说"→"监听"→"说准"的过程，在不断地与旧的发音习惯做斗争的过程中逐渐形成标准普通话的语感。这完全取决于个人的刻苦训练，任何人也替代不了。因此，从这个意义上讲，训练巩固比纠正方言语音更为重要。

（五）细水长流与突击强化

我们都知道学习语言不是一蹴而就的，而是一个细水长流的过程，需要持之以恒的精神。这当然很重要，但是，参加过普通话水平测试的人都有这样的体会，如果报名参加即将举行的普通话达标测试，仅仅靠"细水长流"还是不行。在"细水长流"的基础上还应该运用"突击强化"法。在突击强化时，人的注意力高度集中，发音器官等都处于紧张状态，对播音员的语音、用词、句法等尤其敏感，记忆力也会陡然增强。这些对于纠正方音，培养普通话的思维和语感都是非常有利的。只要方法对头，肯花工夫，少则一个月，多则三个月，就能收到满意的效果。但如果考试结束就放松下来，甚至把它抛在一边，则旧的方言语音势力又会抬头，这就需要运用"细水长流"法慢慢加以巩固、消化，使之真正成为自己的语音。

（六）"记忆"和"练读"并重

许多人在学习普通话时可能把主要时间放在纠正方言语音的"练读"上，往往忽略字音的认读记忆。实际上，普通话的基本音节约 400 个，加上声调也只有 1200 余个。如果学员的普通话语音已经标准了，掌握基本音节是不难的。语音标准了，因缺乏"记忆"，以致在普通话水平测试中仍旧错误百出，例如，看到某字却分辨不清到底该读平舌音还是翘舌音，读前鼻音还是后鼻音，或者平翘舌音混读、前后鼻音混读，把平舌音读为翘舌音，翘舌音读为平舌音。要想顺利通过达标测试也有难度，所以加强记忆十分重要。对于南方方言地区的人来说，除记住少数难点字词外，还要善于运用规律，加强平翘舌音、前后鼻音、轻声词等的记忆。如果有少数字词记忆时无规律可循，则可以自己找些窍门帮助记忆。如记忆"辛"和"幸"

两字，可编两句顺口溜帮助记忆："辛"苦在前（前鼻音），"幸"福在后（后鼻音）。

（七）"听"与"说"训练并重

普通话口语能力主要表现在"听力"和"说话"两个方面。口语学习即口耳之学，口语训练必须重视口耳的训练。"听"是语言的输入，是解码的过程；"说"是语言的输出，是编码的过程，两种语言活动的方向恰恰相反。人们从口头说话中获得听觉语感，再由听觉语感升华为口语语感。口语语感还可分为听觉语感和口头语感，它们相互依存、相互促进，在口语交际中成为两大主要环节。因此，在培养普通话口语语感时，要重视提高自身听说能力。

（八）重视口语能力的综合训练

普通话正音贯穿自我训练的全过程，但我们不能忽视普通话口语的训练，因为口语最能反映一个人普通话的实际水平。所谓普通话能力，就是能够运用普通话思维，使口语和书面语，以及语音、词汇和语法都合乎标准和规范。学好普通话的目的应该是提高普通话的运用能力，不仅书面语音要标准，能准确地读词、读文章，而且能标准、流畅地说普通话。这就要求学员在平时训练中不可操之过急，也不要孤军奋战，可以找个同学互帮互练。训练要分阶段进行：第一阶段练习声韵调、轻声、儿化、变调等，同时进行一些简单的对话；第二阶段在掌握语流音变的基础上，着重练习朗读材料，同时进行成段话语的表达训练；第三阶段为综合训练，以口语表达中的词汇、语法为重心，将正音、正词、正句融入具体的话题之中。

（九）熟练掌握发音的口诀

学好声韵辨四声，阴阳上去要分明。部位方法须找准，开齐合撮属口形。
双唇班报劈百波，舌尖当地泥楼斗，舌根高狗可耕湖，舌面坚精七减息。
翘舌主争池日时，平舌资次早在私，擦音发翻非分复，送气查柴产彻称。
合口呼午枯胡古，开口河坡歌安争，撮口须学寻徐剧，齐齿衣优摇业英。
前鼻恩音烟弯隐，后鼻昂迎中拥生，咬紧字头归字尾，阴阳上去记变声。
循序渐进坚持练，不难达到纯和清。

编著者学习普通话
自述

第三节　普通话与地方普通话句子的异同

地方普通话是一种带有地方方言色彩的普通话。与标准普通话相比，除语音、词汇有方言成分外，地方普通话在句子表述上也存在不符合普通话规范的因素。例如，有些方言地区的人们说的普通话，语音没什么问题，人们习以为常，但仔细分析起来，却不符合普通话的说法。现举例如下：

（一）语序不同

普通话	地方普通话
我吃过饭了	我饭吃过了
火车快到了	火车到快了

（二）动词用法有差异

普通话	地方普通话
<u>搞不清楚</u>他<u>说</u>什么	<u>搞不大清</u>他<u>讲</u>什么
你把文件<u>送</u>到校长那里去	你把文件<u>送送</u>到校长那里去
请教师把所借杂志尽<u>快归还</u>	请教师把所借杂志尽<u>快还掉</u>

（三）用肯定、否定句式构成的疑问句有区别

普通话	地方普通话
你去开会<u>了没有</u>？	你<u>有没有</u>去开会？

（四）"二"与"两"用法有差别

普通话	地方普通话
我教<u>二</u>年级语文	我教<u>两</u>年级语文

（五）双宾语词序不同

普通话	地方普通话
我要<u>送</u>他一件衣服	我要<u>送</u>一件衣服<u>给他</u>

（六）动词补语用法有别

普通话	地方普通话
我们家的房子被水给<u>淹了</u>	我们家的房子被水<u>淹去了</u>
你好像<u>瘦了</u>	你好像<u>瘦去了</u>

（七）语气句型不同

普通话	地方普通话
<u>把</u>热水瓶拿过来（把字句）	热水瓶拿过来（祈使句）

（八）谓语动词成分有别

普通话	地方普通话
昨天我有事没<u>来</u>	昨天我有事没<u>来过</u>

（九）句末语气词及动词补语不同

普通话	地方普通话
我一下子<u>重了</u>十几斤<u>呢</u>！	我一下子<u>重起来</u>十几斤<u>喂</u>！
他<u>真怪</u>！	他<u>很怪的喏</u>！

（十）疑问词有别

普通话	地方普通话
这个会我<u>能不能</u>参加？	这个会我<u>好不好</u>参加？

（十一）指示代词有别

普通话	地方普通话
请到我<u>这里</u>报名	请到我<u>地方</u>报名

语法结构在语言体系中是最稳固的，相对而言，普通话与方言在语法上的差异要小一些。普通话与不同方言的语法虽说大同小异，但毕竟还有所区别。方言地区的人们在用普通话单向说话时，要注意地方普通话与标准普通话语法上的联系和区别。例如，吴语区普通话双宾语句的位置和标准普通话正好相反，直接宾语（指物的）在前，间接宾语（指人和有生命的事物的）在后。标准普通话说"送你一张相片"，吴语地方普通话说"送张相片给你"。

第四节　普通话语音的规范化

普通话语音的规范化是现代汉语规范化的重要组成部分，它包括两种不同性质的规范。

一是语音系统本身的规范，普通话的规范语音应以北京语音为标准音。由于各种原因，北京语音内部还存在一些分歧现象，如部分汉字有一字两读的情况，究竟以哪个读音为标准，这就涉及异读字的规范问题；还有北京方言里的轻声和儿化，哪些应该吸收到普通话里来，哪些不该吸收，这还有待于对轻声和儿化词做进一步的规范，这些现象对学好普通话都是不利的。

二是个人使用上的规范。很多人受方言的影响发音不准确，这就要求我们进一步加强对普通话标准语音的学习，力求达到相应的等级标准，不断增加识字量，尽量减少读错字的现象。

《普通话异读词审音表（修订稿）》（2016年5月）举例如下所示。

异读词	审读音	废除音
<u>呆</u>板	dāi	ái
步<u>骤</u>	zhòu	zòu
<u>缔</u>结	dì	tì
<u>波</u>浪	bō	pō
<u>谬</u>论	miù	niù
包<u>括</u>	kuò	guò
<u>森</u>林	sēn	shēn

盟誓	méng	míng
嗟叹	jiē	juē
收获	huò	hù
漂浮	fú	fóu
琴弦	xián	xuán
娇嫩	nèn	nùn
跃进	yuè	yào
从容	cóng	cōng
成绩	jì	jī
指甲	zhǐ	zhī、zhí
咆哮	xiào	xiāo
一会儿	huì	huǐ
号召	zhào	zhāo
比较	jiào	jiǎo
指导	dǎo	dào
卓见	zhuó	zhuō
疾病	jí	jī
质量	zhì	zhǐ
僻静	pì	bèi
五更	gēng	jīng
供给	jǐ	gěi
巷道	hàng	xiàng
暴露	bào	pù

　　异读词的审定对语音规范起着非常重要的作用，凡是涉及普通话异读词的读音或标音都应以审定的规范读音为准。

第五节　单元综合练习

　　（1）用录音工具进行初始自我语音保存，以便与经过一段时间的普通话训练后的语音对比，检验自己的普通话水平是否有提高。录音参考样本见表1-1。

表 1-1　录音参考样本

语 音 类 别	字　　　例
平翘舌音	资　知　疵　吃　思　师　日　齿　此　史
边擦音	乐　热　浪　让　漏　肉　泪　锐　卵　软
边鼻音	南　篮　宁　零　诺　落　牛　流　虐　略
尖团音	机　欺　西　甲　且　穴　绢　券　炫　警
唇舌音	发　花　佛　活　飞　灰　分　昏　方　荒
单韵母	拔　婆　额　衣　乌　迂　耳　子　是　日
复韵母	来　雷　劳　楼　桥　求　踩　回　凹　欧
前后鼻音	板　绑　枕　整　心　星　缓　谎　问　瓮
声　调	深　尘　枕　韧　新　秦　仅　鬈　潜　癣
变　调	一草一木　好山好水　小打小闹　不痛不痒
轻　声	窗户　桌子　漂亮　神气　丫头　姐姐　走走
儿　化	刀把儿　小孩儿　没准儿　有数儿　花瓶儿
啊音变	你啊　雪啊　桥啊　哭啊　人啊　唱啊　是啊
短文	一天，爸爸下班回到家已经很晚了，他很累也有点儿烦，他发现五岁的儿子靠在门旁正等着他。 　　"爸，我可以问您一个问题吗？" 　　"什么问题？" 　　"爸，您一小时可以赚多少钱？" 　　"这与你无关，你为什么问这个问题？"父亲生气地说。 　　"我只是想知道，请告诉我，您一小时赚多少钱？"小孩儿哀求道。 　　"假如你一定要知道的话，我一小时赚二十美金。"

（2）请给自己设定一个普通话考级目标：准备花多长时间进行普通话自我强化训练？考级目标是几级？

（3）正确理解普通话的内涵，凭借自我初步语感，试对比自己的普通话与标准普通话，找出差异，以便重点攻破难关。

（4）仔细阅读《普通话异读词审音表（修订稿）》（2016 年 5 月），详见附录 A。

（5）初步了解《普通话水平测试等级标准》，详见附录 B。

第二单元　普通话声母正音教学

教学要求

- 熟练掌握21个声母的发音部位和发音方法。
- 针对声母发音难点进行正音教学和示范练习。
- 在正音教学基础上，通过反复训练加以巩固，并运用于日常口语中。
- 利用分辨平翘舌音的常见方法，熟记常用字中的平翘舌音字词。

第一节　声母的发音

方言地区的人学说普通话，容易受到方言语音的影响，往往发音不标准。因而，要纠正方言语音，必须首先掌握标准普通话声母的发音部位和发音方法，然后注意比较普通话声母与自己日常发音的异同。

一、声母表与发音器官图

（一）声母表

b	p	m	f	d	t	n	l
玻	坡	摸	佛	得	特	讷	勒
g	k	h	j	q	x		
哥	科	喝	基	期	希		
zh	ch	sh	r	z	c	s	
知	吃	师	日	资	雌	思	

（二）发音器官图

人的发音器官：一是口腔、鼻腔；二是喉头、声带；三是肺。人的发音器官如图2-1所示。

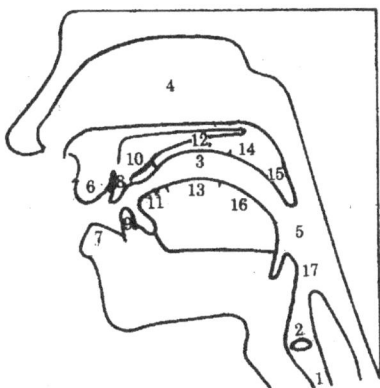

1—气管；2—声带；3—口腔；
4—鼻腔；5—咽腔；6—上唇；
7—下唇；8—上齿；9—下齿；
10—上齿龈；11—舌尖；12—硬腭；
13—舌面；14—软腭；15—小舌；
16—舌根；17—会厌（喉盖）

图 2-1 人的发音器官

在这些发音器官中，有的发音器官是固定不变的，如上下齿、上齿龈、硬腭等。有的发音器官的形状、位置是可变的、能动的，如上下唇、舌及连着小舌的软腭等，这些能活动的发音器官在发音过程中最积极、最活跃，是发音的主角，要特别给予关注。

二、声母的发音部位和发音方法

声母是音节开头的辅音，如"lin"这个音节中"l"就是声母。普通话有 21 个辅音声母。有些声母没有辅音，如 an（安）、en（恩）、ou（欧）等，称为零声母音节。零声母的"零"不等于"没有"，它占一个位置，这个位置是个"虚位"，在研究语音的历史演变或进行方言比较研究时具有实际的意义。不同的声母是由不同的发音部位和发音方法决定的。

发音时气流受阻碍的位置叫发音部位。由上下唇阻塞气流而形成的音叫双唇音，由上齿和下唇阻碍气流而形成的音叫唇齿音，由舌尖和上齿背阻碍气流而形成的音叫舌尖前音，由舌尖和上齿龈阻碍气流而形成的音叫舌尖中音，由舌尖和硬腭前部阻碍气流而形成的音叫舌尖后音，由舌面和硬腭前部阻碍气流而形成的音叫舌面音，由舌根和软腭阻碍气流而形成的音叫舌根音。

发音器官阻碍气流的方式和状态叫发音方法。各个声母发音时形成阻碍和解除阻碍的方式是不同的：发音时气流通路完全阻塞，然后突然放开，让气流爆发出来而形成的音叫塞音；由发音器官造成缝隙，让气流形成摩擦而发出来的音叫擦音；发音时最初形成阻碍的部分完全闭塞，再渐渐打开闭塞部位，让气流从缝隙中摩擦而出形成的音叫塞擦音；发音时，口腔中形成阻碍的部分完全闭塞，软腭下垂，让气流从鼻腔流出而形成的音叫鼻音；发音时，气流沿舌头两边通过而发出的音叫边音。

此外，声母的发音还有声带振动与不振动的区别：纯粹由气流受阻构成，不振动声带，不带乐音的音叫清音；发音时，除气流受阻外，同时振动声带发出乐音的音叫浊音。

发音时，口腔呼出气流较强的音叫送气音，呼出气流较弱的音叫不送气音。

普通话声母的发音是由发音方法和发音部位决定的，见表 2-1。

表 2-1 发音方法和发音部位

发音方法＼发音部位	塞音		塞擦音		擦音		鼻音	边音
	清 不送气	清 送气	清 不送气	清 送气	清	浊	浊	浊
双唇音	b	p					m	
唇齿音					f			
舌尖前音			z	c	s			
舌尖后音			zh	ch	sh	r		
舌尖中音	d	t					n	l
舌面音			j	q	x			
舌根音	g	k			h			
零声母	0							

三、巧记普通话声母及其发音方法

（一）声母歌

《采桑歌》
春日每起早，（ch、r、m、q、z）
采桑惊啼鸟，（c、s、j、t、n）
风过扑鼻香，（f、g、p、b、x）
花开花落知多少。（h、k、h、l、zh、d、sh）

（二）发音方法

第 1 步：先断句。21 个声母按习惯上的停顿断句可分为 6 句——b、p、m、f，d、t、n、l，g、k、h，j、q、x，zh、ch、sh、r，z、c、s。

第 2 步：找塞音。前 3 句第一、二个声母是塞音——b、p、d、t、g、k，完全闭塞、突然除阻。

第 3 步：找塞擦音。后 3 句第一、二个声母是塞擦音——j、q、zh、ch、z、c，先塞音、后擦音。

第 4 步：找鼻、边音。鼻音——m、n，关闭口腔、气流入鼻腔；边音——l，舌抵齿龈、声带颤动。

第 5 步：找擦音。剩下 6 个即 f、h、x、sh、r、s（方言谐音：弗喝稀，试一试），形成缝隙、持久摩擦。

四、声母发音练习

（一）b[p]——双唇不送气清塞音

发音时先将双唇紧闭，同时软腭上升，关闭鼻腔通路；然后将双唇突然打开，让气流爆发出来，声带不颤动，也不送气。

发音练习：标兵 biāobīng　　臂膀 bìbǎng　　颁布 bānbù
　　　　　表白 biǎobái　　奔波 bēnbō　　伯伯 bóbo

（二）p[pʰ]——双唇送气清塞音

发音部位与方法除气流强弱与 b 不同外，其余跟 b 相同，双唇打开时有一股强烈的气流冲出来，即送气音。

发音练习：偏旁 piānpáng　　品牌 pǐnpái　　拼盘 pīnpán
　　　　　匹配 pǐpèi　　　瓢泼 piáopō　　乒乓 pīngpāng

（三）m[m]——双唇浊鼻音

发音时，先把双唇紧闭，挡住气流，软腭小舌下垂，打开鼻腔的通路，让气流从鼻腔出来，声带颤动。

发音练习：美貌 měimào　　门面 ménmiàn　　埋没 máimò
　　　　　买卖 mǎimài　　明媚 míngmèi　　眉毛 méimao

（四）f[f]——齿唇清擦音

发音时将上齿轻触下唇，形成间隙；软腭上升，关闭鼻腔通路，使气流从狭缝中摩擦成声，声带不颤动。

发音练习：非法 fēifǎ　　丰富 fēngfù　　放飞 fàngfēi
　　　　　夫妇 fūfù　　房费 fángfèi　　福分 fúfen

（五）d[t]——舌尖中不送气清塞音

发音时将舌尖抵住上齿龈，挡住气流，然后舌尖突然离开解除阻塞，使气流爆发出来，声带不颤动，也不送气。

发音练习：带动 dàidòng　　电灯 diàndēng　　到达 dàodá
　　　　　丢掉 diūdiào　　担当 dāndāng　　断定 duàndìng

（六）t[tʰ]——舌尖中送气清塞音

发音部位、方法除气流强弱与 d 不同外，其余跟 d 相同，t 是送气音，从肺部呼出一股较强的气流成声。

发音练习：团体 tuántǐ　　探讨 tàntǎo　　淘汰 táotài
　　　　　头疼 tóuténg　　妥帖 tuǒtiē　　谈天 tántiān

（七）n[n]——舌尖中浊鼻音

发音时将舌尖抵住上齿龈，要顶满，挡住气流，并使软腭下垂，让气流通向鼻腔，从鼻孔透出成声，声带颤动。

发音练习：南宁 nánníng　　牛奶 niúnǎi　　恼怒 nǎonù
　　　　　泥泞 nínìng　　农奴 nóngnú　　能耐 néngnai

（八）l[l]——舌尖中浊边音

发音时将舌尖抵住上齿龈的后部，阻塞气流从口腔中路通过，使气流从舌头与两颊内侧形成的空隙通过而成声，声带颤动。

发音练习：浏览 liúlǎn　　　　玲珑 línglóng　　　　理论 lǐlùn

料理 liàolǐ　　　　利率 lìlǜ　　　　劳累 láolèi

（九）g[k]——舌面后不送气清塞音

发音时将舌面后部隆起抵住软腭，形成阻塞，气流在形成阻塞的部位积蓄，然后突然打开，让气流爆发出来，声带不颤动。

发音练习：尴尬 gāngà　　　　高贵 gāoguì　　　　观光 guānguāng

梗概 gěnggài　　　　古怪 gǔguài　　　　杠杆 gànggǎn

（十）k[kʰ]——舌面后送气清塞音

发音部位、方法除气流强弱与 g 不同外，其余跟 g 相同，k 是送气音。

发音练习：宽阔 kuānkuò　　　　克扣 kèkòu　　　　开垦 kāikěn

慷慨 kāngkǎi　　　　空旷 kōngkuàng　　　　可口 kěkǒu

（十一）h[x]——舌面后清擦音

发音时将舌根靠近软腭，形成一条狭缝，让气流从狭缝中摩擦通过而成声，声带不颤动。

发音练习：汉化 hànhuà　　　　航海 hánghǎi　　　　谎话 huǎnghuà

欢呼 huānhū　　　　豪华 háohuá　　　　荷花 héhuā

（十二）j[tɕ]——舌面前不送气清塞擦音

发音时舌面升起，抵住硬腭，挡住气流，然后将舌面稍稍离开，与硬腭形成一条狭缝，让气流摩擦而出，声带不颤动，也不送气。

发音练习：经济 jīngjì　　　　坚决 jiānjué　　　　见机 jiànjī

检举 jiǎnjǔ　　　　佳节 jiājié　　　　讲解 jiǎngjiě

（十三）q[tɕʰ]——舌面前送气清塞擦音

发音部位、方法除气流强弱与 j 不同外，其余跟 j 相同，q 是送气音。

发音练习：情趣 qíngqù　　　　恰巧 qiàqiǎo　　　　请求 qǐngqiú

缺勤 quēqín　　　　弃权 qìquán　　　　亲戚 qīnqi

（十四）x[ɕ]——舌面前清擦音

舌尖抵住下门齿背，使前舌面接近硬腭前部，形成适度的间隙，气流从间隙摩擦通过。

发音练习：虚心 xūxīn　　　　现象 xiànxiàng　　　　学校 xuéxiào

相信 xiāngxìn　　　　喜讯 xǐxùn　　　　休闲 xiūxián

（十五）zh[tʂ]——舌尖后不送气清塞擦音

发音时舌尖翘起，抵住硬腭前端，挡住气流，然后舌尖稍稍离开，使舌尖与硬腭前端间形成一条狭缝，让气流摩擦而出，声带不颤动，也不送气。

发音练习：纸张 zhǐzhāng　　　　种植 zhòngzhí　　　　真正 zhēnzhèng

周转 zhōuzhuǎn　　　　执照 zhízhào　　　　长者 zhǎngzhě

（十六）ch[tʂʰ]——舌尖后送气清塞擦音

发音部位与方法除气流强弱与 zh 不同外，其余跟 zh 相同，ch 是送气音。

发音练习：抽查 chōuchá　　　超产 chāochǎn　　　出差 chūchāi

　　　　　春潮 chūncháo　　　处处 chùchù　　　车床 chēchuáng

（十七）sh[ʂ]——舌尖后清擦音

发音时舌尖翘起，靠近硬腭前端，形成一条狭缝，让气流从中摩擦而出，声带不颤动。

发音练习：山水 shānshuǐ　　　少数 shǎoshù　　　双手 shuāngshǒu

　　　　　生疏 shēngshū　　　上升 shàngshēng　　　硕士 shuòshi

（十八）r[ʐ]——舌尖后浊擦音

发音部位、方法与 sh 相同，只是发音时声带颤动。

发音练习：柔软 róuruǎn　　　仍然 réngrán　　　容忍 róngrěn

　　　　　闰日 rùnrì　　　如若 rúruò　　　嚷嚷 rāngrang

（十九）z[ts]——舌尖前不送气清塞擦音

发音时将舌尖平伸，抵住上齿背，挡住气流，然后舌尖稍稍离开，使舌尖和上齿背之间形成一条狭缝，让气流从中摩擦而出，声带不颤动，也不送气。

发音练习：总则 zǒngzé　　　祖宗 zǔzōng　　　藏族 zàngzú

　　　　　栽赃 zāizāng　　　造作 zàozuò　　　粽子 zòngzi

（二十）c[tsʰ]——舌尖前送气清塞擦音

发音部位、方法除气流强弱不同外，其余与 z 相同，c 是送气音。

发音练习：粗糙 cūcāo　　　层次 céngcì　　　猜测 cāicè

　　　　　从此 cóngcǐ　　　匆匆 cōngcōng　　　措辞 cuòcí

（二十一）s[s]——舌尖前清擦音

发音时将舌尖平伸，靠近上齿背，形成一条狭缝，让气流从中摩擦而出，声带不颤动。

发音练习：思索 sīsuǒ　　　琐碎 suǒsuì　　　色素 sèsù

　　　　　速算 sùsuàn　　　松散 sōngsǎn　　　洒扫 sǎsǎo

　　声母的发音大多是声带不颤动的清音，不便称说。在教学时，为了称说方便，通常在它们的后面加上相应的元音 o、e、i，如 bo（波）、de（得）、ji（机）等。这样的音，称为声母的呼读音，与之相对应的称为本音。

第二节　声母正音训练

　　从普通话水平测试情况看，绝大多数没有经过正规普通话正音训练的人所说的普通话都带有不同程度的家乡方言色彩，俗称"地方普通话"。如果要能够说标准普通话语音，并顺利达到相应的普通话水平测试等级，则首先要建立起标准普通话语音的语感，学会分辨标准音与不标准音，正确掌握正音和记音的方法，然后通过大量视听练读材料进行有针对性的巩固训练，这是学会说一口标准流利的普通话的必经之路。

为了帮助学员有针对性地进行普通话正音视听训练，认清正音重点，我们在正音理论学习的基础上，依据人们学习和测试普通话过程中普遍存在的问题，总结出以下声母正音难点。

一、分辨平翘舌音

平翘舌音不分，主要有四种情况：一是把翘舌音"zh、ch、sh"读成平舌音"z、c、s"，这是南方方言地区的人学说普通话时普遍存在的问题；二是把平舌音"z、c、s"读成翘舌音"zh、ch、sh"，这在东北人说普通话时比较常见；三是把平舌音"z、c、s"和翘舌音"zh、ch、sh"读成既不是平舌音也不是翘舌音的音，这是发音时舌位没有放到位所致，这种情况在南方方言地区的年轻人中比较常见；四是平翘舌音混读，把有些平舌音读成翘舌音，又把有些翘舌音读成平舌音，这种情况往往是说话人在读音上能分辨平翘舌音，但没有根据分辨平翘舌的规律记住具体字音的读法所造成的。

平翘舌音的区别在发音部位上：z 组声母是舌尖前伸接触或接近上齿背，zh 组是舌尖上翘接触或接近硬腭前部。

辨音注意两点：一是舌尖的状态不同，平舌音的舌尖是平伸的，翘舌音的舌尖是微微翘起的；二是舌尖和上腭接触的位置不同，一个是上齿背，另一个是硬腭前部。

平翘舌音练习

（一）翘舌音练习

zh——

展示	战场	战争	章程	招生	追逐	着手
照射	折射	侦察	真诚	真正	征收	正式

ch——

产生	产值	阐述	长城	长处	尝试	常识
常数	车站	沉重	沉着	陈述	成虫	成熟

sh——

山水	闪烁	上山	上升	上市	上述	上涨
稍稍	少数	设施	设置	伸手	深沉	神圣

（二）对比辨音练习

z—zh

造就——照旧	资助——支柱	自立——智力	宗旨——终止
栽花——摘花	增光——争光	资源——支援	仿造——仿照

c—ch

鱼刺——鱼翅	推辞——推迟	粗糙——出操	蚕丝——禅师
操纵——超重	词序——持续	祠堂——池塘	木材——木柴

s—sh

四十——事实	司长——师长	搜集——收集	近似——近视

桑叶——商业　　四季——世纪　　五岁——午睡　　私人——诗人

（三）平翘连读练习

zh—z

壮族	赈灾	沼泽	正在	著作	铸造	制作
准则	追踪	主宰	知足	正宗	振作	装载

z—zh

尊重	滋长	赞助	自制	罪状	作者	自主
增长	杂志	组长	宗旨	组织	遵照	作战

ch—c

出操	成材	差错	除草	初次	尺寸	储存
纯粹	车次	冲刺	揣测	筹措	唱词	船舱

c—ch

错处	促成	磁场	仓储	财产	餐车	粗茶
操场	操持	残喘	彩绸	存储	草场	采茶

sh—s

生死	神色	申诉	绳索	世俗	深思	上司
收缩	誓死	输送	胜似	神速	疏散	石笋

s—sh

所属	随身	松手	四声	桑树	琐事	诉说
宿舍	损失	算术	丧失	私事	松鼠	扫射

（四）绕口令练习

（1）四是四，十是十，十四是十四，四十是四十，十不能说成四，四也不能说成十，不要把十四说成四十，也不要把四十说成十四，若是说错了，就要误大事。（练习 s、sh）

（2）早晨早早起，早起做早操。人人做早操，做操身体好。（练习 z、c、ch）

（3）三十三只山羊上山去散步，三十三只上山去散步的山羊，下山只剩十三只。（练习 s、sh、zh）

（4）三哥三嫂子，借我三斗三升酸枣子。秋天收了酸枣子，就还三哥三嫂子，三斗三升酸枣子。（练习 z、s）

（五）辨记平翘舌音字词的常用方法

区分平翘舌音，除读准字词的音外，还要设法记住具体哪些字读平舌音，哪些字读翘舌音。以下辨记方法值得借鉴。

1. 利用代表字类推法

z

匝——zā，砸 zá。

赞——zàn，攒 (积~) zǎn。

澡——zǎo，藻 zǎo，噪、燥、躁 zào。

造——zào，糙 cāo。

责——zé，喷 zé（例外字：债 zhài）。

则——zé，厕、测 cè（例外字：铡 zhá）。

曾——zēng（姓~），憎、增 zēng，赠 zèng，曾（~经）céng。

兹——zī（~定于），滋 zī，慈、磁 cí。

资——zī，咨、姿 zī，恣 zì。

子——zǐ，仔（~细）、籽 zǐ，孜 zī，仔（牛~）zǎi。

宗——zōng，综、棕、踪 zōng，粽 zòng，淙、琮 cóng（例外字：崇 chóng）。

卒——zú（小~），醉 zuì。

祖——zǔ，诅、阻、组 zǔ，租 zū，粗 cū（例外字：助 zhù）。

尊——zūn，遵 zūn。

足——zú，促、趿 cù（例外字：捉 zhuō）。

c

擦——cā，嚓（象声词）cā，蔡 cài（例外字：察 chá）。

才——cái，材、财 cái（例外字：豺 chái）。

采——cǎi（~访），彩、睬、踩 cǎi，菜 cài。

曹——cáo，漕、槽 cáo，糟、遭 zāo。

参——cān（~观），惨 cǎn，参（~差）cēn（例外字：人参 shēn，渗 shèn）。

仓——cāng，伧（~俗）、沧、苍、舱 cāng［例外字：疮、创（~伤）chuāng，创（~造）chuàng］。

从——cóng（~客），丛 cóng。

此——cǐ，疵 cī，龇 zī（例外字：柴 chái）。

卒——cù（仓~），猝 cù，萃、翠、粹、啐、瘁 cuì，卒（小~）zú。

醋——cù，措、错 cuò。

窜——cuàn，蹿 cuān。

崔——cuī，催、摧 cuī，璀 cuǐ。

寸——cùn，村 cūn，忖 cǔn（例外字：肘 zhǒu）。

搓——cuō，磋 cuō，差（参~）cī［例外字：差（~别）chā，差（~不多）chà，差（出~）chāi］。

挫——cuò，锉 cuò。

s

散——sǎn（~漫），馓 sǎn，散（~会）sàn，撒（~手）sā，撒（~种）sǎ。

桑——sāng，搡、嗓 sǎng。

司——sī，伺（~敌）、饲、嗣 sì，词、祠 cí，伺（~候）cì。

思——sī，腮、鳃 sāi。

斯——sī，厮、撕、嘶 sī。

四——sì，泗、驷 sì。

松——sōng，忪（惺~）sōng，颂 sòng［例外字：忪（征~）zhōng］。

叟——sǒu，嫂 sǎo，搜、嗖、馊 sōu（例外字：瘦 shòu）。

素——sù，愫、嗉 sù。

遂——suí（半身不~），遂（~心）、隧（~道）suì。

孙——sūn，荪、狲（猢~）sūn。

唆——suō，梭 suō，酸 suān。

锁——suǒ，唢 (~呐)、琐 suǒ。

zh

占——zhàn，战、站 zhàn，沾、毡、粘 (~贴标语) zhān，砧 zhēn［例外字：钻 (~研) zuān，钻 (~石) zuàn］。

章——zhāng，漳、彰、樟、蟑 zhāng，障、嶂 zhàng。

长——zhǎng (生~、班~)，涨 (~潮) zhǎng，张 zhāng，胀、帐、涨 (豆子泡~了) zhàng，长 (~短、特~) cháng。

丈——zhàng，仗、杖 zhàng。

召——zhào (号~)，诏、照 zhào，招、昭 zhāo，沼 zhǎo，韶 sháo，召（姓）、邵、绍 shào，苕 tiáo。

折——zhē (~跟头)，蜇 (被蝎子~了) zhē，折 (~磨)、哲、蜇 (海~) zhé，浙 zhè，折 (~本) shé，誓 shì。

者——zhě，赭、锗 zhě，诸、猪 zhū，煮 zhǔ，著、箸 zhù，储 chǔ。

贞——zhēn，侦、祯、帧 zhēn。

珍——zhēn，诊、疹 zhěn，趁 chèn。

真——zhēn，缜 zhěn，镇 zhèn，慎 shèn。

正——zhēng (~月)，怔、征、症 (~结) zhēng，整 zhěng，正 (~义)、证、政、症 (~候) zhèng，惩 chéng。

争——zhēng，挣 (~扎)、峥、睁、筝 zhēng，净、挣 (~脱) zhèng。

支——zhī，枝、肢 zhī，翅 chì。

只——zhī (~身)，织 zhī，职 zhí，只 (~有) zhǐ，帜 zhì，识 (~别) shí，炽 chì。

知——zhī，蜘 zhī，智 zhì，痴 chī。

执——zhí，贽、挚 zhì，蛰 zhé。

直——zhí，值、植、殖 zhí，置 zhì。

止——zhǐ，址、趾 zhǐ，耻 chǐ。

至——zhì，致、窒 zhì，侄 zhí，室 shì。

志——zhì，痣 zhì。

中——zhōng (~央)，忠、钟、盅、衷 zhōng，种 (~子)、肿 zhǒng，中 (打~、~暑)、种 (~植)、仲 zhòng，冲 (~锋) chōng，冲 (~劲儿) chòng。

朱——zhū，诛、珠、株、蛛 zhū，姝、殊 shū。

主——zhǔ，拄 zhǔ，住、注、柱、驻、蛀 zhù。

专——zhuān，砖 zhuān，转 (~身、~达) zhuǎn，转 (~动)、传 (~记) zhuàn，传 (宣~) chuán。

啄——zhuó，琢、琢 zhuó，涿 zhuō。

ch

叉——chā (鱼~)，杈 chā，叉 (~住) chá，叉 (~开)、衩 (裤~) chǎ，叉 (劈~)、杈 (树~)、衩 (衣~) chà，钗 chāi。

谗——chán，馋 chán，搀 chān。

产——chǎn，铲 chǎn。

昌——chāng，猖 chāng，倡、唱 chàng。

场——chǎng (~院)，肠 cháng，场 (会~) chǎng，畅 chàng。

抄——chāo，吵 (~~)、钞 chāo，吵 (~架)、炒 chǎo。

朝——cháo (~前、~鲜)，潮、嘲 cháo，朝 (~气) zhāo。

辰——chén，晨 chén，唇 chún，振、赈、震 zhèn。

成——chéng，诚、城、盛 (~东西) chéng，盛 (茂~、姓~) shèng。

呈——chéng，程 chéng，逞 chěng（例外字：锃 zèng）。

池——chí，弛、驰 chí。

斥——chì，坼 chè，拆 (~信) chāi。

筹——chóu，俦、畴、踌 (~躇) chóu。

绸——chóu，惆 (~怅)、稠 chóu。

出——chū，础 chǔ，黜 chù，拙 zhuō，茁 zhuó。

除——chú，滁、蜍 chú。

厨——chú，橱 chú。

喘——chuǎn，揣 (~在怀里) chuāi，揣 (~测) chuǎi。

垂——chuí，陲、捶、锤 chuí。

春——chūn，椿 chūn，蠢 chǔn。

啜——chuò，辍 chuò。

sh

山——shān，舢 shān，讪、汕 shàn。

珊——shān，删、跚 (蹒~) shān，栅 (~栏) zhà（例外字：册 cè）。

扇——shān (~动)，煽 shān，扇 (~子、两~窗) shàn。

善——shàn，膳 shàn。

尚——shàng，绱 shàng，赏 shǎng，裳 (衣~) shang，徜 (~徉) cháng。

捎——shāo，梢、稍 (~微)、艄 shāo，哨、稍 (~息) shào。

少——shǎo (~数)，少 (~年) shào，沙 (~土)、纱、砂、莎、裟、鲨 shā（例外字：娑 suō）。

舍——shě (~己救人)，舍 (宿~) shè，啥 shá。

申——shēn，伸、呻、绅 shēn，神 shén，审、婶 shěn。

生——shēng，牲、笙 shēng，胜 (~利) shèng。

师——shī，狮 shī，筛 shāi（例外字：蛳 sī）。

诗——shī，时 shí，侍、恃 shì（例外字：寺 sì）。

市——shì，柿 shì。

式——shì，试、拭、轼 shì。

受——shòu，授、绶 shòu。

抒——shū，纾、舒 shū。

叔——shū，塾、熟 shú（熟又音 shóu）。

署——shǔ，薯、曙、暑 shǔ。

束——shù，漱 shù，速、蔌、涑、簌、觫 sù。

刷——shuā，刷 (~白) shuà，涮 shuàn。

率——shuài (~领)，蟀 shuài，摔 shuāi。

2. 利用汉字声旁的声母（d、t）判断法

汉字中形声字居多，声旁与读音关系密切，可以利用声旁的声母是 d、t，来判断是否读平翘舌音。例如，"查"的声旁"旦"，"旦"的声母是 d，"查"读翘舌音 zhā（姓查）、chá（检查）。"治"的声旁"台"，"台"的声母是 t，"治"读翘舌音 zhì。

（1）zh 声母字。

声旁声母读作 d 的字：查渣喳摘绽招昭沼召照滞终昼坠。

声旁声母读作 t 的字：治撞幢（一～楼）。

（2）ch 声母字。

声旁声母读作 d 的字：喳查碴单蝉阐挡澄橙侈初颤戳揣。

声旁声母读作 t 的字：幢（经～）纯。

（3）sh 声母字。

声旁声母读作 d 的字：税说擅。

声旁声母读作 t 的字：蛇社始。

（4）声旁与读作 d、t 的字有关：如"沾"的声旁"占"与"店、点"（声母 d）有关，这类字也读翘舌音。

占（店、点）——zh 沾粘毡战站

者（都、堵、赌）——zh 诸猪煮著/sh 暑署

真（颠、填）——zh 镇/sh 慎

周（调、雕）——ch 稠绸

佳（堆、推）——zh 椎锥准稚/sh 谁

卓（掉）——zh 桌罩/ch 绰

垂（唾）——ch 锤捶/sh 睡

尚（躺、趟）——zh 掌/ch 常敞/sh 赏裳

勺（钓、的）——zh 酌/sh 芍

也（地、他）——ch 池驰弛/sh 施

3. 记少不记多法

普通话 3500 个常用字中，属于平翘舌音的字只有 797 个，占常用字总数的 22.8%。而平舌音要比翘舌音少得多，只有 160 个左右，为了便于记忆，特编成七言韵诗帮助记忆，10 句共 140 个字，其中带下画线的字另有翘舌音。另外小诗共 3 句 24 个字，都是平舌音。

总裁随俗宿村塞　　蚕造缁私索桑采
择皂擦澡搓足邹　　诵骚奏瑟最自在
酸笋渍枣速酥脆　　餐葱食蒜涩嘴腮
卤森苍翠粟穗娑　　蓑飒簪灿撒姿色
宋词暂存叁扎册　　散吱撮辞似左策
撒做素塑虽算惭　　私赐参赞再猜琢

斯贼窜藏肆作祟　　砸凿锁灶僧寺摧
苏蔡宗族遭残死　　杂损厕所洒扫遂

邹姊钻坐草丛丧　　　送走才子三四岁
兹此祖孙篡刺尿　　　尊嫂诉讼肃灾罪

束食扎寨　　　　　　铡锄捉豺
腮似怂侧　　　　　　琢瘦乍蓑
择参差色　　　　　　朔创吱债

可谓"头篇韵文一百四，每音都是平舌字，画线部分可类推，标线之处莫忽视，说明另有翘舌字，二四字韵文全揭示。此招记少不记多，分辨平舌最省事"。

4. 利用声韵配合关系法

（1）韵母 ua、uai、uang 只跟 zh、ch、sh 相拼，不跟平舌音相拼，下列字可放心读翘舌音：抓、刷、爪、拽、揣、衰、摔、甩、装、撞、状、庄、桩、双、霜、爽、窗、床、创。

（2）ong 韵只跟 s 相拼，不跟 sh 相拼，"送、松、宋、诵、讼"等读平舌音。

此外，也可通过计算机拼音输入法反复练习，增强记忆平翘舌音字词。

二、读准 r 声母

不仅吴方言里没有 r 声母，北方部分方言里也没有。如"日本"一词，东北人读起来像是"一本"，武汉人读起来像是"二本"，而上海人说起来却像是"十本"。浙江人发"r"声母音听起来像"l"。例如，很热→很乐，当然→当蓝，懦弱→懦落。

实际上，r 和 l 的发音部位和发音方法都不同。

r——发音与 sh 类似，发 sh 时，只要声带颤动即为 r。

l——发音时舌尖抵住上齿龈，后部阻塞口腔中路通道，气流从舌头两边通过成声。

辨音方法：发 r 时，舌尖由 l 的位置稍后移，同时轻触硬腭前端，比 l 要松。

（一）r 声母字词练习

常用字词中带 r 声母的单音节字词只有 55 个：rán 燃然、rǎn 染、rāng 嚷、ráng 瓤、rǎng 壤嚷攘、ràng 让、ráo 饶、rǎo 扰、rào 绕、rě 惹、rè 热、rén 仁任人、rěn 忍、rèn 刃任纫认韧、rēng 扔、réng 仍、rì 日、róng 容荣绒融茸蓉溶榕、rǒng 冗、róu 柔揉蹂、ròu 肉、rú 如儒蠕、rǔ 乳辱、rù 入缛褥、ruǎn 软、ruǐ 蕊、ruì 锐瑞、rùn 润闰、ruò 若弱。

r—l 字词练习

1. 常用词语练习

软弱 ruǎnruò　　　仁人 rénrén　　　容忍 róngrěn　　　荣辱 róngrǔ
仍然 réngrán　　　柔软 róuruǎn　　　如若 rúruò　　　嚷嚷 rāngrang

2. r—l 对比正音

肉 ròu——漏 lòu　　软 ruǎn——卵 luǎn　　日 rì——利 lì　　仍 réng——棱 léng
热 rè——乐 lè　　　润 rùn——论 lùn　　然 rán——兰 lán　　让 ràng——浪 làng
乳 rǔ——鲁 lǔ　　　弱 ruò——落 luò　　扰 rǎo——老 lǎo　　容 róng——隆 lóng
入口 rùkǒu——路口 lùkǒu　　　　乳汁 rǔzhī——卤汁 lǔzhī

峥嵘 zhēngróng—蒸笼 zhēnglóng　　　　利润 lìrùn—立论 lìlùn

3. r—l 组合练习

燃料 ránliào　　人类 rénlèi　　锐利 ruìlì　　冷热 lěngrè　　扰乱 rǎoluàn

腊肉 làròu　　老人 lǎorén　　荣辱 róngrǔ　　连任 liánrèn　　缭绕 liáorào

（二）绕口令练习

老容卖染料，老任卖蜡染。老容说老容的染料比老任的蜡染好，老任说老任的蜡染比老容的染料好。老容要用染料换老任的蜡染，老任不愿意拿蜡染换老容的染料。

三、克服尖音

从普通话教学情况及目前参加测试的青年学员中来看，"尖音"情况比较普遍。尤其是女青年，把普通话 ji、qi、xi 声母发成近似尖音的 zi、ci、si。如把谢谢（xièxiè）发成近似（sièsiè）的音，把机器（jīqì）发成近似资次（zīcì）的音。要注意把尖音改为团音。发 j、q、x 时，要将舌面抬起，让气流从舌面与上腭之间擦过，舌尖抵住下齿背，不要抵在上下齿之间，避免产生摩擦，出现尖音。

（一）j、q、x 发音练习

j——

节　交　家　煎　精　将　鸡　居　决　揪

q——

请　全　墙　翘　恰　切　起　去　求　钱

x——

小　下　先　写　新　想　西　许　学　修

（二）正音练习

1. 单字词练习

j——

蕉——娇　精——经　际——寄　机——鸡

q——

清——轻　秋——丘　亲——钦　迁——谦

x——

小——晓　修——休　西——希　心——欣

j、q、x 字词练习

2. 词语练习

j——

急躁　经济　机械　积极　激情　决心　娇气　继续　畸形

坚强　减轻　见解　将近　交际　将军　讲究　教学　加紧

q——

亲戚　期限　奇迹　气象　前景　抢救　侵权　情节　轻重

倾斜　清新　谦虚　秋天　迁就　钦佩　钱财　翘首　恰巧

x——

谢谢　　希望　　稀奇　　吸收　　相信　　细菌　　小气　　海虾　　鲜血
夏天　　橡胶　　掀起　　下级　　限行　　线圈　　详细　　乡间　　想象

（三）绕口令练习

（1）七巷有一个锡匠，西巷有一个漆匠。七巷的锡匠拿了西巷漆匠的漆，西巷的漆匠拿了七巷锡匠的锡。七巷的锡匠嘲笑西巷漆匠拿了锡，西巷的漆匠讥笑七巷的锡匠拿了漆。

（2）稀奇稀奇真稀奇，麻雀踩死老母鸡，蚂蚁身长三尺六，八十的老头躺在摇篮里。

四、分辨 n 和 l

浙江部分地区及江西、安徽、湖北、四川、贵州等方言地区的人说话常常 n 和 l 不分。有的把 n 说成 l，如"恼怒"说成"老路"，"男人"说成"蓝人"；有的把 l 说成 n，如"荷兰"说成"河南"，"旅客"说成"女客"。

造成 n 和 l 混淆的主要原因是这两个声母的发音部位相同，而且都是次浊音，其不同之处在于气流出来的方式不同。区分二者的关键是掌握它们的发音方法。

n 是鼻音，发音时，舌尖用力抵住上齿龈，让软腭下降，打开鼻腔通道，气流振动声带，从鼻腔流出来。

l 是边音，发音时，舌尖与上齿龈接触，舌头的两边留有空隙，软腭上升，堵塞鼻腔通道，气流从舌头两边流出。

可以用捏紧鼻子的方法来检验两者发音的区别，如果感觉鼻腔没有振动，且能发出音来，就是 l；如果振动了，却发不出音来，只要把手指松开，让鼻子出气，就是 n。

n—l 字词练习

（一）n—l 字词对比练习

（1）脑——老　　农——龙　　奈——赖　　那——辣　　虐——略
　　　女——吕　　糯——落　　年——联　　聂——烈　　难——拦

（2）黄泥——黄梨　　老娘——老梁　　水牛——水流　　南宁——兰陵
　　　眼内——眼泪　　男女——褴褛　　大怒——大陆　　河南——荷兰

（二）n—l 组合正音练习

泥泞　　能耐　　奶奶　　忸怩　　袅袅　　妞妞　　恼怒
料理　　轮流　　伶俐　　老练　　来临　　拉拢　　理论
能量　　耐力　　嫩绿　　努力　　奶酪　　年龄　　内乱
老年　　冷暖　　留念　　老牛　　来年　　烂泥　　冷凝

（三）绕口令练习

（1）刘六有牛，柳六有油。刘六爱油不爱牛，柳六要牛不要油。刘六卖了牛买了油，柳六卖了油买了牛。

（2）大娘家里上大梁，大郎要帮大娘上大梁，大娘不要大郎扛大梁，大郎就要帮大娘扛大梁。大娘大郎扛大梁，大娘家里上了大梁。

（3）无奈碰上个无赖，无奈说拿无赖无奈，无赖说无奈是无赖。到底是无赖无奈，还是无奈无赖。

（四）辨记边鼻音声母字词的常用方法

1. 分辨 n—l 声母字

n

na——拿 ná/哪 nǎ/那娜纳钠呐捺 nà

nai——乃奶氖 nǎi/耐奈 nài

nan——男喃南难 nán/蝻（~子）nǎn/难 nàn

nang——囊攮 náng

nao——挠 náo/脑恼瑙 nǎo/闹 nào

nei——内 nèi

ne——讷 nè

nen——嫩 nèn

neng——能 néng

ni——倪鲵霓尼泥呢伲怩坭 ní/你拟 nǐ/腻溺匿逆睨昵 nì

nian——拈蔫 niān/年粘黏鲇 nián/撵碾 niǎn/念廿 niàn

niang——娘 niáng/酿 niàng

niao——鸟袅 niǎo/尿 niào

nie——捏 niē/聂涅镊嗫蹑孽镍啮 niè

nin——您 nín

ning——拧宁狞咛柠凝 níng/泞宁 nìng

niu——妞 niū/牛 niú/扭纽钮狃忸 niǔ/拗（执~）niù

nong——农浓脓侬哝 nóng/弄 nòng

nu——奴驽 nú/努弩 nǔ/怒 nù

nü——女 nǚ

nuan——暖 nuǎn

nüe——虐疟 nüè

nuo——挪娜 nuó/喏诺锘懦糯 nuò

l

la——拉啦垃 lā/蜡腊辣落（~下）là/喇剌 lǎ

lai——来莱徕涞 lái/籁濑癞赖 lài

lan——篮兰拦栏褴蓝谰澜阑 lán/懒览揽缆 lǎn/滥烂 làn

lang——狼廊郎榔琅 láng/朗 lǎng/浪 làng

lao——捞唠 lāo/劳牢痨崂 láo/老姥 lǎo/烙（~印）酪落（~枕）涝络（~子）lào

le——乐（快~）勒（~马）lè

lei——勒（~紧）lēi/雷擂蕾镭 léi/磊垒儡（傀~）lěi/类泪肋累 lèi

leng——棱（三~镜）léng/冷 lěng/愣 lèng

li——离璃篱漓梨犁黎藜厘狸鲤 lí/里（英~）俚哩理李礼 lǐ/力历厉励沥雳荔立粒苈笠例利莉

俐痢丽俪骊鹂吏栗傈隶戾踩栎砾 lì

lia——俩 liǎ

lian——连莲涟联怜帘镰濂廉 lián/脸敛 liǎn/练炼恋链激殓 liàn

liang——凉良粮梁粱量 liáng/两俩 liǎng/量亮晾谅踉辆 liàng

liao——辽疗撩燎僚嘹潦聊 liáo/了 liǎo/料撂寮镣 liào

lie——列裂劣烈冽洌趔猎 liè

lin——拎 līn/林淋琳啉霖临邻磷鳞嶙麟瞵辚 lín/凛 lǐn/赁吝蔺躏 lìn

ling——伶铃棂玲岭翎聆令（~狐，复姓）羚零凌菱鲮灵 líng/领令（量词）lǐng/吟另令（命~）lìng

liu——流琉硫刘浏留（逗~）瘤榴遛骝 liú/柳 liǔ/六遛（~马）liù

long——龙笼聋咙珑隆窿 lóng/垅陇垄拢 lǒng/弄（~堂）lòng

lou——楼娄篓喽 lóu/漏陋露 lòu

lu——撸噜 lū/炉卢芦颅庐 lú/掳虏鲁卤 lǔ/路露潞璐鹭录禄鹿麓陆戮赂 lù

lü——驴 lú/吕侣铝屡缕褛旅履挦（~胡须）lǚ/绿率律氯滤虑 lù

luan——峦孪滦挛脔娈栾鸾銮 luán/卵 luǎn/乱 luàn

lüe——略掠 lüè

lun——抡（~拳）lūn/仑轮伦沦图纶 lún/论 lùn

luo——捋（~起）luō/罗箩萝锣逻螺骡 luó/裸 luǒ/洛骆烙（~花）络（网~）珞摞落（~后）跞 luò

2. 利用声旁类推法

n

那——nà，哪 nǎ，挪、娜 nuó。

乃——nǎi，奶、氖 nǎi。

奈——nài，萘、柰（~子）nài，捺 nà。

南——nán，喃、楠 nán，蝻（~子）nǎn［例外字：喃（~泥）lǎn］。

脑——nǎo，恼、瑙 nǎo。

内——nèi，讷 nè，呐、纳 nà。

尼——ní，泥（~土）、呢（~绒）ní，昵、泥（拘~）nì。

倪——ní，霓 ní。

念——niàn，捻 niǎn。

捏——niē，涅 niè。

聂——niè，蹑、颞、镊 niè。

宁——níng，拧（~干）、咛、狞、柠 níng，拧（~开）nǐng，宁（~可）、拧（~脾气）、泞 nìng。

纽——niǔ，扭、忸 niǔ，妞 niū。

农——nóng，浓、脓、侬 nóng。

奴——nú，孥、驽 nú，努、弩 nǔ，怒 nù。

诺——nuò，喏 nuò，匿 nì。

懦——nuò，糯 nuò。

虐——nüè，疟 nüè。

剌——là，辣 là，喇 lǎ，赖、癞、籁 lài。

腊——là，蜡 là，猎 liè。

兰——lán，拦、栏 lán，烂 làn。

蓝——lán，篮 lán，滥 làn。

览——lǎn，揽、缆、榄 (橄~) lǎn。

老——lǎo，佬、姥 lǎo。

劳——láo，痨、崂、唠 (~叨) láo，捞 lāo，涝、唠 (~~) lào。

乐——lè，砾 lì。

垒——lěi，磊、儡 lěi。

累——lèi，骡、螺 luó，裸 luǒ，漯、摞 luò。

雷——léi，擂、镭 léi，蕾 lěi。

离——lí，漓、篱 lí，璃 (玻~) li。

里——lǐ，理、鲤 lǐ，厘、狸 lí，量 liàng。

力——lì，荔 lì，劣 liè，肋 lèi，勒 lè。

历——lì，沥、雳、呖、枥 lì。

立——lì，粒、笠 lì，拉、垃、啦 lā。

厉——lì，励、蛎、疬 lì。

利——lì，俐、痢、莉 lì，梨、犁、蜊 lí，蜊 (蛤~) li。

连——lián，莲、涟、鲢 lián，琏 liǎn，链 liàn。

廉——lián，濂、镰 lián。

脸——liǎn，敛、裣 liǎn，殓、潋 liàn。

炼——liàn，练 liàn。

恋——liàn，峦、娈、孪、鸾、滦 luán。

良——liáng，粮 liáng，郎、廊、狼、琅 láng，朗 lǎng，浪 làng。

凉——liáng，谅、晾 liàng，掠 lüè。

梁——liáng，粱 liáng。

两——liǎng，俩 (伎~) liǎng，辆 liàng，俩 (咱~) liǎ。

鳞——lín，嶙、磷、麟 lín。

菱——líng，凌、陵 líng，棱 léng。

令——lìng，伶、玲、铃、羚、聆、零、龄 líng，岭、领、令 (~~纸) lǐng，邻 lín，冷 lěng，怜 lián。

龙——lóng，咙、聋、笼、胧、珑 lóng，陇、垄、拢 lǒng。

隆——lóng，窿 (窟~) long。

娄——lóu，喽、楼 lóu，搂、篓 lǒu，缕、屡 lǚ。

流——liú，琉、硫 liú。

留——liú，馏、榴、瘤 liú，溜 liū。

柳——liǔ，聊 liáo。

卢——lú，泸、颅、鲈、轳 lú。

鲁——lǔ，橹 lǔ。

录——lù，禄、碌 lù，绿（~豆）、绿、氯 lǜ。

鹿——lù，漉、麓、辘 lù。

路——lù，露、潞、璐 lù，露（~脸）lòu。

仑——lún，伦、沦、轮 lún，抡 lūn，论 lùn。

罗——luó，逻、箩、萝、锣 luó。

洛——luò，落、络、骆、珞 luò，烙、酪 lào，略 lüè。

吕——lǚ，侣、铝 lǚ。

虑——lǜ，滤 lǜ。

第三节　单元综合训练

（1）听第七单元"普通话朗读考级指导"中朗读作品 1～10 号，用纸、笔记录作品中含有平翘舌音的音节。

（2）根据本单元总结的 4 个语音难点，有选择性地进行自我强化训练。

①翘舌音 zh、ch、sh 练习。

zh——

证实	证书	支撑	支持	支出	直至	指示
至少	致使	忠诚	忠实	终身	种植	重视
周转	主张	助手	住宅	注视	注重	装饰

ch——

成长	承受	城市	城镇	触摸	充实	出产
出身	出生	出售	初中	穿着	传授	传说
船长	船只	创伤	锤炼	春耕	戳穿	揣摩

sh——

审查	甚至	慎重	生产	生成	生长	牲畜
时常	事实	逝世	手势	手术	手掌	受伤
舒适	输出	树种	数值	水手	税收	顺手

②j、q、x 声母练习。

j——

教训	接近	结晶	解决	界限	紧急
进行	京剧	经济	惊奇	惊喜	精确
精细	精心	景象	境界	究竟	酒精
救济	局限	咀嚼	举行	拒绝	聚集

q——

情景	情境	情形	情绪	请求	秋天
曲线	趋向	取消	全球	缺陷	确切
凄惨	期望	其间	企盼	启程	起床

| 签到 | 签单 | 钱财 | 亲朋 | 青春 | 轻柔 |

x——

消息	小心	小型	小学	谢谢	心血
辛勤	新奇	新鲜	新型	信息	兴建
兴起	星球	星系	星星	行军	性情
修建	需求	选举	学校	寻求	信件

③r声母练习。

《普通话水平测试实施纲要》①中表一列出的带r声母的双音节词语练习。

然而	然后	燃料	染色	扰动	扰乱	热爱	热带	热量	热烈
热能	热情	热心	人才	人格	人工	人家	人间	人均	人事
人口	人类	人力	人民	人群	人身	人生	人士	人心	人体
人为	人物	人性	人员	人造	认真	忍耐	忍受	认定	认识
认为	任何	任命	任务	任意	仍旧	仍然	日报	日常	日记
日期	日前	日趋	日夜	日益	荣誉	容量	容纳	容器	容易
溶剂	溶解	溶液	熔点	融合	柔和	柔软	肉体	肉眼	如此
如果	如何	如今	如同	如下	儒家	入侵	入手	入学	入睡
若干	若是	弱点

④n—l声母练习。

l+l——

联络	流露	伦理	来历	劳累	牢笼	勒令	冷落
绿林	邻里	凌乱	领略	浏览	历练	立论	流浪
历来	流落	流量	琉璃	笼络	陆路	罗列	裸露

n+l——

| 逆流 | 年轮 | 浓烈 | 女郎 | 能量 | 农历 | 年龄 |
| 暖流 | 耐劳 | 农林 | 内陆 | 鸟类 | 奶酪 | 嫩绿 |

（3）日常口语训练。

①今天是10月24日，星期天，我们一块儿去逛街，好吗？

②我周二和周四有课，其余时间一般都呆在家里，你可以来找我。

③食堂的中餐太单调了，我感到腻味，没有胃口吃饭。

④赵老师，我想向您请教一个问题，您今晚有空吗？

⑤我在德胜新村站下车，你在都市庄下车，咱俩住得还挺近的啊！

⑥林玲，晚上你去教室还是寝室自习？

（4）绕口令练习。

①大车拉小车，小车拉小石头，石头掉下来，砸了小脚指头。

---

① 国家语委普通话测试中心编制，商务印书馆，2004年1月版。

②夏日无日日亦热，冬日有日日亦寒，春日日出天渐暖，晒衣晒被晒褥单，秋日天高复云淡，遥看红日迫西山。

③司机买雌鸡，仔细看雌鸡，四只小雌鸡，叽叽好欢喜，司机笑嘻嘻。

④白石塔，白石搭，白石搭白塔，白塔白石搭，搭好白石塔，白塔白又大。

⑤三哥三嫂子，借我三斗三升酸枣子。等我明年收了酸枣子，就如数还给三哥三嫂这三斗三升酸枣子。

⑥苏州有个苏胡子，湖州有个胡胡子，苏州的苏胡子家里有个梳胡子的梳子，湖州的胡胡子家里也有个梳子梳胡子。苏胡子胡胡子都用梳子梳胡子。

（5）说话练习。

练习一组记人叙事类话题（请参考本书下篇中第八单元"普通话命题说话考级指导"的有关技巧）。

①我的朋友。

②我尊敬的人。

③我喜欢的明星（或其他知名人士）。

④童年的记忆。

⑤难忘的旅行。

⑥我的成长之路。

⑦我的愿望（或理想）。

⑧我向往的地方。

⑨我和体育。

⑩我知道的风俗。

第三单元　普通话韵母正音教学

第一节　韵母表及元音图

一、韵母表

汉语拼音韵母共有39个，本书表格（表3-1）内列出35个，此外还有4个特殊韵母ê、er、-i（前）、-i（后）；e只在单独成音节时写成ê。

表3-1　韵母表

	i（衣）	u（乌）	ü（迂）
a（啊）	ia（呀）	ua（蛙）	
o（喔）		uo（窝）	
e（鹅）	ie（耶）		üe（约）
ai（哀）		uai（歪）	
ei（诶）		uei（威）	
ao（熬）	iao（腰）		
ou（欧）	iou（优）		
an（安）	ian（烟）	uan（弯）	üan（冤）
en（恩）	in（因）	uen（温）	ün（晕）
ang（昂）	iang（央）	uang（汪）	
eng（亨的韵母）	ing（英）	ueng（翁）	
ong（轰的韵母）	iong（雍）		

二、巧记 39 个韵母

可以利用《捕鱼歌》巧记 39 个韵母。

《捕鱼歌》

人远江空夜，（en、uan、iang、ong、ie）

浪滑一舟轻；（ang、ua、i、ou、ing）

网罩波心月，（uang、ao、o、in、ue）

竿穿水面云；（an、uan、uei、ian、un）

儿咏欸唷调，（er、iong、ê、io、iao）

橹和嗳啊声；（u、e、ai、a、eng）

鱼虾留瓮内，（ü、ia、iu、ueng、ei）

快活四时春。［uai、uo、-i（前）、-i（后）、uen］

三、元音图

根据韵母内部成分的特点，普通话的 39 个韵母可以分成单元音韵母、复元音韵母和鼻音韵母三大类。元音图如图 3-1 所示。

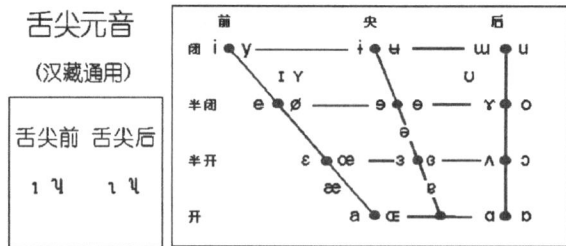

图 3-1 元音图

第二节 单元音韵母的发音与正音

一、单元音韵母的发音

单元音韵母是由一个元音构成的韵母。在普通话中一共有 10 个单元音，其中 7 个是舌面元音——a、o、e、ê、i、u、ü，2 个是舌尖元音——-i[ɿ]、-i[ʅ]，1 个是卷舌元音——er。

舌面元音发音时，主要是舌面起作用。不同的舌面元音是由舌位的高低、舌位的前后、嘴唇的圆展来决定的。

（一）a[A]——舌面央低不圆唇元音

发音时，开口度大，舌位最低，舌头居中，舌面中部（偏后）微微隆起，嘴唇自然。
发音练习：

| 大巴 dàbā | 打岔 dǎchà | 马达 mǎdá |
| 爸妈 bàmā | 哈达 hǎdá | 喇叭 lǎba |

（二）o[o]——舌面后半高圆唇元音

发音时，舌头略向后缩，舌面后部隆起，口微开，嘴唇收拢，略呈圆形。
发音练习：

| 泼墨 pōmò | 磨破 mópò | 薄弱 bóruò |
| 婆娑 pósuō | 破获 pòhuò | 伯伯 bóbo |

（三）e[ɤ]——舌面后半高不圆唇元音

发音时，口腔大小、舌位高低与o大体相同，只是嘴角向两边展开，舌头比元音o略高而偏前。
发音练习：

| 合格 hégé | 客车 kèchē | 特色 tèsè |
| 苛刻 kēkè | 隔热 gérè | 折射 zhéshè |

（四）ê[E]——舌面前中不圆唇元音

37

发音时，口半开，舌尖略下垂，抵住下门齿背，舌面前部微微隆起，嘴唇稍展。发音时把ie的音拉长，后面的音就是ê。

发音练习："欸，他来了。"（ê, tā lái le）

ê韵母除语气词"欸"外，单用的机会不多。ie、üe中的e读ê。

（五）i[i]——舌面前高不圆唇元音

发音时，开口度小，嘴唇展开，呈扁形，舌尖抵上齿背，舌面前部向硬腭隆起。
发音练习：

| 利益 lìyì | 机器 jīqì | 笔记 bǐjì |
| 洗涤 xǐdí | 秘密 mìmì | 礼仪 lǐyí |

（六）u[u]——舌面后高圆唇元音

发音时，开口度很小，嘴唇拢圆留一小孔，舌头向后缩，舌面后部向软腭隆起。
发音练习：

| 入住 rùzhù | 服务 fúwù | 图书 túshū |
| 目录 mùlù | 夫妇 fūfù | 速度 sùdù |

（七）ü[y]——舌面前高圆唇元音

发音和i基本相同，只是嘴唇撮成圆形。
发音练习：

雨具 yǔjù　　　　区域 qūyù　　　　序曲 xùqǔ

玉宇 yùyǔ　　　　栩栩 xǔxǔ　　　　语序 yǔxù

（八）er[ə]——卷舌元音

发音时，在发央元音[ə]的基础上，舌尖对着硬腭正中轻轻卷起。口半开，嘴唇稍展。er只能自成音节，不能与其他声母相拼。

发音练习：

二心 èrxīn　　　耳坠 ěrzhuì　　二十 èrshí　　偶尔 ǒuěr

儿女 érnǚ　　　　尔雅 ěryǎ　　　然而 ránér　　儿化 érhuà

发元音时主要是舌尖起作用，不同的舌尖元音是由舌尖的前后、嘴唇的圆展决定的。

（九）-i[ɿ]——舌尖前高不圆唇元音

发音时，舌尖平伸靠近上齿背，气流从舌尖与上齿背间挤出，但不发生摩擦。将 z 的发音延长，后半截音便是-i（前）。-i（前）总是跟随在 z、c、s 后面，不与其他声母相拼，也不单独成音节。

发音练习：

自私 zìsī　　　　此次 cǐcì　　　四次 sìcì

孜孜 zīzī　　　　次子 cìzǐ　　　丝丝 sīsī

（十）-i[ʅ]——舌尖后高不圆唇元音

发音时，舌尖翘起，靠近硬腭，气流从舌尖与硬腭间挤出，但不发生摩擦。将 zh 的发音延长，后半截音便是-i（后）。-i（后）总是跟随在 zh、ch、sh、r 后面，不与其他声母相拼，也不单独成音节。

发音练习：

支持 zhīchí　　　值日 zhírì　　　实施 shíshī

知识 zhīshi　　　失职 shīzhí　　　制止 zhìzhǐ

二、单元音韵母的正音

（一）读准卷舌元音 er

er 是普通话的难点音之一。er 是一个整体单元音，r 不代表独立音素，只是表示卷舌动作的符号。可先发一个央元音[ə]，然后加上一个轻巧的卷舌动作，就发成了 er。

正音练习：

儿歌 érgē　　而且 érqiě　　二儿 èr'ér　　耳塞 ěrsāi

二胡 èrhú　　儿子 érzi　　耳朵 ěrduo　　幼儿 yòu'ér

女儿 nǚ'ér　　而后 érhòu　　偶然 ǒurán　　而已 éryǐ

单元音韵母词语
正音练习

（二）分清 o 和 e

o 和 e 两者的开口度大小、舌位高低大体相同，只是嘴唇的圆展不同，o 是圆唇，e 不是

圆唇。有的地区的人经常把 e 读成 o，而有的地区的人正好相反，把 o 读成 e。

正音练习：

客车 kèchē　　　　破坏 pòhuài　　　　玻璃 bōli　　　　宁波 níngbō

热锅 règuō　　　　各国 gèguó　　　　薄荷 bòhe　　　　菠菜 bōcài

（三）区别 i 和 ü

i 是齐齿呼韵母，ü 是撮口呼韵母，有的方言中没有韵母 ü，方言地区的人说普通话时常常把 ü 读成 i。这两个元音都是前、高元音，但 i 是不圆唇元音，ü 是圆唇元音，要将嘴唇拢圆。

正音练习：

玉 yù——意 yì　　　　月 yuè——夜 yè　　　　雨 yǔ——椅 yǐ

鱼 yú——移 yí　　　　圆 yuán——严 yán　　　　宣 xuān——先 xiān

趣 qù——气 qì　　　　学院 xuéyuàn——鞋样 xiéyàng　　　　拒 jù——季 jì

需 xū——西 xī　　　　旅 lǚ——理 lǐ　　　　雨具 yǔjù——移居 yíjū

第三节　复元音韵母的发音与正音

一、复元音韵母的发音

普通话复元音韵母是由两三个元音组合而成的韵母，一共有 13 个，简称复韵母。

复韵母的发音过程是由一个元音向另一个元音过渡，在整个发音过程中舌位、唇形以至整个口腔都有一个连续移动变化的动程。几个元音一气呵成，其中一个元音较响亮、清晰，称为韵腹。韵腹一般是舌位较低、开口度较大的音，如 a、o、e。韵腹后面的音是韵尾，它只表示舌位移动的方向，音值不太固定，发音轻短模糊。元音韵尾只有 i、u（ao、iao 韵尾的实际音值是 u）。韵腹前面的元音是韵头，也称介音，作为韵头的音有 i、u、ü。

练习复韵母发音时，不妨先拉长发音，再渐渐加快，这样容易读出动程。可用先分解、后联合的方法，由慢到快，最后连成整体，气流不要中断。这样可以有效练习舌位的移动，防止缺少动程。

根据复韵母发音时轻重和舌位前后的不同，复韵母可分前响、后响、中响三类。

（一）前响复韵母

前响复韵母包括 ai、ei、ao、ou 四个，前音响亮，起音明确，终止不明确，仅表示舌位运动的方向。

ai[ai]——前元音音素的复合，动程宽。其中的 a 比单韵母 a 舌位偏前，要读得长而响，i 比单韵母 i 舌位要低一些，要读得轻而短，音值较模糊，只表示舌位运动的方向。

发音练习：

开采 kāicǎi　　　　买卖 mǎimài　　　　拆台 chāitái

海带 hǎidài　　　　拍卖 pāimài　　　　爱才 àicái

ei[ei]——动程较短的复合元音。发 ei 音时，口腔半闭，舌头前伸，其中 e 是前元音，比

ê的舌位稍高一些，读得长而响，然后舌位向发 i 音的方向移动，i 音发得轻短而含糊。

发音练习：

肥美 féiměi	北非 běifēi	配备 pèibèi
黑妹 hēimèi	蓓蕾 bèilěi	飞贼 fēizéi

ao[au]——后元音音素的复合，动程较宽。发音时，口腔大开，舌头后缩，发后元音 a，读得长而响，然后舌位向发 u 音的方向移动，嘴唇收拢，发 o、u 之间的音，轻而短。

发音练习：

报告 bàogào	高潮 gāocháo	早操 zǎocāo
逃跑 táopǎo	招考 zhāokǎo	糟糕 zāogāo

ou[əu]——动程最短的复合元音。其中的 o 发 o、e 之间的音[ə]，嘴唇比 e 稍圆，又没 o 那么圆，读得长而响。u 音发得轻短、含糊，未到单韵母 u 的高度。

发音练习：

欧洲 ōuzhōu	丑陋 chǒulòu	口头 kǒutóu
兜售 dōushòu	收购 shōugòu	绸缪 chóumóu

（二）后响复韵母

后响复韵母包括 ia、ie、ua、uo、üe 五个，前元音轻而短，后元音清晰响亮，终止位置确定。

ia[iA]——起音 i 轻而短，向央低元音a过渡，i 的发音紧而短，a的发音响而长。

发音练习：

恰恰 qiàqià	加价 jiājià	呀呀 yāyā
假牙 jiǎyá	压下 yāxià	家家 jiājiā

ie[iE]——起音 i 轻而短，过渡到舌尖前半低不圆唇元音ê，实际比ê的舌位要高些，ê的发音响而长，发音过程中舌尖始终不离开下齿背。

发音练习：

贴切 tiēqiè	结业 jiéyè	铁屑 tiěxiè
谢谢 xièxie	姐姐 jiějie	趔趄 lièqie

ua[ua]——起音 u 紧而短，过渡到低央元音a[A]，嘴唇由圆逐步收紧到不圆，a的发音响而长。

发音练习：

挂花 guàhuā	耍滑 shuǎhuá	花袜 huāwà
娃娃 wáwa	画画 huàhuà	哇哇 wāwā

uo[uo]——由圆唇后元音复合而成。起音 u 轻而短，向 o 过渡，o 的发音响而长，口腔由合到稍开，嘴唇渐圆。

发音练习：

硕果 shuòguǒ	骆驼 luòtuo	过错 guòcuò
国货 guóhuò	哆嗦 duōsuo	火锅 huǒguō

üe[yɛ]——由前元音复合而成。起音ü紧而短，向ê过渡，嘴唇由圆收紧到不圆，ê的发音响而长。

发音练习：

约略 yuēlüè	雀跃 quèyuè	雪月 xuěyuè

跃跃 yuèyuè　　　　虐待 nüèdài　　　　决裂 juéliè

（三）中响复韵母

中响复韵母有 iao、iou、uai、uei 四个，中响复韵母起音轻而短，中间的音清晰响亮，收音轻短模糊，仅表示舌位运动的方向。这四个复韵母由前响复韵母加 i、u 构成。发音的共同点是舌位由高向低滑动，再从低向高滑动。

iao[iɑu]——在 ao 前加上由高元音 i 开始的过渡动程。发音时舌位先降后升，由前到后，曲折幅度较大，嘴唇由不圆到圆。

发音练习：

疗效 liáoxiào　　　苗条 miáotiao　　　调教 tiáojiào

逍遥 xiāoyáo　　　小巧 xiǎoqiǎo　　　吊销 diàoxiāo

iou[iəu]——在 ou 前加上由高元音 i 开始的过渡动程。发音时舌位先降后升，由前到后，曲折幅度较大，开始发央元音时，嘴唇逐渐拢圆。

发音练习：

舅舅 jiùjiu　　　　优秀 yōuxiù　　　　牛油 niúyóu

悠久 yōujiǔ　　　　绣球 xiùqiú　　　　久留 jiǔliú

uai[uɑi]——在 ai 前加上由后高元音 u 开始的过渡动程。发音时舌位先降后升，由后到前，曲折幅度较大。嘴唇由最圆开始，开口度逐渐加大，接近 a 以后嘴唇渐变为不圆唇。

发音练习：

乖乖 guāiguāi　　　怀揣 huáichuāi　　　外快 wàikuài

外踝 wàihuái　　　拐弯 guǎiwān　　　怪事 guàishì

uei[uei]——在 ei 前加上由后高元音 u 开始的过渡动程。发音时舌位先降后升，由后到前，曲折幅度较大。嘴唇由最圆开始，随着舌位的前移，开口度逐渐加大，接近 e 以后嘴唇渐变为不圆唇。

发音练习：

水位 shuǐwèi　　　归队 guīduì　　　　垂危 chuíwēi

畏罪 wèizuì　　　　汇兑 huìduì　　　　回嘴 huízuǐ

二、复元音韵母的正音

（一）克服复韵母单元音化倾向

有的方言地区的人发复韵母元音时，往往缺少动程，常读作单韵母：ai→[ɛ]、ei→[e]、ao→[ɔ]、ou→[o]。比如：来 lai 读成[lê]，排 pai 读成[ba]，雷 lei 读成[lê]，高 gao 读成[kɔ]，过 guo 读作[ku]，泪 lei 读成[li]等。要克服单元音化倾向，首先要确定起始元音的正确舌位，然后驱使舌位向收尾元音方向滑动。注意收尾元音不能发得过于突出，要发得轻短模糊。

1. 复韵母单字音练习

ai——袋、排、矮、爱、来、买、太、摆、牌、拍、白、奶

ei——妹、美、类、位、内、被、飞、肥、雷、每、杯、赔

ao——奥、袄、扰、饶、高、抛、套、道、桃、老、猫、赵

41

ou——欧、藕、肉、楼、搜、口、手、走、头、周、狗、后

uo——锅、过、落、活、硕、错、货、我、多、拖、糯、坐

2. 三合复韵母单字音练习

注意要念出这类韵母的韵头、韵腹、韵尾三部分，归音要到位。

iao——票、苗、钓、潦、浇、剽、桥、袅、跳、姚、条、脚

iou——优、刘、酒、休、秋、牛、游、球、袖、又、丢、有

uai——怪、坏、快、乖、筷、徊、踹、帅、外、怀、拐、歪

uei——瑞、对、最、穗、虽、水、堆、腿、追、吹、睡、脆

（二）区分 ai/ei 和 ao/ou

ai/ei 和 ao/ou 是两组舌位动程不同的复韵母，主要区别是前响元音舌位高低的不同：前者舌位低、动程大，后者舌位高、动程小。

1. ai/ei 对比辨音练习

ai—ei

来电——雷电	小麦——小妹	战败——战备	牌价——陪嫁
分派——分配	排场——赔偿	摆布——北部	耐用——内用

uai—uei

怪客——贵客	怀抱——回报	开外——开胃	甩手——水手
歪斜——威胁	外星——卫星	坏心——慧心	拐子——鬼子

2. ao/ou 对比辨音练习

ao—ou

倒置——斗智	朝见——筹建	稻子——豆子	考试——口试
早到——走到	高洁——勾结	少数——手术	病号——病后

iao—iou

消息——休息	妙论——谬论	求教——求救	摇动——游动
食料——十六	铁桥——铁球	生效——生锈	角楼——酒楼

复元音韵母词语
辨音练习

第四节　鼻音韵母的发音与正音

一、鼻音韵母的发音

鼻音韵母是一个或两个元音加上鼻辅音 n 或 ng 作为韵尾构成的韵母，简称鼻韵母。因为 n 舌位在前，ng 舌位在后，所以鼻韵母又分前鼻韵母和后鼻韵母两类，共 16 个。

（一）前鼻韵母（8个）

an[an]——其中 a 是前元音[a]，发音时，口腔大开，舌尖抵住下齿背，舌位降到最低，然后舌尖抵向上齿龈发轻短的 n 音，使口腔受阻的气流从鼻腔冲出，舌位移动较大。

发音练习：

漫谈 màntán　　展览 zhǎnlǎn　　灿烂 cànlàn

懒汉 lǎnhàn　　　　反感 fǎngǎn　　　　翻版 fānbǎn

en[ən]——其中 e 比单韵母 e 靠前，是央元音[ə]。发音时，口腔半开半合，发[ə]音，然后舌尖抵向上齿龈发轻短的 n 音，舌位移动较小。

发音练习：

认真 rènzhēn　　　　深沉 shēnchén　　　　根本 gēnběn

振奋 zhènfèn　　　　门诊 ménzhěn　　　　人文 rénwén

in[in]——先发 i 音，然后舌尖抵向上齿龈发 n 音，开口度几乎没有变化，舌位动程很小。

发音练习：

信心 xìnxīn　　　　亲近 qīnjìn　　　　引进 yǐnjìn

拼音 pīnyīn　　　　紧邻 jǐnlín　　　　濒临 bīnlín

ün[yn]——先发 ü，然后舌尖抵向上齿龈发 n 音，嘴唇由圆形逐步展开。

发音练习：

均匀 jūnyún　　　　军训 jūnxùn　　　　芸芸 yúnyún

迅速 xùnsù　　　　运用 yùnyòng　　　　循环 xúnhuán

ian[iɑn]——先发较轻短的 i 音，然后向前元音[ɑ]过渡，但不到位，大约到ê音的位置，紧接着发 n 音。

发音练习：

天堑 tiānqiàn　　　　检验 jiǎnyàn　　　　前天 qiántiān

年鉴 niánjiàn　　　　联绵 liánmián　　　　现钱 xiànqián

uan[uɑn]——先发轻短的 u 音，接着发ɑn音，发音时，嘴唇由圆唇渐变为展唇。

发音练习：

贯穿 guànchuān　　　　转弯 zhuǎnwān　　　　专款 zhuānkuǎn

酸软 suānruǎn　　　　宦官 huànguān　　　　婉转 wǎnzhuǎn

üan[yan]——先发轻短的 ü 音，然后向ɑn音过渡，其中发ɑ音受发ü音圆唇的影响而靠后，舌头稍向后缩，嘴唇由圆唇渐变为展唇。

发音练习：

源泉 yuánquán　　　　渊源 yuānyuán　　　　全权 quánquán

圆圈 yuánquān　　　　悬挂 xuánguà　　　　宣传 xuānchuán

uen[uen]——先发轻短的 u 音，接着发 en 音，嘴唇由圆渐变为展唇，发 uen 音受声母和声调的影响，中间的元音会产生弱化。

发音练习：

温顺 wēnshùn　　　　春笋 chūnsǔn　　　　谆谆 zhūnzhūn

馄饨 húntun　　　　论文 lùnwén　　　　温存 wēncún

（二）后鼻韵母（8个）

ang[ɑŋ]——其中ɑ是后元音[ɑ]，响亮。接着舌头往后缩，舌根抬起，软腭下垂，挡住口腔气流，发 ng音时，气流从鼻腔流出。

发音练习：

帮忙 bāngmáng　　　　苍茫 cāngmáng　　　　厂房 chǎngfáng

张扬 zhāngyáng　　　　商场 shāngchǎng　　　　行当 hángdang

eng[ɤŋ]——先发舌面后半高不圆唇元音[ɤ]，然后向 ng 音过渡。

发音练习：

登程 dēngchéng　　　　丰盛 fēngshèng　　　　更正 gēngzhèng

承蒙 chéngméng　　　　生成 shēngchéng　　　　成风 chéngfēng

ing[iŋ]——先发 i 音，然后向 ng 音过渡，嘴形没有明显变化。

发音练习：

命令 mìnglìng　　　　清醒 qīngxǐng　　　　经营 jīngyíng

蜻蜓 qīngtíng　　　　平静 píngjìng　　　　叮咛 dīngníng

ong[uŋ]——先发 o 音，比单韵母 o 发音偏高，近乎 u 音，然后向 ng 音过渡，嘴唇始终拢圆，变化不明显。

发音练习：

工农 gōngnóng　　　　隆重 lóngzhòng　　　　从容 cóngróng

通红 tōnghóng　　　　公众 gōngzhòng　　　　恐龙 kǒnglóng

iang[iaŋ]——先发较短的 i 音，然后舌位向后降低，向后元音[a]过渡，紧接着发 ng 音。

发音练习：

响亮 xiǎngliàng　　　　想象 xiǎngxiàng　　　　两样 liǎngyàng

洋相 yángxiàng　　　　良将 liángjiàng　　　　湘江 xiāngjiāng

uang[uaŋ]——先发较短的 u 音，然后向 ang 音过渡。

发音练习：

状况 zhuàngkuàng　　　　装潢 zhuānghuáng　　　　狂妄 kuángwàng

闯将 chuǎngjiàng　　　　双簧 shuānghuáng　　　　创伤 chuāngshāng

ueng[ueŋ]——先发较短的 u 音，然后向 eng 音过渡，嘴唇从圆唇渐变为展唇。在普通话中，ueng 只有一种零声母的音节形式 weng。

发音练习：

主人翁 zhǔrénwēng　　　　水瓮 shuǐwèng　　　　蕹菜 wèngcài

iong[yuŋ]——发 i 音受后面发 o 音圆唇的影响，一开始发音就是圆唇，时间较短，然后向ong 音过渡，开头韵母 i 实际发音更近似[y]。

发音练习：

汹涌 xiōngyǒng　　　　炯炯 jiǒngjiǒng　　　　熊熊 xióngxióng

雄壮 xióngzhuàng　　　　用功 yònggōng　　　　泳装 yǒngzhuāng

二、鼻音韵母的正音

（一）分辨前、后鼻音

普通话的鼻音韵母有前、后鼻音之分。方言地区的人说普通话时常常出现以下几种情况：一是不分前、后鼻音，将带 n 尾和 ŋ 尾的字混读；二是将鼻音韵尾字均读成中鼻音ŋ。正音时要注意分辨，在发好 n 音和 ŋ 音的基础上，听辨和练习带这两种鼻韵母的常用字词，并加强辨读和记忆。

n 和 ŋ 两个辅音，都是鼻音，区别在于发音部位的前后位置不同。

n 音在前，由舌尖与上齿龈构成阻碍发出，它只有成阻和持阻阶段，没有除阻阶段，鼻音产生即收音，而声母的 n 音要除阻。

ŋ 音在后，由舌面后部与软腭构成阻碍发出，它与声母g、k、h 的发音部位相同，但也没有除阻阶段，鼻音产生即收音。

n、ŋ 只是韵尾，只有与韵腹构成鼻音韵母整体时才体现前、后鼻音的区别，韵腹元音舌位的前后不同也是前、后鼻音韵母区分的重要因素。例如，发an 音与ang音的区别，除 n、ŋ 的不同外，与元音a的位置也有关系，an 是前元音[a]，ang是后元音[ɑ]。所以，发鼻韵母时，既要掌握好鼻辅音的位置，也要注意韵腹元音舌位的区别。

1. 正音练习方法

（1）对镜训练法。

发前鼻音 n 韵尾时，镜中要能见到舌头的底部；发后鼻音 ŋ 韵尾时，镜中要能见到舌身随舌根后缩的舌面状态。

（2）手势辅助训练法。

把右手掌当作舌头，发前鼻音时，手心朝上，四个手指合拢作为舌尖上抬；发后鼻音时，手掌根作为舌根后抬。

2. 对比辨音练习

an[an]—ang[aŋ]

班——帮	盘——旁	潭——塘	敢——港
蓝——廊	餐——舱	蛮——忙	烦——防
天坛——天堂	木船——木床	反问——访问	
开饭——开放	烂漫——浪漫	担心——当心	
平凡——平房	耽误——当务	赞颂——葬送	

en[ən]—eng[ɤŋ]

陈——程	神——绳	枕——整	衬——秤
喷——烹	人——仍	阵——郑	分——封
出身——出生	真诚——征程	人参——人生	
粉刺——讽刺	木盆——木棚	分身——风声	
市镇——市政	陈旧——成就	深造——生造	

in[in]—ing[iŋ]

宾——冰	吝——令	信——性	音——英
印——硬	秦——晴	紧——井	银——赢
金鱼——鲸鱼	弹琴——谈情	失禁——失敬	
红心——红星	临时——零食	人民——人名	
频繁——平凡	寝室——请示	亲近——清静	

前后鼻音辨音练习

ün[yn]—iong[iuŋ]

熏——汹   允——涌   群——穷   寻——雄   运——用
因循——英雄   勋章——胸章   寻找——熊爪

ian[iɑn]—iang[iɑŋ]

烟——秧   年——娘   连——良   线——向   盐——羊
击剑——激将   鲜花——香花   简历——奖励

uan[uɑn]—uang[uɑŋ]

完——王   关——光   宽——筐   环——黄   馆——广
手腕——守望   大船——大床   专车——装车

ian[iɑn]—in[in]

边——宾   片——聘   棉——民   年——您   烟——音
饯行——进行   颜色——银色   现代——信贷

3. 绕口令练习

（1）人寻铃声去找铃，铃声紧跟人不停，到底是人寻铃，还是铃寻人。

（2）小金到北京看风景，小菁到天津买纱巾。看风景，用眼睛，还带一个望远镜；买纱巾，带现金，到了天津把商店进。买纱巾，用现金，看风景，用眼睛，巾、金、睛、景要分清。

（二）防止丢失或增加韵头 u

有的方言地区的人说普通话时，容易将 uen 韵母的韵头 u 丢失。舌尖音与 uang 韵母相拼的音节，往往丢失韵头 u；而与 an/ang 韵母相拼时，又容易增加韵头 u。我们在正音教学中，要注意防止和纠正这种语音现象。

1. 正音练习

un	春天	吞吐	村庄	损伤	轮胎	矛盾
	尊敬	顺利	准备	蹲点	伦敦	论文
uang	创造	服装	窗子	村庄	木床	霜冻
an	展览	然后	闪电	善良	赞歌	车站
ang	商标	受伤	赃款	桑叶	敞开	盖章

2. 对比辨音

壮士——仗势   床位——肠胃   霜叶——商业
蹲下——灯下   存钱——承前   创伤——沧桑

三、辨记前、后鼻音的常用方法

（一）字形（偏旁）类推法

an（ian）

般——bān，搬 bān，磐 pán。

半——bàn，拌、伴、绊 bàn，判、叛、畔 pàn。

参——cān（~考），惨 cǎn，掺 chān（同搀）。

单——dān（~位），殚、郸 dān，掸 dǎn，惮、弹 dàn，单（~于）、蝉、婵 chán，弹（~棉花）tán，单（姓）shàn。

旦——dàn，担（~子）、但 dàn，担（~保）dān，胆 dǎn，坦、袒 tǎn。

反——fǎn，返 fǎn，饭、贩 fàn，扳 bān，坂、板、版 bǎn。

干——gān，杆（~子）、竿、肝 gān，赶、秆 gǎn，干（~部）gàn，鼾 hān，汗（可~）、邗 hán，罕 hǎn，汗（~水）、旱、悍、捍 hàn，刊 kān。

甘——gān，柑 gān，酣 hān，邯 hán，钳 qián。

监——jiān，蓝、篮 lán，滥 làn。

曼——màn，漫、慢、谩（~骂）、幔、蔓（~延）màn，馒、蔓（~菁）mán，蔓（瓜~儿）wàn。

难——nán（困~），难（~友）nàn，滩、瘫 tān。

欠——qiàn，坎、砍 kǎn，掀、锨 xiān，欢 huān。

山——shān，舢 shān，汕、疝、疝 shàn，灿 càn，仙 xiān，岸 àn，炭 tàn，岩 yán。

炎——yán，淡、啖 dàn，谈、痰 tán，毯 tǎn。

元——yuán，浣 huàn，玩、完、顽 wán，皖 wǎn，远 yuǎn，院 yuàn。

番——fān，翻 fān，蕃（~息）fán，潘 pān，蟠 pán。

庵——ān，俺 ǎn，淹 yān，掩 yǎn。

扁——biǎn，编 biān，偏、篇 piān，骗 piàn。

斩——zhǎn，崭 zhǎn，暂 zàn，惭 cán，渐 jiàn。

残——cán，践、贱、溅 jiàn，钱 qián，浅 qiǎn，线 xiàn，盏 zhǎn。

专——zhuān，砖 zhuān，转 zhuǎn，传（~记）zhuàn，传（~统）chuán。

咸——xián，感 gǎn，喊 hǎn，憾 hàn，减 jiǎn。

见——jiàn，舰 jiàn，观 guān，宽 kuān，览、揽、缆 lǎn，现 xiàn。

千——qiān，迁 qiān，纤（拉~）qiàn，奸、歼 jiān，纤（~维）xiān。

前——qián，煎 jiān，剪 jiǎn，箭 jiàn。

检——jiǎn，俭 jiǎn，剑 jiàn，脸、敛 liǎn，签 qiān，险 xiǎn，验 yàn。

卷——juàn，倦、眷 juàn，圈 quān，拳 quán，券 quàn。

占——zhàn，战、站 zhàn，粘（~贴）zhān，粘（~土）nián。

豌——wān，碗、婉 wǎn，腕 wàn，怨 yuàn。

安——ān，鞍、桉、氨 ān，铵 ǎn，案、按、胺 àn。

en

贲——bēn，喷（~泉）pēn，喷（~香）pèn，愤 fèn。

本——běn，苯 běn，笨 bèn。

参——cēn (~差)，参 (人~) shēn，渗 shèn。

辰——chén，晨 chén，振、赈、震 zhèn，娠 shēn，蜃 shèn。

分——fēn (~析)，芬、吩、纷、氛 fēn，汾、棼 fén，粉 fěn，分、份、忿 fèn，盆 pén。

艮——gèn，茛 gèn，根、跟 gēn，艮 (发~) gěn，垦、恳 kěn，痕 hén，很、狠 hěn，恨 hèn。

肯——kěn，啃 kěn。

门——mén，们 (图~江)、扪 mén，闷 (~热) mēn，闷 (~~不乐)、焖 mèn，们 (我~) men。

壬——rén，任 (姓) rén，荏 rěn，任 (~务)、饪、妊 rèn。

刃——rèn，仞、纫、韧 rèn，忍 rěn。

申——shēn，伸、呻、绅、砷 shēn，神 shén，审、婶 shěn。

甚——shèn (~至)，葚 shèn，葚 (桑~儿) rèn，斟 zhēn。

珍——zhēn，诊、疹 zhěn，趁 chèn。

贞——zhēn，侦、祯、桢、帧 zhēn。

真——zhēn，缜 zhěn，镇 zhèn，嗔 chēn，慎 shèn。

枕——zhěn，忱 chén，沈 shěn。

in

宾——bīn，傧、滨、缤 bīn，摈、殡、鬓 bìn，嫔 pín［例外字：槟 (~榔) bīng］。

今——jīn，衿、矜 jīn，妗 jìn，衾 qīn，琴 qín，吟 yín。

斤——jīn，近、靳 jìn，芹 qín，忻、欣、新、薪 xīn。

禁——jīn (~受)，襟 jīn，禁 (~止) jìn。

尽——jǐn (~管)，尽 (~力)、烬 jìn。

堇——jǐn，谨、馑、瑾 jǐn，勤 qín，鄞 yín。

林——lín，淋、琳、霖 lín，彬 bīn。

磷——lín，鳞、嶙 lín。

民——mín，岷 mín，泯、抿 mǐn。

侵——qīn，寝 qǐn，浸 jìn。

禽——qín，擒、噙 qín。

心——xīn，芯 (灯~) xīn，芯 (~子) xìn，沁 qìn。

辛——xīn，莘、锌 xīn，亲 qīn［例外字：亲 (~家) qìng］。

因——yīn，茵、姻、氤 (~氲) yīn。

阴——yīn，荫 yìn。

ang

昂——áng，仰 yǎng。

邦——bāng，帮、梆 bāng，绑 bǎng。

旁——páng，磅 (~礴)、膀 (~胱) páng，膀 (~肿) pāng，榜、膀 (~子) bǎng。

仓——cāng，沧、苍、舱 cāng，创 chuàng，枪 qiāng，抢 qiǎng。

长——cháng (~短)，伥 (为虎作~) chāng，怅 chàng，张 zhāng，涨、长 (生~) zhǎng，帐、胀 zhàng。

肠——cháng，场 (赶~) cháng，场 (会~) chǎng，畅 chàng，荡 dàng，汤 (菜~) tāng，烫 tàng，殇、觞、汤 (河水~~) shāng，扬、杨 yáng。

当——dāng，挡 dǎng，档、当 (~铺) dàng。

方——fāng，芳 fāng，房、坊、防、妨 (~害) fáng，访、仿、纺 fǎng，放 fàng。

缸——gāng，杠 gàng，江 jiāng，扛 káng，项 xiàng。

亢——kàng，抗、伉 kàng，杭、吭 (引~高歌)、航 háng，沆 hàng。

荒——huāng，慌 huāng，谎 huǎng。

良——liáng，娘 niáng，郎、狼、廊 láng，朗 lǎng，浪 làng。

桑——sāng，搡、磉、嗓 sǎng。

上——shàng (~下)，上 (~声) shǎng，让 ràng。

尚——shàng，赏 shǎng，裳 (衣~) shang，党 dǎng，常、嫦、徜 cháng，敞 chǎng，趟 (~水) tāng，堂、棠 táng，倘、淌、躺 tǎng，趟 (赶~儿) tàng，掌 zhǎng。

王——wáng (君~)，汪 wāng，枉 wǎng，旺 wàng，筐 kuāng，狂 kuáng，逛 guàng。

亡——wáng，忘、望、妄 wàng，忙、盲、茫、芒、氓 (流~) máng。

相——xiāng，箱 xiāng，想 xiǎng，霜 shuāng。

羊——yáng，洋 yáng，养、氧 yǎng，样 yàng，详、祥、翔 xiáng。

eng

成——chéng，诚、城、盛 (~东西) chéng，盛 (~会) shèng。

呈——chéng，程 chéng，逞 chěng，锃 zèng。

乘——chéng，乘 (史~)，剩 shèng。

丞——chéng，蒸 zhēng，拯 zhěng。

登——dēng，凳、澄 (把水~清)、瞪 dèng，澄 (~清) chéng。

风——fēng，枫、疯 fēng，讽 fěng。

峰——fēng，烽、蜂 fēng，逢、缝 (~衣) féng，缝 (门~) fèng，蓬、篷 péng。

奉——fèng，俸 fèng，捧 pěng，棒 bàng。

更——gēng (~正)，埂、硬、梗 gěng，更 (~加) gèng，粳 jīng，硬 yìng（例外字：便 biàn、pián）。

亨——hēng，哼 hēng，烹 pēng。

塄——léng，楞 léng，愣 lèng。

蒙——mēng (~骗)，蒙 (~蔽)、檬、朦 méng，蒙 (~古族) měng。

孟——mèng，猛、蜢 měng。

彭——péng，澎、膨 péng。

朋——péng，棚、鹏 péng，崩、绷 (~带) bēng，绷 (~着脸) běng，蹦、绷 (~硬) bèng。

生——shēng，牲、甥、笙 shēng，胜 shèng。

誊——téng，腾、滕、藤 téng。

曾——zēng（姓），憎、增、缯 zēng，赠 zèng，层、曾 (~经) céng，蹭 cèng，僧 sēng。

正——zhēng (~月)，怔、征 zhēng，整 zhěng，正 (~义)、证、政、症 zhèng，惩 chéng。

争——zhēng，挣 (~扎)、峥、狰、睁、筝 zhēng，诤、挣 (~脱) zhèng。

ing

丙——bǐng，炳、柄 bǐng，病 bìng。

并——bìng，饼、屏 (~除) bǐng，瓶、屏 (~风) píng，迸 bèng（例外字：拼、姘 pīn，骈、胼 pián）。

丁——dīng，仃、盯、钉（~子）dīng，顶、酊（酩~）dǐng，订、钉 dìng，厅、汀 tīng。

定——dìng，腚、碇 dìng。

京——jīng，惊、鲸 jīng，黥 qíng。

茎——jīng，泾、经 jīng，刭、颈 jǐng，劲（~敌）、胫、径 jìng，轻、氢 qīng [例外字：劲（干~）jìn]。

景——jǐng，憬 jǐng，影 yǐng。

敬——jìng，警 jǐng，擎 qíng。

令——líng，苓、玲、铃、聆、龄 líng，岭、领 lǐng，令（命~）lìng（例外字：拎 līn、邻 lín）。

名——míng，茗、铭 míng，酩 mǐng。

冥——míng，溟、暝、瞑 míng。

宁——níng（安~），拧（~绳子）咛、狞、柠 níng，拧（~螺丝钉）nǐng，宁（~可）、泞、拧（~脾气）nìng。

平——píng，评、苹、坪、萍 píng。

青——qīng，清 qīng，情、晴 qíng，请 qǐng，菁、睛、精 jīng，靖、静 jìng。

廷——tíng，庭、蜓、霆 tíng，艇、挺 tǐng。

亭——tíng，停、婷 tíng。

刑——xíng，邢、形、型 xíng，荆 jīng。

英——yīng，瑛 yīng。

营——yíng，荧、莹、萤、萦 yíng，莺 yīng。

婴——yīng，樱、鹦、缨 yīng。

（二）声旁联系法

（1）凡读 an 或 ian 声旁的字，当含其同类声旁时，这些字一定读 in 或 en。比如：

含 hán——今衿矜 jīn /衾 qīn /琴 qín /吟 yín /岑涔 cén

烟 yān——因姻茵 yīn /恩 ēn

怜 lián——邻 lín/拎 līn

艰 jiān——跟根 gēn /艮茛 gèn/垦恳 kěn /痕 hén /很狠 hěn /恨 hèn /龈银垠 yín

颠 diān——真 zhēn /缜稹 zhěn /镇 zhèn /慎 shèn

婪 lán——林淋琳霖 lín /襟禁（~不住）jīn /禁（~止）噤 jìn

殄 tiǎn——珍 zhēn /诊疹轸畛 zhěn /趁 chèn

眠 mián——民岷 mín /抿泯 mǐn

淦 gàn——金 jīn /锦 jǐn

暗 àn——音喑 jīn /窨 yìn /歆 xīn

眈 dān——忱 chén /枕 zhěn /鸩 zhèn /沈 shěn

堪 kān——甚（过~）shèn /斟 zhēn

扮 bàn——贫 pín /盆 pén /分纷氛吩 fēn /汾棼 fén /粉 fěn /份 fèn

掀 xiān——斤 jīn /芹 qín /欣忻昕 xīn

（2）凡读 ang 或 iang 声旁的字，当含其同类声旁时，这些字一定读 eng 或 ing。比如：

行 háng——（银~）/衡珩桁蘅 héng/行（~走）xíng

凉 liáng——京惊鲸 jīng/憬 jǐng/影 yǐng

央 yāng——英瑛 yīng/映 yìng

（三）利用普通话声韵配合关系法

（1）普通话 d、t、n、l 不拼 en（拕、嫩两字例外），以下的字可以读 eng 韵：

灯、登、等、邓、凳、瞪、镫、澄、疼、誊、藤、腾、能、棱、冷、楞

（2）普通话 d、t、n 不拼 in（您字例外），以下的字可以读 ing 韵：

丁、叮、仃、盯、酊、钉、顶、鼎、酊、定、锭、订（～合同）

（3）uang 韵不拼 z、c、s，以下的字读 uan 韵，不读 uang 韵：

钻、纂、攥、窜、算、酸、篡、蒜

（4）uang 韵不拼 d、t、n、l，以下的字读 uan 韵，不读 uang 韵：

端、短、断、段、缎、锻、团、暖

第五节　单元综合训练

（1）听第七单元"普通话朗读考级指导"中朗读作品 16～30 号，记录作品中含前、后鼻音的音节。

（2）根据难点音有针对性地进行自我强化训练。

①前、后鼻音词语强化训练。

信服 xìnfú——幸福 xìngfú　　　　人民 rénmín——人名 rénmíng

亲近 qīnjìn——清净 qīngjìng　　　金鱼 jīnyú——鲸鱼 jīngyú

深思 shēnsī——生丝 shēngsī　　　陈旧 chénjiù——成就 chéngjiù

红心 hóngxīn——红星 hóngxīng　　申明 shēnmíng——声明 shēngmíng

频繁 pínfán——平凡 píngfán　　　审视 shěnshì——省市 shěngshì

市镇 shìzhèn——市政 shìzhèng　　亲身 qīnshēn——轻声 qīngshēng

②后鼻音正音强化训练。

发 ang 韵母音时，不要把嘴唇拢圆，应将嘴唇向两边展开，把后鼻音 ŋ 发出来。

ang：　刚刚　上岗　方糖　肮脏　长廊　张榜　当场　党章

iang：　强将　洋枪　奖项　向阳　泱泱　两江　像样　洋洋

uang：　荒唐　窗框　双簧　幢幢　黄汤　闯关　状况　惶惶

③前、后鼻音辨音与正音强化训练（表 3-2～表 3-5）。

说明：表中的①～④分别代表四个声调。

表 3-2　in 和 ing 辨音字

	in	ing
b	①宾滨缤彬濒④鬓	①兵冰③丙柄饼秉禀屏（～除）④病并
p	①拼②贫频③品④聘	①乒②平评苹萍坪屏（～风）凭瓶
m	②民③敏皿闽悯闵泯	②名鸣铭明冥酩④命
d	—	①丁叮钉（～子）盯③顶鼎④定锭订钉（～扣子）

	in	ing
t	—	①听厅②亭停婷廷庭蜓③挺艇
n	②您	②宁柠狞凝③拧④宁(~可)泞
l	②林淋(~漓)琳临邻磷鳞③凛檩④吝赁蔺躏淋(~病)	②灵铃玲龄伶苓图聆翎凌陵菱③岭领④另令
j	①今巾斤金津禁(不~)襟筋矜③紧锦仅谨尽(~量)④尽(~力)劲(干~)近进晋浸禁(~止)缙靳	①京惊鲸茎经精晶荆粳兢菁旌睛腈③景憬警井颈阱④竟镜境静敬径泾劲(刚~)靖
q	①亲侵钦②勤琴芹秦禽擒噙③寝	①氢轻倾青清蜻卿②情晴擎③顷请④庆亲(~家)
x	①新薪辛锌欣心芯(灯~)④信衅芯(~子)	①星腥猩惺兴(~盛)②形刑型邢行③省(~悟)醒④幸杏性姓兴(~趣)
0	①因茵姻殷音阴②银吟淫鄞③引蚓隐瘾饮④印饮(~牲口)	①英鹰婴樱缨嘤鹦莺应(~届)膺罂②营莹萤荧盈迎蝇赢郢③影颖④映硬应(~邀)

表 3-3　en 和 eng辨音字

	en	eng
b	①奔夯③本④笨	①崩嘣绷(~带)②甭③绷(~脸)④蹦迸蚌泵
p	①喷②盆④喷(~香)	①烹嘭怦抨②朋棚鹏硼彭膨澎篷蓬③捧④碰
m	①闷②门们扪④闷(烦~)懑	①蒙(~骗)懵②盟萌朦蒙(~蔽)虻氓③猛蒙(~古)④梦孟
f	①分芬纷吩氛②坟焚③粉④奋份忿分(~外)愤粪	①风枫疯蜂峰锋烽封丰②逢缝冯③讽④奉凤俸缝(门~)
d	—	①灯登蹬(~脚)③等④邓凳瞪蹬(踏~)澄(把水~清)
k	③肯啃恳垦	①坑吭铿
h	②痕③很狠	①哼②横(~行)衡恒④横(~财)
zh	①真贞针侦珍斟甄砧臻③诊疹枕④振震阵镇	①争睁狰筝征正(~月)挣(~扎)蒸症(~结)怔③整拯④正政证症(~状)郑挣(~钱)净
ch	②晨辰沉忱陈臣尘④趁衬称(对~)	①称(~赞)撑蛏②成城诚承呈程惩澄(~清)乘(~凉)盛(~饭)③逞骋④秤
sh	①申伸绅呻身深莘娠参(人~)②神什③沈审婶④甚渗肾慎葚(桑~)	①生牲笙声升甥②绳③省④胜圣盛(~大)剩嵊乘(千~之国)晟
r	②人仁任(姓)③忍荏④任认妊饪刃纫韧仞	①扔②仍
z	③怎	①曾(~孙)增憎④赠锃
c	①参(~差)	②层曾(~经)④蹭
s	①森	①僧
0	①恩	

表 3-4　an 和 ang辨音字

	an	ang
b	①扳颁班斑般搬③阪坂板版钣版④办半伴拌绊扮瓣	①邦帮梆浜③绑榜膀④蚌棒傍谤磅镑
p	①番潘攀②爿胖(体~)盘磐蟠蹒④判叛畔拚盼襻	①乓滂膀②庞旁膀磅螃③耪④胖(~子)

普通话考级新形态教程

	an	ang
m	②埋蛮谩蔓馒鳗螨③满螨④曼谩蔓幔慢漫	②邙芒忙盲氓茫磁③莽蟒
f	①帆番蕃幡藩翻②凡矾钒烦蕃樊繁③反返④犯范饭贩泛梵	①方坊芳②防坊妨肪房鲂③仿访纺舫④放
d	①丹担单郸殚眈耽③胆疸掸④石旦但担诞淡惮弹蛋氮澹	①当铛裆③挡党谠④当挡档凼砀荡宕
t	①坍贪摊滩瘫②坛昙谈郯痰弹覃谭潭檀③忐坦钽袒毯④叹炭碳探	①汤铴镗②唐塘搪溏瑭糖堂樘膛螳棠③倘惝淌躺傥④烫趟
n	①囡②男南喃楠难③腩蝻④难	①囊嚷②囊馕③攮
l	②兰拦栏岚婪阑澜蓝褴篮③览揽缆榄懒④烂滥	①啷②郎廊榔螂狼琅锒③朗④浪
g	①干杆肝竿甘泔柑尴③杆秆赶擀敢橄感④干赣	①冈刚纲钢扛肛缸罡杠③岗港④杠戆
k	①刊看堪②坎砍侃槛④看阚瞰	①康慷糠②扛③亢伉抗炕钪
h	①鼾酣憨②邗汗邯含晗函涵韩寒③罕喊④汉汗旱捍悍焊颔翰瀚撼憾	①夯②行吭杭航④巷 (～道)
zh	①占沾毡粘旃詹谵瞻③斩崭盏展搌辗栈绽湛颤 (～栗) 蘸	①张章彰獐漳樟蟑③长涨掌④丈仗杖账帐涨障瘴
ch	①掺搀②单婵禅蝉谗馋孱潺缠廛澶蟾③产铲谄阐④忏颤 (震～)	①昌菖猖娼鲳②长苌肠尝偿徜常嫦③厂场昶惝敞④怅畅倡唱
sh	①山舢芟杉钐衫删姗珊珊跚苫扇搧煽膻潸③闪陕睒④讪汕疝苫钐单掸禅扇骟善缮膳擅赡蟮	①伤殇商墒③上 (～声) 垧晌垧赏④上尚绱
r	②蚺然燃③冉苒染	①嚷②瓤③壤攘嚷④让
0	①安桉氨鞍庵鹌谙③俺铵④岸按案胺暗黯	①肮②昂④盎

表3-5 un 和 iong辨音字

	un	iong
j	①军均钧君菌鞠④俊峻竣骏菌 (～子) 郡	③窘炯迥
q	②群裙	②穷琼穹
x	①熏勋②旬询荀徇循寻巡④训驯迅讯汛殉逊	①兄凶匈汹胸②雄熊
0	①晕 (～头转向) ②云耘芸纭匀③允陨殒④运孕韵酝蕴恽晕 (～车)	①拥佣 (雇～) 庸慵雍③永咏泳勇涌蛹踊恿俑④用佣 (～金)

④e与o发音强化训练。

玻 bō	泼 pō	摩 mó	佛 fó	得 dé	特 tè	乐 lè	哥 gē	科 kē	河 hé
这 zhè	撤 chè	社 shè	热 rè	责 zé	厕 cè	涩 sè	多 duō	脱 tuō	诺 nuò
落 luò	果 guǒ	阔 kuò	获 huò	捉 zhuō	说 shuō	若 ruò	左 zuǒ	错 cuò	索 suǒ

波折 bōzhé	婆娑 pósuō	道德 dàodé	快乐 kuàilè	特色 tèsè
革命 gémìng	苛求 kēqiú	包括 bāokuò	彻底 chèdǐ	或者 huòzhě
懦弱 nuòruò	骆驼 luòtuo	刻薄 kèbó	百货 bǎihuò	捕捉 bǔzhuō
说明 shuōmíng	火锅 huǒguō	过错 guòcuò	迷惑 míhuò	左右 zuǒyòu

渊博 yuānbó　　　国歌 guógē　　　客车 kèchē　　　绳索 shéngsuǒ　　　卧室 wòshì
挫折 cuòzhé　　　蹉跎 cuōtuó　　　摄影 shèyǐng　　　折射 zhéshè　　　合格 hégé

⑤i 与 ü 发音强化训练。

| i | 西医 | 习题 | 洗涤 | 戏迷 | 稀泥 | 以及 | 异议 | 稀奇 | 吸力 | 一乙 |
| ü | 语句 | 寓于 | 区域 | 女婿 | 郁郁 | 聚居 | 玉宇 | 居于 | 旅居 | 豫剧 |

⑥ao 与 ou 发音强化训练。

| ao | 报考 | 教条 | 号召 | 潦草 | 要道 | 小灶 | 好笑 | 高炮 | 嚎啕 | 浩浩 |
| ou | 口头 | 售后 | 瘦猴 | 抖擞 | 守候 | 叩首 | 欧洲 | 喉头 | 丑陋 | 狗肉 |

（3）绕口令练习。

①姓陈不能说成姓程，姓程不能说成姓陈，耳东是陈，禾呈是程，如果陈程不分，就会认错人。

②天上一个盆，地下一个棚，盆碰棚，棚倒了，盆碎了，是棚赔盆，还是盆赔棚。

③高高山上一根藤，藤条头上挂铜铃。风吹藤动铜铃动，风停藤停铜铃停。

④红饭碗，黄饭碗，红饭碗盛满饭碗，黄饭碗盛饭半碗。黄饭碗添了半碗饭，红饭碗减了饭半碗，黄饭碗比红饭碗又多半碗饭。

⑤男演员，女演员，同台演戏说方言。男演员说吴方言，女演员说闽方言。男演员演远东劲旅飞行员，女演员演鲁迅著作研究员。研究员、飞行员，吴方言、闽方言，你说男女演员演得全不全。

⑥天上七颗星，树上七只鹰，梁上七根钉，台上七盏灯，地上七块冰。一脚踏了冰，拿扇熄了灯，用力拔了钉，举枪打了鹰，乌云盖了星，不见星鹰钉灯冰。

⑦张康当董事长，詹丹当厂长，张康帮助詹丹，詹丹帮助张康。

⑧半边莲，莲半边，半边莲长在山涧边。半边天路过山涧边，发现这片半边莲。半边天拿来一把镰，割了半筐半边莲。半筐半边莲，送给边防连。

⑨大柴和小柴，帮助爷爷晒白菜。大柴晒的是大白菜，小柴晒的是小白菜。大柴晒了四十四斤四两大白菜，小柴晒了三十三斤三两小白菜。大柴和小柴，一共晒了七十七斤七两大大小小的白菜。

⑩东边庙里有个猫，西边树梢有只鸟，不知猫闹树上鸟，还是鸟闹庙里猫。

⑪兜里装豆，豆装满兜，兜破漏豆。倒出豆，补破兜，补好兜，又装豆，装满兜，不漏豆。

⑫出南门，走六步，见着六叔和六舅。叫声六叔和六舅，借我六斗六升好绿豆。收了秋，打了豆，再还六叔六舅六斗六升好绿豆。

⑬狼打柴，狗烧火，猫儿上炕捏窝窝，雀儿飞来蒸饽饽。

⑭春雨密密，山野迷迷，山上飞下一条渠，渠中条条金鲤鱼，雨密密，跳进渠，惊动鱼，雨戏渠，鱼戏渠，雨渠鱼，渠雨鱼，鱼雨渠，合唱一支"闹春曲"。

⑮文春住在孙家村，孙纯住在昆仑屯，文春进城卖春笋，孙纯进城卖馄饨，文春闻到孙纯的馄饨香喷喷，孙纯看到文春的春笋肉墩墩，文春买了孙纯香喷喷的馄饨，孙纯买了文春肉墩墩的春笋。

⑯河里漂着一块冰，冰上插着一根钉，钉钉冰，冰冻钉，水流冰冻钉也动，水停冰静钉也停。钉钉住了冰，冰冻住了钉。

⑰小青和小琴，小琴手很勤，小青人很精，你学小琴还是小青。

⑱甜甜和丹丹，天天练登山。上山又下山，下山又上山。登了三次山，出了一身汗，湿

了三件衫。甜甜奋勇攀，丹丹猛追赶。甜甜、丹丹齐声喊：离天只有三尺三。

⑲哥哥弟弟坡上坐，坡上卧着一只鹅，坡上流着一条河，宽宽的河，肥肥的鹅，鹅要过河，河要渡鹅，不知是鹅过河，还是河渡鹅。

⑳天上有个日头，地下有块石头，嘴里有根舌头，手上有五个手指头，不管是天上的热日头，地下的硬石头，嘴里的软舌头，手上的手指头，还是热日头、硬石头、软舌头、手指头，反正都是练舌头。

㉑一位爷爷他姓顾，上街打醋又买布。买了布，打了醋，回头看见鹰抓兔。放下布，搁下醋，上前去追鹰和兔，飞了鹰，跑了兔，打翻醋，醋湿布。

（4）日常口语练习。

①吃完饭，我们一块儿去散散步吧！

②伯伯挽着婆婆的手，走过一个上坡。

③你能不能说得详细些，我听得糊里糊涂的。

④"国庆"假日，我们学院组织去新疆考察，你们学院准备去哪里？

⑤现在我提一个问题，请你们先认真思考一下，然后开展讨论。

⑥听说教师节，学校工会要发一些东西，真不知道会发些什么。

（5）练习朗读作品 1～10 号。

（6）说话练习。

练习一组论述类话题（请参考下篇中第八单元"普通话命题说话考级指导"的相关技巧）。

①谈谈服饰。

②谈谈科技发展与社会生活。

③谈谈美食。

④谈谈社会公德（职业道德）。

⑤谈谈个人修养。

⑥谈谈对环境保护的认识。

⑦谈谈卫生与健康。

⑧谈谈学习普通话的体会。

⑨谈谈购物（消费）的感受。

第四单元　普通话声调正音教学

56

第一节　声调的发音

一、调值和调类

　　普通话中的每个字在单念时，都有一个固定的调值，而调值的类型是有限的，按照"调值是否相同"这个标准，把调值相同的字归纳在一起所建立起来的类，叫"调类"，有几种调值就可以归纳成几种调类。调值是指声调的高低、升降、曲折、长短，也称"调型"。记录调值，通常采用"五度标记法"，这是用五度竖标来标记调值相对音高的一种方法。普通话声调的调值表现为平、升、曲、降四种形式，声调可归纳为四类：阴平、阳平、上声、去声（也叫第一声、第二声、第三声、第四声）。普通话调值五度标记法如图4-1所示。

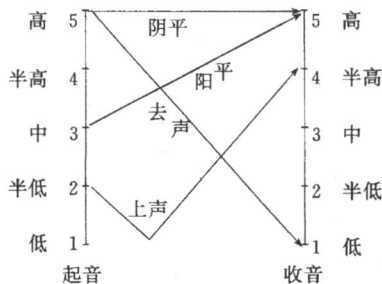

图4-1　普通话调值五度标记法

声调符号是依据五度标记法确定的，根据图 4-1，略去竖标线，即得声调符号。普通话声调表见表 4-1。

表 4-1 普通话声调表

调类名称	传统名称	调 值	声调符号	文字描写	字 例
第一声	阴平	55	-	高平	开 诗 边
第二声	阳平	35	´	中升	陈 床 人
第三声	上声	214	ˇ	降升	好 你 手
第四声	去声	51	`	高降	是 坐 盖

二、声调发音练习

要发准普通话四声的调值，必须把握好它们高低升降的变化规律。
声调练习的原则：
（1）音高要有限度，高而不喊。
（2）音低要有力度，低而不散。
（3）音高要轻声，轻而不浮。
（4）音低要字沉，沉而不浊。
（5）音量加大时，气足而不拙。
（6）音量减少时，气竭而不衰。

声调字词练习

57

第一声是阴平，高而平，起音高一路平，即由 5 度到 5 度，是高平调，基本没有曲折变化。
发音练习：
安、烟、方、宣、音、耶、亲、屋、衣、青、封。
第二声是阳平，由中往上升到高，即由 3 度升到 5 度，是中升调。
发音练习：
您、文、情、全、年、人、琴、名、型、博、婆。
第三声是上声，起音半低，先降到低再升到半高，即由 2 度降到 1 度再升到 4 度，是先降后升的调子，是转折调。
发音练习：
手、马、碗、养、远、请、美、古、纸、粉、水。
第四声是去声，由高降到低，即由 5 度降到 1 度，是个全降调。
发音练习：
去、热、爱、面、肉、饿、到、笨、要、蛋、性。

三、双音节词语练习

（一）第一声阴平

要读准阴平 55 调值且体现其高、平特点，可利用去声作为引导进行练习。

1. 去声+阴平

唱歌	健康	教师	血压	放松	验收
信息	侧击	后期	卫星	聚餐	莫非

2. 阴平+去声

充分	参照	开路	栽种	工作	拍卖
充沛	忽视	跌价	谦逊	偏僻	诬陷

（二）第二声阳平

要读准阳平 35 调值且体现其长、扬特点，可利用去声的下降反衬阳平的上扬来进行组合练习。

去声+阳平：

祝福	内容	住房	步行	克隆	大洋
问题	热忱	素材	脉搏	列席	鳄鱼

（三）第三声上声

要读准上声 214 调值且体现其降转升特点，可利用阴平的高、平与上声的降转升组合来练习。

1. 阴平+上声

思考	钢铁	艰苦	欣赏	中午	音响
边远	邀请	摸索	粗浅	桑梓	烘烤

2. 上声+阴平

好歌	手心	普通	古今	美音	纸巾
喜欢	史诗	品秋	脑筋	小鸡	死期

（四）第四声去声

要读准去声 51 调值且体现其高、降特点，可利用上声的上扬与去声的下降组合来练习。

去声+上声：

犯法	壮语	调走	跳舞	翅膀	正好
下午	误导	校长	喝彩	愿景	万里

四、四音节词语练习

阴平、阳平、上声、去声四声的四音节词语在声调练习中也起到很大作用，要求读出每个字的实际调值，归音到位，字与字之间要有停顿。

编排有序 biānpáiyǒuxù	中国伟大 zhōngguówěidà
高扬转降 gāoyángzhuǎnjiàng	山河美丽 shānhéměilì
光明磊落 guāngmínglěiluò	非常好记 fēichánghǎojì
西湖景致 xīhújǐngzhì	逆水行舟 nìshuǐxíngzhōu
山明水秀 shānmíngshuǐxiù	花红柳绿 huāhóngliǔlù
字里行间 zìlǐhángjiān	大有文章 dàyǒuwénzhāng
刻骨铭心 kègǔmíngxīn	心明眼亮 xīnmíngyǎnliàng

第二节 声调的正音

声调是普通话的"门面"。方言地区的人说普通话常常不自觉地将家乡方言声调带入，使得所说的普通话带有一定的方言腔调，即"南腔北调"，主要表现在调值不符合标准普通话的高低转降，或者带入其他声调，或者高平 55 调值读成 33 调值，或者上声 214 调值读成 325 调值等。我们要提高普通话水平，就要在声调正音上下功夫。

一、避免读短促的入声调

在普通话中没有入声调，一些南方方言中还保留着古汉语的入声调。古汉语的入声字现已归入普通话四声调的字。常用字中有 400 余个入声字，近一半归到去声调的字中，三分之一归到阳平调的字中，剩下约 100 个，分别归入阴平调的字和上声调的字，其中归上声调的字最少。在正音时，我们要了解方言入声调和普通话四声调的对应规律，防止读错。

（一）入声调归普通话声调情况

现将一些常用的古汉语入声字，按普通话四声调排列如下，供正音练习。

1. 普通话读阴平汉语

八 逼 吃 出 发(~现) 喝 黑 忽 击 激 积 七 屈 缺 塞(~车) 杀 贴 叔 脱 桌

2. 普通话读阳平汉语

拔 白 鼻 别 伯 答 达 得 德 敌 读 毒 独 夺 罚 福 服 阁 急 十 竹 识

3. 普通话读上声汉语

百 北 笔 尺 法 给 谷 骨 甲 角 脚 渴 属 塔 铁 雪 血

4. 普通话读去声汉语

必 毕 不 策 测 彻 畜 触 促 恶 发(理~) 复 各 划 豁 或 速 木 麦 烈 扩 克 绩

（二）对比练习（普通话同音调，方言不同音调，后一个字是入声字）

巴——八　摆——百　笔——比　布——不　包——剥　批——劈　都——督
托——拖　露——陆　利——立　路——鹿　基——激　家——夹　欺——漆
卖——麦　课——客　库——酷　瓜——刮　锅——郭　哥——割　古——谷
枯——哭　和——合　呼——忽　贺——鹤　可——渴　华——滑　好——郝

二、分辨阳平调和上声调

有的方言地区的人，说普通话时往往阳平调升不高，中间还出现曲折，上声调却降不下来，没有曲折变化，两者差异不大。普通话阳平调的发音是从中往上升，上声调却是从半低先降到低，然后升到半高。要读准和分清这两种声调，发阳平调时，可采用头势法，声音从中尽量往上升；发上声调时，可采用手势法，先尽量压低再升高，使之体现出曲折的特点。

（一）词语练习

阳平：人民　提前　完成　折合　情急　学习　别名　寒食
　　　绵羊　芙蓉　甜橙　洁白　雷池　协调　围城　职责
上声：永远　友好　五彩　鼓舞　海岛　领导　水准　典雅
　　　起码　匕首　偶尔　橄榄　影响　整体　彼此　选手

（二）对比辨音

黎——李　　　徐——许　　　刘——柳　　　喉——吼　　　凿——早
燃——染　　　国——果　　　民——敏　　　泥——你　　　哲——者
宏图——红土　　大学——大雪　　礼节——理解　　平凡——平反
生活——生火　　安详——安享　　山陵——山岭　　拦腰——懒腰
余悸——雨季　　情愿——请愿　　盐花——眼花　　喜联——洗脸
鼻翼——笔译　　残杀——惨杀　　无事——武士　　寒天——含铁

第三节　声调的语流音变

在普通话中两个及两个以上的音节连读，一些词语会产生明显的音变，这就是声调的语流音变现象。音变大致有三种情况：一是发生完全变调，失去原有的单字调值，读另外一种调，如轻声音变和语气词"啊"的变读；二是发生部分变调，如上声调在连读词语的前字位置时，常常要发生部分变调；三是发生声调融合，即与别的声调连成一体，失去了自己的独立性，如儿化音变。

一、完全变调

（一）轻声音变

轻声是一种特殊的变调现象，是指在一定条件下将字词读得又轻又短。普通话的轻声都是从阴平、阳平、上声、去声四个声调变化而来的。

轻声只是一种连读时的音变现象，因此轻声不被看成一种独立的调类，汉语拼音方案规定轻声不必标出声调。读单个字词没有轻声音变现象，轻声音节往往出现在词语中间或其他音节之后，绝不会出现在词语或句子开头的音节中。比如：

他们、好的、石头、云彩、怎么、豆腐、对呀、小伙子、好不好、走一走。

（二）语气词"啊"的音变及其规律

普通话中的"啊"作为语气词时，其读音因受它前面一个音节尾音的影响而产生音变，它经常附着在句末或句中停顿处，读轻声，永不独立。

"啊"的音变规律主要有以下几种。

（1）前一个音节的尾音是a、o、e、ie、i、ü 时，"啊"多变读为[ya]，写作"呀"。比如：

a　这就是他呀（tāya）!　　　　　ie　多宽的大街呀（jiēya）!

o　你快点儿广播呀（bōya）!　　　i　这山真奇呀（qíya）!

e　这是些什么呀（meya）?　　　　ü　怎么不用力举呀（jǔya）?

（2）前一个音节的尾音是 u（包括ao、iao 的 o）时，"啊"多变读为[wa]，写作"哇"。比如：

u　他多有福哇（fúwa）!　　　　iou　快溜哇（liūwa）!

ou　你快点走哇（zǒuwa）!　　　iao　你快来瞧哇（qiáowa）!

ao　庄稼长得多好哇（hǎowa）!

（3）前一个音节的尾音是 n 时，"啊"变读为[na]，写作"哪"。比如：

an　这花多好看哪（kànna）!　　　ian　这糖可真甜哪（tiánna）!

en　快开门哪（ménna）!　　　　in　这条路多近哪（jìnna）!

（4）前一个音节的尾音是 ng时，"啊"变读为[ŋa]，仍写作"啊"。比如：

ang　我没法帮啊（bāngŋa）!　　　uang　你别慌啊（huāngŋa）!

eng　怎么不点灯啊（dēngŋa）?　　ing　你快点停啊（tíngŋa）!

（5）前一个音节的尾音是-i[ɿ]时，"啊"变读为[za]，仍写作"啊"。比如：

zi　你写的这是什么字啊（zìza）?　　si　这么多蚕丝啊（sīza）!

ci　老张，给我们写首歌词啊（cíza）?

（6）前一个音节的尾音是-i[ʅ]或儿化韵时，"啊"变读为[ra]，仍写作"啊"。比如：

zhi　怎么不买张报纸啊（zhǐra）?　　chi　你赶快吃啊（chīra）!

shi　哪位是张老师啊（shīra）?　　uar　怎么还不开花儿啊（huarra）?

anr　你上的是几点的班儿啊（bānrra）?

以上音变规律可用口诀加强记忆：u 尾变读"哇"，其他元音韵尾读成"呀"，n 尾变读"哪"，ng尾变读"啊"（[ŋa]），-i 尾变读[ra]或[za]，汉字仍要写作"啊"。

二、部分变调

（一）上声音变

两个上声调的字连读，前面的字变读为近似阳平调35，即实际调值为34，口诀为"上上相连前变阳"；上声调的字在非上声调的字前面，前面的字变读，即实际调值为211。

1. 上声+上声音变练习（34+214）

美好　古典　手指　小雨　起码　好友　管理　理想　小组

打起　指导　井水　和蔼　友好　雪景　老鼠　土壤　眨眼

2. 上声+非上声音变练习（211+非上声）

上声在阴平前：好书　海鸥　打钟　友军

上声在阳平前：好人　海豚　打雷　友情

上声在去声前：好话　海豹　打字　友谊

上声在轻声前：好的　枕头　暖和　我们

3. 上声+上声+上声音变练习（211+34+214）

小雨伞　纸老虎　好总理　展览馆　小广场　保管好　比较好

（二）"一"和"不"的音变

"一""不"在去声前，都变读为阳平调值 35；在非去声前，"一"从调值 55 变读为调值 51，"不"不变调。

注意："一"与"不"单念或在句末、词尾及作为序数时不变调，如"一、不管三七二十一、绝不、不、你敢说不、第一组"等。

"一""不"音变练习如下。

1. 35+去声

一下　一个　一向　一串　不要　不热　不会　不够

2. 51+非去声

"一""不"在阴平前：一心　一张　一尊　一缸　不酸　不干　不脏　不真

"一""不"在阳平前：一人　一床　一文　一桌　不能　不忙　不来　不行

"一""不"在上声前：一本　一桶　一早　一手　不好　不准　不老　不冷

（三）去声音变

两个去声调的字构成词语连读时，也会产生比较明显的音变现象，前面的去声调的字变读，即实际调值近似 53。

去声+去声音变练习（53+51）：

大腕　外债　电视　祝寿　世界　睡觉　笨蛋　大大

去声调的音变，因为调类没有改变，调值变化不是很明显，所以一般不太引起人们的注意。

注意：去声调在单念或在句末、词尾及非去声调音节前读的时候不变化，调值为 51，如"瘦、瘦得不能再瘦、精瘦、热天、热能、热水"等。

三、儿化音变

在普通话中有许多词语的音节韵母因卷舌动作而发生音变现象，这种现象就叫作儿化。儿化的韵母就叫"儿化韵"，其标志是在韵母后面加上 r。词尾"儿"本是一个独立的音节 er，但是大多跟在别的音节之后，长期处于轻读地位，与前面的音节流利地连读而产生音变，因此"儿"失去了独立性，"化"到前一个音节上，只保留一个卷舌动作，两个音节融合成一个音节，带儿化韵的音节一般由两个汉字组成，如"苗儿 miáor""花儿 huār"等。

单独念 er 音节的字很少，常用的只有"儿、而、尔、耳、二"等，但儿化韵字词的数量比较多。

第四节　轻声与儿化训练

一、轻声的作用

轻声不单纯是一种音变现象，它还有明显的词汇语法功能，具有一定区别词义、词性的作用。

1. 部分轻声可以区别词的意义

比如：

东西——两个不同的方向。／ 东西——某事物。

孙子——古代的军事家。／ 孙子——儿子的儿子。

兄弟——哥俩。／ 兄弟——弟弟。

虾子——虾卵。／ 瞎子——眼睛失明的人。

2. 部分轻声既可区别词义又可区分词性

比如：

地道——名词，指地下通道。／ 地道——形容词，指纯正、实在。

买卖——名词，指生意。／ 买卖——动词，指买进卖出。

大意——形容词，指疏忽。／ 大意——名词，指主要意思。

利害——名词，指利益和损害。／ 利害——形容词，指剧烈、凶猛。

轻声在普通话中区别词义和词性作用的情况所占比例较小，大多数轻声都不具备这种作用。

二、轻声的读音

轻声音节从音高看，因受前一个字声调的影响而显得不固定。一般来说，上声调的字后面的轻声字音高比较高，阴平调、阳平调的字后面的轻声字音高偏低，去声调的字后面的轻声字音高最低。

阴平＋轻声→2 度（半低）杯子 bēizi

阳平＋轻声→3 度（中）瓶子 píngzi

上声＋轻声→4 度（半高）椅子 yǐzi　哪里 nǎli

去声＋轻声→1 度（低）镜子 jìngzi

轻声音节从音长看，一般短于正常重读音节。可把轻声音节前面的字读得稍重一些、稍长一些，从而连带出后面的轻读。

轻声音节发音的口形自然放松，有一定的模糊感、阻塞感。

口诀：轻声轻轻声短，模糊阻塞又自然；前音重前音长，轻重有致添美感。

三、轻声的辨识和记忆

在普通话中轻声音节经常出现在使用频率较高的口语词语中，北京话尤其突出。由于南方人缺乏轻声的语感，加之轻声词数量的不确定性，给识别和记忆带来一定的困难。这就需要我们在掌握轻声音节分布规律的基础上加强记忆，尤其对规律性不强的轻声词。

（一）规律性较强的轻声词

在《普通话水平测试大纲》中轻声词有 1363 条，其中有规律可循的轻声词有 679 个，约占总数的 50%。这类轻声词一般有比较明显的标志或特征，掌握起来比较容易，语法位置比较固定，包括所有语气词、少数重叠式名词、动词的第二个词、结构助词、方位词、联绵词、趋向动词、名词后缀等。

（1）语气词：啊（含呀、哇、哪）、呢、吗、吧。

（2）助词：的、地、得、着、了、过、们。

（3）少数重叠式名词、动词的第二个字：爸爸、妈妈、哥哥、姐姐、叔叔、伯伯、婶婶、弟弟、人人、天天、年年、户户、日日、说说、玩玩。

（4）"一""不"嵌在两个音节（多为叠音动词）中间：说一说、写一写、问一问、笑一笑、动一动、去不去、干不干、差不多、住不下。

（5）方位词：上、下、面、边，附在其他词语之后，通常念轻声。比如：头上、地上、底下、乡下、城里、里边、外面。

（6）趋向动词：起来、出来、过来、进来、下去、过去。

（7）名词后缀：子、头。在《普通话水平测试大纲》中带"子"的词语有 315 个，其中 279 个"子"读轻声，36 个"子"不变调；带"头"的词语有 78 个，其中读轻声的有 47 个，不变调的有 31 个。比如：包子、谷子、桌子、馒头、风头等。如果词语是实语素，则不读轻声，如原子、电子、山头、线头、矛头等。区分"子""头"读轻声还是非轻声，关键是看它们是实语素还是虚语素。如果是虚语素，不表示实在的意义，则读轻声。

（二）规律性不强的轻声词

（1）有一批常用的双音节词，第二个音节习惯上也读轻声，无规律可循。

比如：

霸道	帮手	包袱	比方	扁担	别扭	玻璃	簸箕	部分	苍蝇
柴火	称呼	抽屉	畜生	窗户	刺猬	伺候	聪明	凑合	答应
打听	大方	大夫	耽误	得罪	灯笼	提防	点心	动静	豆腐
对付	队伍	多么	恶心	耳朵	费用	吩咐	奉承	父亲	干事
高粱	膏药	告诉	疙瘩	胳膊	功夫	姑娘	故事		

（2）还有一部分词轻声不稳定，有的随句子的语言环境、词语结构的不同而变化，有的则随各人不同发音习惯而变化。

比如："学生"的"生"读轻声，而在"大学生""中学生"中又不读轻声；"道理"的"理"读轻声，但在"真理"中的"理"并不读轻声；"黄瓜"中的"瓜"读轻声，但"苦瓜"中的"瓜"并不读轻声。

（三）记忆规律性不强的轻声词

如上述无规律、不稳定的轻声词，给方言地区的人识别和记忆轻声带来一定的困难。如果逐个记忆，则费时费力又不容易掌握。编者依据学习普通话及参加普通话水平测试的体会，归纳总结了以下几个识别和记忆轻声词的方法。

1. 归类记忆法

（1）将有关身体部位的轻声词进行分类记忆：脑袋、头发、耳朵、鼻子、眼睛、眉毛、嘴巴、下巴、胳膊、指头、指甲、巴掌、肚子、屁股等。

（2）某些反义复合词或并列复合词第二个字的音节读轻声：买卖、反正、动静、好歹、兄弟、喜欢、新鲜、衣服等。

（3）把相同语素归类，如带"类词缀"（虚化的语素）的轻声词如下。

"处"——长处、害处、好处、坏处、用处、苦处。

"气"——福气、和气、客气、脾气、神气、志气、阔气、俗气。

"实"——结实、扎实、厚实、壮实、匀实、老实、踏实。

"人"——媒人、保人、主人、爱人、客人、证人、内人、道人。

"家"——东家、冤家、亲家、婆家、公家、娘家、行家。

"匠"——漆匠、锡匠、木匠、鞋匠、石匠。

"钱"——工钱、租钱、喜钱、月钱、利钱、定钱。

"分（份）"——身份、福分、生分、成分、辈分、部分、情分。

"当"——停当、行当、稳当、妥当、顺当等。

2. 编顺口溜、绕口令法

比如：

（1）工作的时候不能图舒服，一疏忽就会出事故。

（2）把窗户打开，玻璃擦擦再关上。

（3）花园里什么花儿都有：牡丹、玫瑰、月季、芍药，红的、黄的、紫的、白的，漂亮极了。

（4）站住，别拦住姑娘，放开她！看，他多么不懂规矩，老是在外晃荡。

3. 排除法

借助《现代汉语词典》（最新版），排除一些《普通话水平测试大纲》中是轻声词而词典中已不标注轻声的词，如聪明、干净、松动、近视、船家、编辑等，还有一部分不稳定的轻声音节，也可排除记忆。这些不稳定的轻声音节，有的随句子语言环境或词语结构的不同而变化，有的随各人不同的口语习惯而变化。如上文提到的"学生"一词中的"生"，还有"棉花"一词中的"花"读轻声，在"棉花生产""棉花销售"中一般不读轻声；"道理"的"理"读轻声，"真理"的"理"不读轻声。此外，对于少数具有辨义作用的两读词，如"东西""地道""买卖"等，也可以排除在轻声词之外，以减少记忆的负担。

四、儿化的作用

儿化在普通话里不仅仅是一种音变现象，它同词义、词性等也有一定的联系，其主要作用如下。

（一）区别词语意义

头（脑袋）/ 头儿（带头的、领导人）

信（信件）/ 信儿（消息）

眼（眼睛）/ 眼儿（小窟窿）

火星（太阳系行星之一）/ 火星儿（小火点儿）

（二）既可区别词义又可区分词性

画（动词）/ 画儿（名词）

盖（动词）/ 盖儿（名词）

一块（数量词）/ 一块儿（副词）

破烂（形容词）/ 破烂儿（名词）

儿化在普通话中具有区别词义和词性作用的情况并不多，绝大多数儿化韵不具备这种作用。

（三）表示细小、亲切或喜爱的感情色彩

例如，小鸟/小鸟儿，头发丝/头发丝儿，金鱼/金鱼儿，小老头/小老头儿，小宝贝/小宝贝儿。

五、儿化韵的音变规律

儿化韵的音变取决于是否利于卷舌动作。音节儿化时，由于韵母须同时卷舌，就引起了许多原韵母发音的变化，主要有两种情况：一是原韵母不变，只是在该韵母发音时，加上一个卷舌动作；二是原韵母发生变化，才能发出儿化韵。

归纳起来，儿化韵音变规律可分为以下几种。

（一）韵母或韵尾是a、o、e、ê、u等，原韵母不变，直接卷舌

（1）a→ar［ar］　　　一打儿　小马儿
（2）ia→iar［iar］　　书架儿　豆芽儿
（3）o→or［or］　　　上坡儿　肉末儿
（4）uo→uor［uor］　　酒窝儿　合伙儿
（5）e→er［ɚ］　　　请客儿　八哥儿
（6）ie→ier［iɛr］　　锅贴儿　台阶儿
（7）üe→üer［yɛr］　　主角儿　秋月儿
（8）u→ur［ur］　　　京胡儿　圆柱儿
（9）ao→aor［aur］　　手套儿　树梢儿
（10）iao→iaor［iaur］　面料儿　木条儿
（11）ou→our［əur］　　耍猴儿　衣兜儿
（12）iou→iour［iəur］　打球儿　短袖儿

（二）韵尾是i、n的（in、ün除外）字词，丢掉韵尾，主要元音卷舌

（1）ai→air［ar］　　　小孩儿　壶盖儿
（2）uai→uair［uar］　　一块儿　乖乖儿
（3）ei→eir［er］　　　晚辈儿　宝贝儿
（4）uei→ueir［uər］　　墨水儿　麦穗儿
（5）an→anr［ar］　　　笔杆儿　名单儿
（6）ian→ianr［iɛr］　　刀尖儿　雨点儿
（7）en→enr［ər］　　　书本儿　走神儿
（8）üan→üanr［yar］　　花园儿　烟卷儿
（9）uen→uenr［uər］　　花纹儿　飞轮儿
（10）uan→uanr［uar］　茶馆儿　拐弯儿

（三）韵母是in、ün的字词，丢掉韵尾加er［ər］

（1）in→ier［iər］　　　干劲儿　背心儿

（2）ün→ünr〔yər〕　　　合群儿　花裙儿

（四）韵母是 i、ü 的字词，直接加 er〔ər〕

（1）i→ier〔iər〕　　　小米儿　小鸡儿
（2）ü→üer〔yər〕　　　金鱼儿　孙女儿

（五）韵母是 -i〔ɿ〕、-i〔ʅ〕的字词，韵母直接变为〔ər〕

（1）-i〔ɿ〕→er〔ər〕　棋子儿　铁丝儿
（2）-i〔ʅ〕→er〔ər〕　没事儿　树枝儿

（六）韵尾是 ng 的字词，丢掉韵尾，韵腹鼻化并卷舌，如 ãr

发音时口腔和鼻腔同时共鸣，称为鼻化音，用"~"表示。发音方法：发鼻化音"ã"的舌位比发"a"的舌位要靠后、偏高。尽管 ang 儿化时，丢掉 ŋ 韵尾，但发音时，仍受到后鼻音舌位靠后、偏高的影响，气流在口腔中受到较大阻碍，并同时产生鼻腔共鸣。

（1）ang →angr〔ãr〕　　茶缸儿　帮忙儿
（2）iong→iongr〔yũr〕　小熊儿
（3）uang→uangr〔uãr〕　竹筐儿　蛋黄儿
（4）eng→engr〔ẽr〕　　板凳儿　线绳儿
（5）ong→ongr〔ũr〕　　酒盅儿　没空儿

（七）韵母是 ing 的字词，丢掉韵尾，加上鼻化的 ə，成为〔iẽr〕

ing〔iŋ〕→ingr〔iẽr〕：眼镜儿、花瓶儿、明儿、影儿等。

儿化韵的音变规律可用口诀加强记忆：i、ü 韵母后加 er，其他韵母后卷舌（r）；i、n 丢尾再卷舌（r），ng 丢尾再鼻化卷舌（r），-i 丢尾，再加 er、ui、in、un、ün。

第五节　必读轻声和儿化词

一、普通话水平测试必读轻声词（545 条）

爱人 àiren	棒子 bàngzi	本事 běnshi
案子 ànzi	膀子 bǎngzi	本子 běnzi
巴掌 bāzhang	梆子 bāngzi	鼻子 bízi
靶子 bǎzi	棒槌 bàngchui	比方 bǐfang
把子 bàzi	包袱 bāofu	鞭子 biānzi
爸爸 bàba	包涵 bāohan	辫子 biànzi
白净 báijing	包子 bāozi	扁担 biǎndan
班子 bānzi	豹子 bàozi	别扭 bièniu
板子 bǎnzi	被子 bèizi	饼子 bǐngzi
帮手 bāngshou	杯子 bēizi	拨弄 bonong

脖子 bózi
簸箕 bòji
补丁 bǔding
不由得 bùyóude
不在乎 bùzàihu
步子 bùzi
部分 bùfen
裁缝 cáifeng
财主 cáizhu
差事 chāishi
苍蝇 cāngying
柴火 cháihuo
肠子 chángzi
厂子 chǎngzi
场子 chǎngzi
车子 chēzi
称呼 chēnghu
池子 chízi
尺子 chǐzi
虫子 chóngzi
绸子 chóuzi
除了 chúle
锄头 chútou
畜生 chùsheng
窗户 chuānghu
窗子 chuāngzi
锤子 chuízi
刺猬 cìwei
凑合 còuhe
村子 cūnzi
耷拉 dāla
答应 dāying
打扮 dǎban
打点 dǎdian
打发 dǎfa
打量 dǎliang
打算 dǎsuan
打听 dǎting
大方 dàfang
大爷 dàye

大夫 dàifu
袋子 dàizi
带子 dàizi
耽搁 dānge
耽误 dānwu
胆子 dǎnzi
单子 dānzi
担子 dànzi
刀子 dāozi
道士 dàoshi
稻子 dàozi
灯笼 dēnglong
提防 dīfang
笛子 dízi
底子 dǐzi
地道 dìdao
地方 dìfang
弟弟 dìdi
点心 diǎnxin
调子 diàozi
钉子 dīngzi
东家 dōngjia
弟兄 dìxiong
东西 dōngxi
动静 dòngjing
动弹 dòngtan
豆腐 dòufu
豆子 dòuzi
嘟囔 dūnang
肚子 dùzi
肚子 dǔzi
缎子 duànzi
对付 duìfu
对头 duìtou
队伍 duìwu
多么 duōme
蛾子 ézi
儿子 érzi
耳朵 ěrduo
贩子 fànzi

房子 fángzi
份子 fènzi
风筝 fēngzheng
疯子 fēngzi
福气 fúqi
斧子 fǔzi
盖子 gàizi
甘蔗 gānzhe
杆子 gǎnzi
杆子 gānzi
干事 gànshi
杠子 gàngzi
高粱 gāoliang
膏药 gāoyao
告诉 gàosu
稿子 gǎozi
疙瘩 gēda
哥哥 gēge
胳膊 gēbo
鸽子 gēzi
个子 gèzi
格子 gézi
根子 gēnzi
跟头 gēntou
工夫 gōngfu
弓子 gōngzi
公公 gōnggong
功夫 gōngfu
钩子 gōuzi
姑姑 gūgu
姑娘 gūniang
故事 gùshi
骨头 gǔtou
寡妇 guǎfu
褂子 guàzi
谷子 gǔzi
怪物 guàiwu
关系 guānxi
官司 guānsi
罐头 guàntou

规矩 guīju	尖子 jiānzi	老婆 lǎopo
管子 guǎnzi	剪子 jiǎnzi	老实 lǎoshi
闺女 guīnü	茧子 jiǎnzi	老太太 lǎotàitai
鬼子 guǐzi	见识 jiànshi	老头子 lǎotóuzi
柜子 guìzi	毽子 jiànzi	老子 lǎozi
棍子 gùnzi	讲究 jiǎngjiu	老爷 lǎoye
锅子 guōzi	交情 jiāoqing	姥姥 lǎolao
果子 guǒzi	饺子 jiǎozi	累赘 léizhui
蛤蟆 háma	叫唤 jiàohuan	篱笆 líba
孩子 háizi	轿子 jiàozi	里头 lǐtou
含糊 hánhu	结实 jiēshi	力气 lìqi
汉子 hànzi	街坊 jiēfang	厉害 lìhai
行当 hángdang	姐夫 jiěfu	利落 lìluo
合同 hétong	姐姐 jiějie	利索 lìsuo
和尚 héshang	戒指 jièzhi	例子 lìzi
核桃 hétao	金子 jīnzi	栗子 lìzi
盒子 hézi	精神 jīngshen	痢疾 lìji
红火 hónghuo	镜子 jìngzi	连累 liánlei
猴子 hóuzi	舅舅 jiùjiu	帘子 liánzi
后头 hòutou	句子 jùzi	凉快 liángkuai
厚道 hòudao	橘子 júzi	粮食 liángshi
狐狸 húli	卷子 juànzi	两口子 liǎngkǒuzi
胡琴 húqin	咳嗽 késou	料子 liàozi
糊涂 hútu	客气 kèqi	林子 línzi
皇上 huángshang	空子 kòngzi	领子 lǐngzi
幌子 huǎngzi	口袋 kǒudai	翎子 língzi
胡萝卜 húluóbo	扣子 kòuzi	溜达 liūda
活泼 huópo	口子 kǒuzi	笼子 lóngzi
火候 huǒhou	窟窿 kūlong	聋子 lóngzi
伙计 huǒji	裤子 kùzi	路子 lùzi
护士 hùshi	快活 kuàihuo	炉子 lúzi
机灵 jīling	筷子 kuàizi	轮子 lúnzi
脊梁 jǐliang	框子 kuàngzi	萝卜 luóbo
记号 jìhao	困难 kùnnan	骡子 luózi
记性 jìxing	阔气 kuòqi	骆驼 luòtuo
架子 jiàzi	喇叭 lǎba	妈妈 māma
夹子 jiázi	喇嘛 lǎma	麻烦 máfan
架式 jiàshi	篮子 lánzi	麻利 máli
家伙 jiāhuo	懒得 lǎnde	麻子 mázi
嫁妆 jiàzhuang	浪头 làngtou	码头 mǎtou

马虎 mǎhu

买卖 mǎimai

麦子 màizi

馒头 mántou

忙活 mánghuo

冒失 màoshi

帽子 màozi

眉毛 méimao

媒人 méiren

妹妹 mèimei

门道 méndao

眯缝 mīfeng

迷糊 míhu

面子 miànzi

苗条 miáotiao

苗头 miáotou

名堂 míngtang

名字 míngzi

明白 míngbai

蘑菇 mógu

模糊 móhu

木匠 mùjiang

木头 mùtou

那么 nàme

奶奶 nǎinai

难为 nánwei

脑袋 nǎodai

脑子 nǎozi

能耐 néngnai

你们 nǐmen

念叨 niàndao

念头 niàntou

娘家 niángjia

镊子 nièzi

奴才 núcai

女婿 nǚxu

暖和 nuǎnhuo

疟疾 nüèji

拍子 pāizi

牌楼 páilou

牌子 páizi

盘子 pánzi

盘算 pánsuan

胖子 pàngzi

狍子 páozi

盆子 pénzi

朋友 péngyou

棚子 péngzi

脾气 píqi

痞子 pǐzi

皮子 pízi

屁股 pìgu

骗子 piànzi

便宜 piányi

片子 piànzi

票子 piàozi

漂亮 piàoliang

瓶子 píngzi

婆家 pójia

婆婆 pópo

铺盖 pūgai

欺负 qīfu

旗子 qízi

前头 qiántou

钳子 qiánzi

茄子 qiézi

亲戚 qīnqi

勤快 qínkuai

清楚 qīngchu

亲家 qìnjia

曲子 qǔzi

圈子 quānzi

拳头 quántou

裙子 qúnzi

热闹 rènao

人家 rénjia

人们 rénmen

认识 rènshi

日子 rìzi

褥子 rùzi

塞子 sāizi

嗓子 sǎngzi

嫂子 sǎozi

扫帚 sàozhou

傻子 shǎzi

沙子 shāzi

扇子 shànzi

商量 shāngliang

上司 shàngsi

上头 shàngtou

烧饼 shāobing

哨子 shàozi

勺子 sháozi

少爷 shàoye

舌头 shétou

身子 shēnzi

什么 shénme

婶子 shěnzi

生意 shēngyi

牲口 shēngkou

绳子 shéngzi

师父 shīfu

师傅 shīfu

虱子 shīzi

狮子 shīzi

石匠 shíjiang

石榴 shíliu

石头 shítou

时候 shíhou

实在 shízai

拾掇 shíduo

使唤 shǐhuan

世故 shìgu

似的 shìde

事情 shìqing

柿子 shìzi

收成 shōucheng

收拾 shōushi

首饰 shǒushi

叔叔 shūshu

梳子 shūzi	位子 wèizi	胭脂 yānzhi
舒服 shūfu	蚊子 wénzi	烟筒 yāntong
舒坦 shūtan	稳当 wěndang	燕子 yànzi
疏忽 shūhu	我们 wǒmen	秧歌 yāngge
爽快 shuǎngkuai	屋子 wūzi	养活 yǎnghuo
思量 sīliang	稀罕 xīhan	眼睛 yǎnjing
算计 suànji	席子 xízi	样子 yàngzi
岁数 suìshu	媳妇 xífu	吆喝 yāohe
孙子 sūnzi	喜欢 xǐhuan	妖精 yāojing
他们 tāmen	瞎子 xiāzi	钥匙 yàoshi
它们 tāmen	匣子 xiázi	椰子 yēzi
她们 tāmen	下巴 xiàba	爷爷 yéye
台子 táizi	吓唬 xiàhu	叶子 yèzi
太太 tàitai	先生 xiānsheng	一辈子 yībèizi
摊子 tānzi	乡下 xiāngxia	衣服 yīfu
毯子 tǎnzi	箱子 xiāngzi	衣裳 yīshang
坛子 tánzi	相声 xiàngsheng	椅子 yǐzi
桃子 táozi	消息 xiāoxi	意思 yìsi
特务 tèwu	小伙子 xiǎohuozi	银子 yínzi
梯子 tīzi	小气 xiǎoqi	影子 yǐngzi
蹄子 tízi	小子 xiǎozi	应酬 yìngchou
挑剔 tiāoti	笑话 xiàohua	柚子 yòuzi
条子 tiáozi	谢谢 xièxie	冤枉 yuānwang
挑子 tiāozi	心思 xīnsi	院子 yuànzi
跳蚤 tiàozao	星星 xīngxing	月饼 yuèbing
铁匠 tiějiang	猩猩 xīngxing	月亮 yuèliang
亭子 tíngzi	行李 xíngli	云彩 yúncai
头发 tóufa	性子 xìngzi	运气 yùnqi
头子 tóuzi	兄弟 xiōngdi	在乎 zàihu
兔子 tùzi	休息 xiūxi	咱们 zámen
妥当 tuǒdang	秀才 xiùcai	早上 zǎoshang
唾沫 tuòmo	秀气 xiùqi	怎么 zěnme
挖苦 wāku	袖子 xiùzi	扎实 zhāshi
娃娃 wáwa	靴子 xuēzi	眨巴 zhǎba
袜子 wàzi	学生 xuésheng	栅栏 zhàlan
晚上 wǎnshang	学问 xuéwen	宅子 zháizi
尾巴 wěiba	丫头 yātou	寨子 zhàizi
委屈 wěiqu	鸭子 yāzi	张罗 zhāngluo
为了 wèile	衙门 yámen	丈夫 zhàngfu
位置 wèizhi	哑巴 yǎba	帐篷 zhàngpeng

丈人 zhàngren	指甲 zhǐjia	壮实 zhuàngshi
帐子 zhàngzi	指头 zhǐtou	状元 zhuàngyuan
招呼 zhāohu	种子 zhǒngzi	锥子 zhuīzi
招牌 zhāopai	珠子 zhūzi	桌子 zhuōzi
折腾 zhēteng	竹子 zhúzi	字号 zìhao
这个 zhège	主意 zhǔyi（zhúyi）	自在 zìzai
这么 zhème	主子 zhǔzi	粽子 zòngzi
枕头 zhěntou	柱子 zhùzi	祖宗 zǔzong
镇子 zhènzi	爪子 zhuǎzi	嘴巴 zuǐba
芝麻 zhīma	转悠 zhuànyou	作坊 zuōfang
知识 zhīshi	庄稼 zhuāngjia	琢磨 zuómo
侄子 zhízi	庄子 zhuāngzi	

二、普通话水平测试必读儿化词（189 条）

普通话水平测试必读儿化词，全部参照国家语言文字工作委员会《普通话水平测试实施纲要》，按照汉语拼音字母排序。

a→ar	刀把儿	号码儿	戏法儿	在哪儿	找茬儿	打杂儿	板擦儿
ai→ar	名牌儿	鞋带儿	壶盖儿	小孩儿	加塞儿		
an→ar	快板儿	老伴儿	蒜瓣儿	脸盘儿	脸蛋儿	收摊儿	栅栏儿
	包干儿	笔杆儿	门槛儿				
ang→ãr	药方儿	赶趟儿	香肠儿	瓜瓢儿			
ia→iar	掉价儿	一下儿	豆芽儿				
ian→iar	小辫儿	照片儿	扇面儿	差点儿	一点儿	雨点儿	聊天儿
	拉链儿	冒尖儿	坎肩儿	牙签儿	漏馅儿	心眼儿	
iang→iãr	鼻梁儿	透亮儿	花样儿				
ua→uar	脑瓜儿	大褂儿	麻花儿	笑话儿	牙刷儿		
uai→uar	一块儿						
uan→uar	茶馆儿	饭馆儿	火罐儿	落款儿	打转儿	拐弯儿	好玩儿	大腕儿
uang→uãr	蛋黄儿	打晃儿	天窗儿				
üan→üar	烟卷儿	手绢儿	出圈儿	包圆儿	人缘儿	绕远儿	杂院儿
ei→er	刀背儿	抹黑儿					
en→er	老本儿	花盆儿	嗓门儿	把门儿	哥们儿	纳闷儿	后跟儿	高跟鞋儿
	别针儿	一阵儿	走神儿	大婶儿	小人儿书	杏仁儿	刀刃儿	
eng→ẽr	钢蹦儿	加缝儿	脖颈儿	提成儿			
ie→ier	半截儿	小鞋儿					
üe→üer	旦角儿	主角儿					
uei→uer	跑腿儿	一会儿	耳垂儿	墨水儿	围嘴儿	走味儿	
uen→uer	打盹儿	胖墩儿	砂轮儿	冰棍儿	没准儿	开春儿	
ueng→uẽr	小瓮儿						

ๅ→er	瓜子儿	石子儿	没词儿	挑刺儿			
乀→er	墨汁儿	锯齿儿	记事儿				
i→ier	针鼻儿	垫底儿	肚脐儿	玩意儿			
in→ier	有劲儿	送信儿	脚印儿				
ing→ier	花瓶儿	打鸣儿	图钉儿	门铃儿	眼睛儿	蛋清儿	火星儿	人影儿
ü→üer	毛驴儿	小曲儿	痰盂儿	合群儿			
e→er	模特儿	逗乐儿	唱歌儿	挨个儿	打嗝儿	饭盒儿	在这儿
u→ur	碎步儿	没谱儿	儿媳妇儿	梨核儿	泪珠儿	有数儿	
ong→õr	果冻儿	门洞儿	胡同儿	抽空儿	酒盅儿	小葱儿	
iong→iõr	小熊儿						
ao→aor	红包儿	灯泡儿	半道儿	手套儿	跳高儿	叫好儿	口罩儿	绝招儿
	口哨儿	蜜枣儿					
iao→iaor	鱼漂儿	火苗儿	跑调儿	面条儿	豆角儿	开窍儿	
ou→our	衣兜儿	老头儿	年头儿	小偷儿	门口儿	纽扣儿	线轴儿	小丑儿
iou→iour	顶牛儿	抓阄儿	棉球儿				
uo→uor	加油儿	火锅儿	做活儿	大伙儿	邮戳儿	小说儿	被窝儿
o→or	耳膜儿	粉末儿					

第六节　单元综合训练

（1）听第七单元"普通话朗读考级指导"中朗读作品 31～40 号，注意作品中轻声、儿化、"一""不"、上声调、去声调等语流音变现象。

（2）根据声调难点有针对性地进行自我强化训练。

①声调发音训练（声母和韵母相同、声调不同的词语）。

联系——练习　　翻本——范本　　地皮——地痞　　指导——知道

消费——小费　　更改——梗概　　城堡——呈报　　安好——暗号

香蕉——橡胶　　题材——体裁　　风险——奉献　　语言——寓言

进去——禁区　　凋零——调令　　欢迎——幻影　　通过——铜锅

春节——纯洁　　焚毁——分会　　班机——班级　　保卫——包围

地址——地质——抵制——地支　　编制——贬值——编织——变质

放置——防止——方志——仿制——纺织——防治

事实——实施——逝世——史诗——失实——时事——诗史——史实——失事

②四声对比训练。

通——痛　　郭——过　　当——荡　　声——胜　　高——告

豪——好　　孩——海　　贫——品　　卢——鲁　　习——洗

主——助　　脚——叫　　美——妹　　古——故　　手——受

玲——令　　刘——六　　请——庆　　讲——匠　　指——志

白鹤——百合　　渔轮——舆论　　贤淑——娴熟　　即使——及时

司机——四季　　销毁——校徽　　延长——盐场　　羽毛——雨帽
针线——阵线　　檄文——戏文　　游击——有机　　少许——稍许

（3）下列词语都是入声字，请标注上普通话拼音，并加以练习。

结实　剥削　独立　出发　合式　策略　实录　压迫
隔壁　及格　结局　业绩　接力　督促　习俗　职责
芍药　学历　接洽　哭泣　积蓄　白雪　额角　学习
日历　屈膝　实力　搏击　甲壳　寂寞　压力　发迹
实业　插曲　血迹　碧玉　沐浴　接触　服役　触觉
毕业　直角　月蚀　热烈　决策　确实　迫切　角逐

（4）语气词"啊"的音变练习，请先注出"啊"的音变，再练读。

①看啊！那好啊！有什么事儿啊？谁啊？他可是个好人啊！

是不是一样啊？快写字啊！不好玩啊？是啊。行啊！

②《可爱的孩子》：

这些孩子啊，真可爱啊，你看啊！他们多高兴啊。

又是作诗啊，又是吟诵啊，又是画画啊，又是剪纸啊。

又是唱啊，又是跳啊，啊！他们多幸福啊！

（5）绕口令练习。

①《编花篮儿》：大热天儿，挂竹帘儿，歪脖树底下有个妞儿编花篮儿。一编编个小花篮儿，里边还有橘子、茉莉、半支莲儿。

②《练字音儿》：进了门儿，倒杯水，喝了两口儿运运气儿，顺手拿起小唱本儿，唱一曲儿，又一曲儿，练完了嗓子我练嘴皮儿。绕口令儿，练字音儿，还有单弦儿牌子曲儿，小快板儿，大鼓词儿，越说越唱越带劲儿。

③《有个小孩缺心眼儿》：有个小孩缺心眼儿，不学技术净打短儿，今儿个帮人卖唱片儿，明儿个帮人演杂耍儿，后儿个又给饭馆儿买菜、刷锅、洗饭碗儿。

④《子字歌》：打南边来个瘸子，手里托着碟子，碟里盛着茄子，地上钉着橛子。橛子绊倒瘸子，撒了碟里茄子。气伤瘸子，撇下碟子，拔了橛子，踩了茄子。

⑤《做买卖》：买卖人做买卖，买卖不公没买卖，没买卖没钱做买卖，买卖人做买卖得实在。

（6）日常口语练习。

①你能不能走得快点儿！我有点儿急事要赶快去办。

②这老头儿可逗了，说起话来成语是一串一串的。

③我可喜欢小孩儿了，明年准备再生一个。

④杏儿，晚餐你想吃点儿什么？

⑤今年岁数儿不大点儿，日子长了，愁事儿还在后边儿呢。

⑥老百姓，今儿个、今儿个真高兴！

（7）练习朗读第七单元"普通话朗读考级指导"中11～20号作品。

（8）说话练习。

练习一组介绍说明类话题（请参考下篇中第八单元"普通话命题说话考级指导"中的有关技巧）。

①我喜爱的动物（或植物）。

②我喜爱的职业。

③我喜爱的文学（或其他）艺术形式。

④我喜爱的季节（或天气）。

⑤我喜欢的节日。

⑥我喜欢的明星（或其他知名人士）。

⑦我喜欢的书刊。

⑧我的学习生活。

⑨我所在的集体（学校、机关、公司等）。

⑩我的业余生活。

⑪我的假日生活。

下篇　普通话考级指导与训练

第五单元 单音节字词考级指导

第一节 普通话水平测试概述

一、测试的性质

"普通话水平测试"（PSC）是对应试人运用普通话的规范程度、熟练程度的口语考试。普通话水平测试考查应试人的普通话规范程度、熟练程度，并认定其普通话水平等级，属于标准参照性考试。它为教师、播音员、节目主持人、国家公务员等从业人员实行持证上岗服务，实际上是一种资格证书考试。

普通话水平测试是在国家语言文字工作部门的领导下，根据统一的标准和要求，在全国范围内开展的一项测试工作。它是由国家实施的一种语言考试，是对说汉语方言或少数民族语言的人学习和使用普通话（汉族标准语）所达到的标准程度的检测和评定。它不同于一般意义上的考试，它主要考查应试人从方言母语转变为汉族标准语过程中所达到的水平，并不是普通话系统知识的考试，也不是口才的评估。

为什么要考试？因为我国方言差别较大，主要表现在口语交际中。方言入文的情况有，但非常少（南方方言地区特别是广东相对多一些）。方言的差异主要是语音。因此，普通话水平测试以普通话语音为核心，为了便于操作和突出口语语音检测的特点，测试一律采用口试，测试采取有文字凭借（读单、多音节字词和朗读）和无文字凭借（即兴说话）两种方式进行。

普通话水平测试是测试应试人的普通话水平，并以此判断其普通话水平所达到的等级标准。通过应试人测试时水平的评定，判断其实际掌握和运用普通话的能力。测试的信度越高，对其水平和能力的判断越准确。需要指出的是，水平和能力，并不完全等同，二者既有紧密联系，又有一定区别。能力靠水平体现，能力是潜在的，水平是显现的。测试的直接目的是了解应试人运用普通话的能力，而能力又是无法直接测定的，只能靠水平测试来推断。但是，仅凭测试时水平等级的评定，不可能百分之百地测出其能力。信度高的测试，能力所反映出来的水平，只是比较接近实际能力，但并不完全相等。无论是北方还是南方地区，测试普通话水平的标准是统一的，但对于各地的要求有所不同。北方地区要求相对高一些，如同样是大中专院校的学生，北方地区的文科学生要求达到一级乙等及以上，理科达到二级甲等及以上；南方地区的文科学生要求达到二级甲等及以上，理科达到二级乙等及以上。此外，对于测试对象的职业要求也不一样，如广播电台、电视台的播音员、节目主持人要求达到一级甲等，汉语语音教师、幼儿教师等要求达到一级乙等，师范院校的文科师生要求达到二级甲等以上，在校大学生要求达到二级乙等及以上。

二、测试内容简介

根据《普通话水平测试实施纲要》的规定，普通话水平测试的内容包括普通话语音、词汇和语法，测试以口试方式进行。普通话水平测试内容主要包括五部分：①读单音节字词；②读多音节词语；③朗读短文；④说话；⑤语法判断。满分为100分。全程测试需要10~14分钟，有的省市主要测试前四项。

浙江省（判断测试除外）测试以下四项：

（1）读单音节字词，读100个音节，限时3.5分钟，共10分。

（2）读多音节词语，读100个音节，限时2.5分钟，共20分。

（3）朗读短文，读400个音节，限时4分钟，共30分。

（4）说话，限时4分钟，共40分。

三、测试方法和流程

（一）人工测试

由两名持有《普通话水平测试等级证书》的测试员，对应试人进行测试，称为"人工测试"。主要有四大测试流程：考生候场→考生叫号→考生备考→测试室面试。

考级具体步骤如下。

1. 考生携带身份证提前到达指定地点——候场

依据本人准考证编号找到所在候考室，验明身份。

2. 听从考场工作人员叫号

不要走远，以免错过考试时间。

3. 考生持准考证进入备考室抽签备考

入场后首先自报准考证编号和身份证号码，然后领取"读单音节字词、读多音节词语"试卷，抽取"作品朗读和命题说话"题签。如下所示：

朗读短文：□作品3号   ☑作品28号

话题：   ☑我的学习生活   □我和体育

领取试卷和抽取题签后准备大约10分钟。

4. 测试室面试

进入测试室后，先自报姓名、准考证编号等。依次完成以下测试内容：（1）读单音节字词；（2）读多音节词语；（3）朗读短文；（4）说话。测试完毕将试卷和题签交给测试员，迅速离开考场。

（二）机辅测试

计算机辅助普通话水平测试简称"机辅测试"，主要有四大测试流程：考生候测→考生叫号→考生备考→上机考试。

考级具体步骤如下。

1. 考生携带身份证提前到达指定地点——候场

依据本人准考证编号找到所在候考室，验明身份。

2. 听从考场工作人员叫号

不要走远，以免错过考试时间。

3. 考生持准考证进入备考室抽签备考

进入备考室后，根据抽签号找到对应的座位坐下，开始备考。备考时间约 10 分钟，结束后，将试卷和备考用书留下，方可离开。

4. 进入机房考试

进入机房后，根据抽签号码找到对应的座位坐下，戴上耳机，开始测试。计算机进入普通话测试系统后，先输入准考证编号，然后核对个人信息，试音成功后正式进入测试。

第二节　读单音节字词测试概述

一、测试项简介

此测试项由 100 个单音节字词构成，覆盖普通话中所有的声母、韵母、声调系统。每个声母、韵母和声调出现的概率基本一致，排除了轻声和儿化音节。

测试目的在于考查应试人声母、韵母、声调读音的标准程度。在 100 个音节里，每个声母的出现次数一般不少于 3 次，每个韵母的出现次数一般不少于 2 次。共 10 分，限时 3.5 分钟。

二、评分标准

（1）语音错误，每读错一个字的声母、韵母或声调扣 0.1 分。

（2）语音缺陷，每个音节扣 0.05 分。

（3）超时 1 分钟以内，扣 0.5 分；超时 1 分钟以上（含 1 分钟），扣 1 分。

（4）一个字读音有误允许再读一遍，判分以第二遍读音为准。

三、评分标准阐释

语音错误是指把 A 音读作 B 音，如"美"读成"梅"，"瘸"读成"腐"。

（1）一个音节的声母、韵母、声调中读错 1 项或 1 项以上时，均以一个语音错误扣分。

（2）增读、漏读的音节按错误计。

（3）将某一个字词读成轻声或儿化音节，将被判为"语音错误"，从而扣分。

语音缺陷的类型较多，如下所示：

（1）声母的语音缺陷主要是指发音部位不够到位，但还不是把 A 声母读成 B 声母，或者把某一类声母的正确发音部位用较接近的部位代替等。

（2）韵母读音的缺陷多表现为鼻音韵尾归音不到位，合、撮两呼韵母圆唇度明显不够，或者开口呼韵母开口度明显不够，或者复韵母舌位、动程不够等。

（3）声调的缺陷主要是指声调调型基本正确，但调值明显偏低或偏高，特别是四种声调的相对高点或低点明显不一致等情况。

（4）某类声调读音缺陷数量较多，一般超过 10 次时，可作为系统缺陷判定，一次性扣0.5 分，也可按音节个数单独扣分。

四、考试指导

（1）声调调值要读到位。每个字的声调调值一定要读到位，尤其是上声调和去声调，不要受词语变读的影响而误读，如上声调字"美"和"好"、"广"和"场"，大部分人只读到了调值 21，其实需要读到调值 214。

（2）无轻声现象。普通话的轻声一定体现在词语和句子中，因此轻声音节的读音通常不能独立存在。真正总读轻声的字不多，而且在单念时，仍读它原有的声调。例如，"们""过""的""了"等字在词语和句子中多读轻声，但在单念时，仍要读它们的原有声调：们 mén、着 zháo、了 liǎo、过 guò、的 dì、地 dì、得 dé、呢 nē、吗 mā、哪 nǎ。

（3）要横向朗读，遇到不认识的字要按顺序读下一个字，不能长时间停顿。不要错行、漏行，如果出现错误，应立即纠正；如果读了几个字后再纠正，则不得分。

（4）声音响亮，吐字归音清晰，一字一顿。把握好时间、节奏和音量，读音保持中速。太快难准确，太慢要超时，都容易扣分。

（5）遇多音字读其中一个音即可，如"和""阿""好"等。每个字词如无必要，读一遍即可，但允许读第二遍，判分以第二遍为准。

（6）单音节字词中不出现儿化音，如看见"了""的""着""啊"等，读它们原来的声调，没有儿化音，要避免将"个"读成"个儿"、将"花"读成"花儿"等情况的出现。

（7）注意形近字。试卷中会有一些形近字，要仔细观看后再读，如拔——拨，棒——捧。

五、考级训练指导

根据测试员对历年测试情况的分析统计，应试人在这个测试项上的失分主要有以下两种情况。

一是读音不标准。受方言语音的影响，读音不标准或有缺陷。

二是读音不正确。识字、辨字能力较弱，出现张冠李戴的读错字现象。

我们在练读单音节字词时，首先，要努力排除方言语音的干扰，在"准"字上下功夫，做到每个音节的声、韵、调读音到位，熟练掌握"普通水平测试"中常见的容易读错的字词（详见第三节）。其次，要在读音"正确"上下功夫，提高识字和分辨字词的能力，正确识别常见姓氏和地名（详见第三节）的读音，努力克服读错字和别字现象。

第三节 单音节字词考级练读材料

一、测试中常见易读错字词

a

ā 阿 (~姨)

ái 癌皑

ài 艾碍

ān 氨庵

àn 黯

àng 盎

āo 凹

áo 熬遨螯翱

b

bá 拔跋

bǎ 靶

bà 耙 (~地) 霸坝

bāi 掰

bài 稗

bāo 褒苞

báo 雹

bān 扳

bàn 瓣绊拌

bàng 磅蚌

bāo 苞褒

báo 雹

bǎo 堡

bào 刨 (~平) 鲍

bèi 钡

bēng 嘣绷

bèng 泵迸

bì 痹婢

biǎn 匾

biāo 膘

biē 憋瘪 (~三) 鳖

bīn 濒滨

bìn 摈鬓

bǐng 禀

bō 钵

bó 帛铂箔舶

bǔ 卜 (占~)

bù 埠簿 (~子)

c

cǎi 睬

cán 蚕

cǎn 惨

cāng 苍仓沧

cáo 槽嘈

cèng 蹭

chá 茬

chà 杈 (树~儿) 诧岔

chān 搀掺

chán 馋蝉蟾潺

chǎn 阐

chàn 颤 (~抖)

chāng 猖娼

chǎng 敞

chàng 怅

chāo 焯 (~白菜)

cháo 巢

chēn 抻

chéng 橙丞

chěng 逞

chèng 秤

chī 嗤

chǐ 耻

chì 炽斥

chōng 憧憬

chóng 崇

chóu 惆踌

chú 橱雏

chǔ 储

chù 畜矗

chuāi 揣 (~手)

chuài 踹

chuán 椽

chuǎn 喘

chuàn 串

chuāng 疮

chúi 捶

chún 醇

chuō 戳

chuò 辍啜 (~泣) 绰

cí 雌祠

cù 簇

cuān 蹿

cuàn 窜篡

cuǐ 璀

cuì 啐淬

cūn 皴

cuō 撮磋

cuó 痤锉

d

dá 沓 (量词: 一~)

dǎi 傣逮

dài 怠玳

dǎn 掸

dàn 氮诞

dāng 裆

dàng 档

dǎo 捣祷

dào 悼

dēng 蹬 (~腿)

dèng 瞪澄 (~清)

dī 堤

dí 嫡

dǐ 诋

dì 缔蒂谛

diān 掂滇巅

diàn 佃奠垫惦殿

diāo 碉貂

dié 碟蝶

dǐng 鼎

dìng 锭

dòng 栋

dǒu 陡

dòu 窦痘

dū 督嘟

dú 犊

dǔ 睹笃

dù 妒镀

duàn 煅缎

duì 兑

dūn 吨墩敦

dùn 遁炖钝

duō 咄

duǒ 垛躲

duò 跺垛

e

ē 阿 (~胶)

é 讹蛾

è 腭鄂愕

ér 而

ěr 饵

èr 贰二

f

fá 阀筏

fān 帆

fàn 贩梵

fēi 妃蜚扉绯

fěi 匪诽翡

fèi 吠

fēn 氛酚

fén 汾焚

fēng 枫烽

féng 缝

fěng 讽

fū 孵麸敷

fú 氟俘弗拂辐

fǔ 甫

fù 讣缚腹

g

gà 尬

gān 杆 (电线~) 柑坩竿尴

gǎn 秆擀杆 (笔~儿) 橄

gàn 赣

gǎng 岗港

gàng 杠 (~杆)

gāo 篙

gǎo 镐

gē 搁

gěng 梗耿埂哽

gōng 躬龚

gǒng 汞拱

gōu 篝

gǒu 苟

gòu 垢

gū 辜

gǔ 蛊

guà 褂卦

guāi 乖

guǎi 拐

guàn 盥

guàng 逛

guī 硅瑰皈

guǐ 诡

guì 刽

h

hài 氦骇

hān 鼾酣蚶

hán 涵

hǎn 罕

hǎo 郝

hǒu 吼

hè 褐壑

hǔ 唬

huà 桦

huái 踝

huàn 豢宦涣

huáng 蝗簧

huí 洄

huì 荟喙晦

hūn 荤

huò 霍

j

jī 畸姬

jí 即籍棘嫉瘠辑

jǐ 戟麂脊

jì 既暨冀髻伎妓

jiā 伽枷

jiá 戛颊荚

jiáo 嚼

jiǎo 搅缴

jiào 酵

jiān 歼缄笺

jiǎn 柬茧

jiàn 涧谏健腱

jiāng 姜僵缰

jiǎng 桨

jiàng 绛犟

jiāo 椒礁

jiǎo 矫绞铰皎

jiào 酵窖

jiē 皆秸揭

jié 劫竭

jīn 矜襟

jǐn 锦谨

jìn 靳

jīng 荆粳

jìng 痉

jiǒng 窘炯

jiù 咎厩臼

jū 驹

jǔ 矩沮

juē 撅

jué 崛攫厥蕨

k

kāi 揩

kài 忾

kān 龛

kē 礚柯瞌

kè 嗑 (～瓜子儿)

kōu 抠

kuǎ 垮

kuà 挎

kuài 脍侩

kuáng 诳

kuàng 眶框

kuī 窥盔

kuí 傀奎

kūn 坤

l

lǎ 喇

lài 籁癞

lèi 肋

lǐ 鲤锂理

lì 例栗砾痢

liǎn 敛

liàn 殓链

liàng 踉

liào 廖撂瞭

liè 劣猎

lín 淋磷鳞临

lǐn 凛

lìn 吝

líng 伶凌陵菱羚绫聆

liǔ 绺

liù 遛

lǒng 垄陇

lǒu 篓

lǔ 卤

lù 赂禄麓

luán 孪

luǎn 卵

lūn 抡

lǚ 捋 (～胡子)

lù 氯

lüè 略掠

luō 捋 (～起袖子)

luǒ 裸

luò 摞

m

mán 瞒鳗蛮

mǎn 螨

mǎng 蟒

máo 蝥

mǎo 铆

mèi 媚昧

mén 扪

mī 眯

mí 弥

mǐ 弭

mì 幂

miǎo 藐

miù 谬

mǐn 皿抿

míng 冥

mǒ 抹

mò 漠沫蓦墨

móu 牟眸

n

nà 捺

nǎi 氖

nǎn 蝻

náng 囊

nǎng 攘

náo 挠铙

něi 馁

nǐ 拟

nì 溺腻逆

niān 蔫粘拈

nián 黏

niǎn 捻撵碾

niàng 酿

niǎo 袅

niè 蹑镍啮

nǔ 弩胬

o

ōu 讴殴

òu 沤怄

p

pā 趴啪

pá 耙 (～子) 爬

pà 帕

pàn 畔

páo 袍咆

pēi 胚

péi 裴

pēng 嘭抨烹

péng 鹏篷膨

pī 坯霹

pí 毗

pǐ 痞癖

pì 媲僻

piāo 剽

piáo 瓢朴

piǎo 瞟

piē 瞥撇

pīn 姘

pín 嫔

pìn 聘

píng 凭坪

pǒ 叵

pò 魄

pù 瀑

q

qī 沏蹊 (～跷) 戚

qí 鳍畦

qǐ 绮

qì 迄契

qiā 掐

qián 黔乾

qiǎn 遣

qiàn 堑嵌

qiàng 呛跄

qiāo 跷锹

qiào 撬鞘

qiè 惬

qīn 钦

qín 擒噙

qǐn 寝

qìn 沁

qīng 卿蜻

qíng 擎

qǐng 顷

qìng 磬庆

qiú 泅裘

qū 蛆祛躯趋屈

qǔ 龋

quán 颧痊诠蜷

quǎn 犬

quàn 券

qué 瘸

què 阙

r

rǎn 染冉

ráng 瓤

rǎng 攘

rèn 妊

rú 蠕

rù 褥

ruǐ 蕊

ruì 睿

s

sā 仨

sà 卅

sāi 腮鳃

sāo 缫骚

sè 涩啬瑟

shà 霎

shāi 筛

shān 膻煽

shàn 苫骟

shào 潲

shè 麝

shēn 娠砷

shí 蚀

shì 谥嗜噬舐螫恃

shū 枢倏

shǔ 署蜀

shù 漱恕庶墅

shuān 栓闩

shuàn 涮

shǔn 吮

shùn 舜瞬

shuò 朔

sī 蛳

sì 伺祀嗣

sōu 飕

sǒu 擞

sǒng 悚

sù 粟溯塑

suàn 蒜

suí 隋绥

sǔn 榫

suō 唆蓑

t

tā 塌遢

tǎ 獭

tà 榻拓（～片）沓（拖～）

tán 昙谭

tǎn 毯

táng 搪螳

tǎng 淌倘

tāo 绦

téng 誊

tián 恬

tiǎn 舔

tóng 佟瞳

tuān 湍

tuí 颓

tuì 褪蜕

tún 囤（～粮）臀屯

tuó 砣驮陀

tuǒ 妥椭

tuò 唾拓（～展）

w

wān 剜

wǎn 皖宛惋

wàn 腕

wǎng 惘枉

wéi 惟帷桅

wěi 萎苇

wèi 慰蔚

wěn 吻紊

wēng 嗡翁

wèng 瓮

wō 挝倭涡蜗

wú 毋梧

wǔ 忤捂

wù 晤悟

x

xī 蹊（～径）蟋兮唏蜥

xǐ 徙玺铣

xiá 匣辖

xián 涎娴衔舷

xiàn 霰

xiáo 淆

xiē 楔歇

xiè 亵械

xǔ 栩

xuǎn 癣

xuàn 炫

xuē 薛

xūn 熏

xùn 逊驯汛

y

yá 蚜衙

yān 腌焉湮淹

yán 阎檐筵

yǎn 俨衍

yàn 赝唁堰砚

yáng 佯

yǎng 痒

yàng 漾

yāo 吆

yáo 窑尧

yǎo 舀窈

yē 噎耶椰

yě 也冶野

yè 谒曳腋

yí 夷颐贻

yǐ 倚

yì 疫熠邑诣翌

yǐn 瘾

yīng 婴膺樱

yíng 萤萦

yōng 痈壅臃

yǒng 蛹踊

yóu 铀鱿邮犹

yǒu 酉黝

yòu 釉柚

yū 迂淤

yú 逾隅榆

yǔ 禹

yù 谕狱

yuán 援垣辕

yuē 曰

yǔn 允陨

yùn 熨郓恽

z

zā 咂

zāi 哉

zǎi 崽宰

zǎn 攒 (~钱)

záo 凿

zé 啧择 (选~) 则

zè 仄

zéi 贼

zēng 憎增

zèng 赠

zhá 铡轧

zhà 诈榨栅

zhái 宅择 (~菜)

zhān 毡瞻

zhǎn 盏辗

zhàn 湛蘸颤 (~栗)

zhǎo 沼爪

zhào 罩诏肇

zhē 遮

zhé 蛰辙

zhě 褶

zhè 蔗

zhēn 臻砧斟

zhèn 朕

zhí 执

zhǐ 趾

zhì 炙掷秩窒帜

zhōng 盅

zhǒng 冢

zhōu 诌

zhóu 轴

zhǒu 肘帚

zhòu 皱诌

zhǔ 拄嘱瞩

zhù 铸伫

zhuài 拽

zhuī 椎锥

zhuì 赘坠

zhuō 拙捉

zhuó 灼卓酌茁啄

zì 渍

zōng 鬃踪棕

zōu 邹

zuǎn 纂

zuàn 攥

zuǒ 撮 (量词: 一~) 佐

87

二、分辨形近字读音

浜 bāng——滨 bīn

苯 běn——笨 bèn

卞 biàn——卡 kǎ

彬 bīn——衫 shān

荸 bí——勃 bó

悖 bèi——勃 bó

敞 chǎng——敝 bì

饬 chì——伤 shāng

舂 chōng——春 chūn

绌 chù——拙 zhuō

坼 chè——拆 chāi

骋 chěng——聘 pìn

贷 dài——货 huò

档 dàng——挡 dǎng

叼 diāo——叨 (~唠) dāo

亘 gèn——旦 dàn

汩 gǔ——汨 mì

轧 yà——轨 guǐ

亨 hēng——享 xiǎng

捧 pěng——棒 bàng

侯 hóu——候 hòu

弧 hú——孤 gū

桓 huán——恒 héng

即 jí——既 jì

楫 jí——揖 yī

冀 jì——翼 yì

睑 jiǎn——脸 liǎn

桨 jiǎng——浆 jiāng

灸 jiǔ——炙 zhì

雎 jū——睢 suī

炕 kàng——坑 kēng

窠 kē——巢 cháo

羸 léi——赢 yíng

耒 lěi——来 lái

寥 liáo——廖 liào

泠 líng——冷 lěng

幂 mì ——幕 mù

丏 miǎn——丐 gài

赧 nǎn——郝 hǎo

恁 nèn——凭 píng

撵 niǎn——辈 bèi

庞 páng——宠 chǒng

其 qí——箕 jī

橇 qiāo——撬 qiào

券 quàn——卷 juǎn

潸 shān——潜 qián

赡 shàn——瞻 zhān

哂 shěn——晒 shài

侍 shì——待 dài

恕 shù——怒 nù

巳 sì——已 yǐ

粟 sù——栗 lì

遂 suì——逐 zhú

斡 wò——乾 qián

毋 wú——母 mǔ

戊 wù——戌 xū

浙 xī——浙 zhè

蒽 xǐ——思 sī

徙 xǐ——陡 dǒu

囟 xìn——卤 lú

赝 yàn——膺 yīng

冶 yě——治 zhì

弋 yì——戈 gē

抑 yìng——仰 yǎng

肄 yì——肆 sì

喑 yīn——暗 àn

臾 yú——叟 sǒu

隅 yú——偶 ǒu

驭 yù——驮 tuó

眨 zhǎ——贬 biǎn

棹 zhào——掉 diào

陟 zhì——陡 dǒu

冢 zhǒng——家 jiā

胄 zhòu——胃 wèi

杼 zhù——抒 shū

隹 zhuī——佳 jiā

恣 zì——姿 zī

纂 zuǎn——篡 cuàn

皑 ái——凯 kǎi

隘 ài——益 yì

媪 ǎo——温 wēn

捭 bǎi——稗 bài

傍 bàng——旁 páng

焙 bèi——培 péi

迸 bèng——并 bìng

俾 bǐ——卑 bēi

庇 bì——屁 pì

砭 biān——贬 biǎn

濒 bīn——频 pín

摈 bìn——宾 bīn

钵 bō——体 tǐ

擘 bò——辟 pì

哺 bǔ——浦 pǔ

糙 cāo——造 zào

诧 chà——宅 zhái

刹 chà——杀 shā

钗 chāi——叉 chā

觇 chān——占 zhàn

谄 chǎn——陷 xiàn

忏 chàn——千 qiān

徜 cháng——尚 shàng

琛 chēn——深 shēn

嗔 chēn——真 zhēn

瞠 chēng——堂 táng

撑 chēng——掌 zhǎng

蛏 chēng——圣 shèng

魑 chī——离 lí

踟 chí——知 zhī

侈 chǐ——多 duō

敕 chì——束 shù

炽 chì——只 zhǐ

啻 chì——帝 dì

憧 chōng——童 tóng

忡 chōng——仲 zhòng

惆 chóu——周 zhōu

蜍 chú——余 yú

怵 chù——术 shù

黜 chù——出 chū

踹 chuài——端 duān

椽 chuán——篆 zhuàn

怆 chuàng——仓 cāng

醇 chún——享 xiǎng

啜 chuò——缀 zhuì

龊 chuò——促 cù

疵 cī——此 cǐ

淙 cóng——宗 zōng

猝 cù——卒 zú

蹙 cù——戚 qī

皴 cūn——俊 jùn

忖 cǔn——寸 cùn

磋 cuō——差 chā

痤 cuó——座 zuò

怠 dài——台 tái

掸 dǎn——弹 tán

惮 dàn——单 dān

啖 dàn——谈 tán

棣 dì——隶 lì

踮 diǎn——店 diàn

靛 diàn——定 dìng

酊 dǐng——丁 dīng

侗 dòng——同 tóng

铎 duó——泽 zé

踱 duó——度 dù

婀 ē——阿 ā

梵 fàn——凡 fán

芾 fú——市 shì

孵 fū——浮 fú

缚 fù——搏 bó

讣 fù——扑 pū

赅 gāi——核 hé

冈 gāng——岗 gǎng

舸 gě——可 kě

肱 gōng——宏 hóng

佝 gōu——句 jù

垢 gòu——后 hòu

梏 gù——告 gào

诡 guǐ——危 wēi

暑 guǐ——咎 jiū

癸 guǐ——葵 kuí

聒 guō——刮 guā

薅 hāo——辱 rǔ

涸 hé——固 gù

阂 hé——亥 hài

劾 hé——刻 kè

桁 héng——行 háng

齁 hōu——鼻 bí

怙 hù——古 gǔ

瓠 hù——弧 hú

徊 huái——回 huí

豢 huàn——拳 quán

麾 huī——糜 mí

畸 jī——奇 qí

芨 jī——及 jí

跻 jī——挤 jǐ

缉 (~拿) jī——辑 jí

汲 jí——吸 xī

觊 jì——凯 kǎi

霁 jì——齐 qí

僭 jiàn——潜 qián

豇 jiāng——缸 gāng

襟 jīn——禁 jìn

妗 jìn——今 jīn

旌 jīng——生 shēng

菁 jīng——青 qīng

胫 jìng——经 jīng

阄 jiū——龟 guī

啾 jiū——秋 qiū

厩 jiù——既 jì

疽 jū——租 zū

龃 jǔ——祖 zǔ

镌 juān——隽 juàn

珏 jué——玉 yù

矍 jué——瞿 qú

犒 kào——高 gāo

稞 kē——果 guǒ

缂 kè——革 ké

眍 kōu——欧 ōu

盔 kuī——灰 huī

窥 kuī——规 guī

岿 kuì——归 guī

傀 kuǐ——鬼 guǐ

睐 lài——来 lái

逦 lǐ——丽 lì

绺 liǔ——咎 jiù

耄 mào——毛 máo

懑 mèn——满 mǎn

虻 méng——忙 máng

庖 páo——包 bāo

纰 pī——比 bǐ

骈 pián——并 bìng

殍 piǎo——浮 fú

瞥 piē——撇 piě

绮 qǐ——奇 qí

掮 qián——肩 jiān

堑 qiàn——斩 zhǎn

惬 qiè——侠 xiá

撳 qìn——钦 qīn

祛 qū——怯 qiè

黢 qū——俊 jùn

龋 qǔ——禹 yǔ

蜷 quán——卷 juǎn

冗 róng——沉 chén

膻 shān——擅 shàn

讪 shàn——山 shān

蜃 shèn——辰 chén

谥 shì——益 yì

狩 shòu——守 shǒu

枢 shū——区 qū

涮 shuàn——刷 shuá

娑 suō——沙 shā

腆 tiǎn——典 diǎn

汀 tīng——订 dìng

恸 tòng——动 dòng

脘 wǎn——完 wán

偎 wēi——畏 wèi

妩 wǔ——无 wú

呷 (动词) xiā——押 yā

籼 xiān——山 shān

舷 xián——玄 xuán

淆 xiáo——肴 yáo

楔 xiē——契 qì

栩 xǔ——羽 yǔ

酗 xù——凶 xiōng

癣 xuǎn——鲜 xiǎn

渲 xuàn——宣 xuān

谑 xuè——虐 nüè

逊 xùn——孙 sūn

唁 yàn——言 yán

烨 yè——华 huá

裔 yì——衣 yī

谊 yì——宜 yí

诣 yì——旨 zhǐ

黝 yǒu——幼 yòu

囿 yòu——有 yǒu

迂 yū——于 yú

釉 yòu——由 yóu

毓 yù——流 liú

愠 yùn——温 wēn

咤 zhà——宅 zhái

绽 zhàn——定 dìng

笊 zhào——爪 zhuǎ

箴 zhēn——咸 xián

掷 zhì——郑 zhèng

肫 zhūn——屯 tún

浞 zhuó——足 zú

灼 zhuó——勺 sháo

梓 zǐ——辛 xīn

渍 zì——绩 jì

三、读准易错姓氏和地名

（一）姓氏

柏——读 bǎi，不读 bó

鲍——读 bào，不读 bāo

秘——读 bì，不读 mì

卞——读 biàn，不读 kǎ

卜——读 bǔ，不读 pǔ

岑——读 cén，不读 qín

晁——读 cháo，不读 yáo

谌——读 chén，不读 shèn

种——读 chóng，不读 zhòng

褚——读 chǔ，不读 zhū

邸——读 dǐ，不读 dī

都——读 dū，不读 dōu

苻——读 fú，不读 fǔ

甫——读 fǔ，不读 pǔ

盖——读 gě，不读 gài

干——读 gān，不读 gàn

呆——读 gǎo，不读 yǎo

葛——读 gě，不读 gé

戈——读 gē，不读 gě

艮——读 gèn，不读 yín

冠——读 guàn，不读 guān

观——读 guàn，不读 guān

妫——读 guī，不读 wěi

过——读 guō，不读 guò

哈——读 hǎ，不读 hā

郝——读 hǎo，不读 hè

华——读 huà，不读 huá

纪——读 jǐ，不读 jì

靳——读 jìn，不读 jīn

隽——读 juàn，不读 jù

阚——读 kàn，不读 kǎn

蒯——读 kuǎi，不读 jīng

匡——读 kuāng，不读 kuàng

蔺——读 lìn，不读 lín

令狐——读 línghú，不读 lìnghú

蒙——读 méng，不读 měng

宓——读 mì，不读 bì

缪——读 miào，不读 miù

牟——读 móu，不读 mù

乜——读 niè，不读 miè

宁——读 nìng，不读 níng

区——读 ōu，不读 qū

邳——读 pī，不读 pēi

朴——读 piáo，不读 pǔ

繁——读 pó，不读 fán

莆——读 pú，不读 pǔ

蒲——读 pú，不读 pǔ

濮——读 pú，不读 bǔ

溥——读 pǔ，不读 bó

戚——读 qī，不读 qì

亓——读 qí，不读 kāi

谯——读 qiáo，不读 jiāo

覃——读 qín、tán，不读 dàn

仇——读 qiú，不读 chóu

曲——读 qū，不读 qǔ

瞿——读 qú，不读 jù

冉——读 rǎn，不读 rán

任——读 rén，不读 rèn

阮——读 ruǎn，不读 yuán

芮——读 ruì，不读 nèi

单——读 shàn，不读 dān

少——读 shào，不读 shǎo

召——读 shào，不读 zhào

佘——读 shé，不读 yú

厍——读 shè，不读 kù

莘——读 shēn，不读 xīn

澹台——读 tántái，不读 zhāntái

佟——读 tóng，不读 dōng

彤——读 tóng，不读 dān

宛——读 wǎn，不读 yuàn

危——读 wēi，不读 wéi

韦——读 wéi，不读 wěi

尉——读 wèi，不读 yù

卻——读 xì，不读 qiè

冼、洗——读 xiǎn，不读 xǐ

相——读 xiàng，不读 xiāng

解——读 xiè，不读 jiě

燕——读 yān，不读 yàn

幺——读 yāo，不读 mō

应——读 yīng，不读 yìng

於——读 yū，不读 yú

虞——读 yú，不读 yǔ

尉迟——读 yùchí，不读 wèichí

乐——读 yuè，不读 lè

郧——读 yún，不读 yuán

员——读 yùn，不读 yuán

恽——读 yùn，不读 hùn

郓——读 yùn，不读 jūn

藏——读 zāng，不读 zàng

查——读 zhā，不读 chá

翟——读 zhái，不读 dí

祭——读 zhài，不读 jì

砦——读 zhài，不读 chái

占——读 zhān，不读 zhàn

仉——读 zhǎng，不读 jǐ

诸葛——读 zhūgě，不读 zhūgé

竺——读 zhú，不读 zhù

（二）地名

北碚（在重庆）读 bèi

蚌埠（在安徽）读 bèngbù

秘鲁（国名）读 bì

泌阳（在河南）读 bì

亳州（在安徽）读 bó

长汀（在福建）读 tīng

郴州（在湖南）读 chēn

茌平（在山东）读 chí

赤嵌（在台湾）读 kàn

大埔（在广东）读 bù

大城（在河北）读 dài

儋县（在海南）读 dān

砀山（在安徽）读 dàng

滇池（在云南）读 diān

东阿（在山东）读 ē

繁峙（在山西）读 shì

汾河（水名）读 fén

涪陵（在四川）读 fú

阜新（在辽宁）读 fù

甘肃（省名）读 sù

高要（在广东）读 yāo

涡河（水名）读 guō

海参崴（在俄国）读 wǎi

邗江（在江苏）读 hán

菏泽（在山东）读 hé

红磡（在中国香港）读 kàn

浒湾（在河南）读 hǔ

华山（山名）读 huà

桦甸（在吉林）读 huà

黄陂（在湖北）读 pí

黄埔（在广东）读 pǔ

珲春（在吉林）读 hún

济南（在山东）读 jǐ

监利（在湖北）读 jiàn

井陉（在河北）读 xíng

莒县（在山东）读 jǔ

鄄城（在山东）读 juàn

筠连（在四川）读 jūn

墈上（在江西）读 kàn

拉萨（在西藏）读 sà

阆中（在四川）读 làng

茛山（在湖南）读 làng

叻（新加坡别名）读 lè

丽水（在浙江）读 lí

蠡县（在河北）读 lǐ

梁山泊（在山东）读 pō

临朐（在山东）读 qú

六安（在安徽）读 lù

六合（在江苏）读 lù

甪里堰（在浙江）读 lù

甪直（在江苏）读 lù

泺水（水名）读 luò

漯河（在河南）读 luò

郑州（在河北）读 mào

汨罗江（水名）读 mì

渑池（在河南）读 miǎn

沔水（水名）读 miǎn

闽侯（在福建）读 hòu

穆棱（在黑龙江）读 líng

牟平（在山东）读 mù

硇洲岛（在广东）读 náo

番禺（在广东）读 pān

郫县（在四川）读 pí

淠河（水名）读 pì

鄱阳湖（在江西）读 pó

莆田（在江西）读 pú

蒲圻（在湖北）读 púqí

七里泷（在浙江）读 lóng

蕲春（在湖北）读 qí

綦江（在海南）读 qí

岍山（在陕西）读 qiān

黔（贵州的简称）读 qián

犍为（在四川）读 qián

邛崃（在四川）读 qióng

衢州（在浙江）读 qú

任丘（在河北）读 rén

茌平（在山东）读 rén

汭河（水名）读 ruì

三亚（在海南）读 yà

汕头（在广东）读 shàn

歙县（在安徽）读 shè

嵊州（在浙江）读 shèng

十里堡（在北京）读 pù

泷水（在广东）读 shuāng

嵩山（在河南）读 sōng

睢县（在河南）读 suī

濉河（水名）读 suī

莎车（在新疆）读 suō

漯河（水名）读 tà

台州（在浙江）读 tāi

洮河（水名）读 táo

苕溪（在浙江）读 tiáo

洈水（水名）读 wéi

洧川（在河南）读 wěi

汶水（水名）读 wèn

吴堡（在陕西）读 bǔ

武陟（在河南）读 zhì

隰县（在山西）读 xí

厦门（在福建）读 xià

岘山（在湖北）读 xiàn

浛河（水名）读 xiáo

崤山（在河南）读 xiáo

莘庄（在上海）读 xīn

荥阳（在河南）读 xíng

盱眙（在江苏）读 xūyí

浒湾（在山西）读 hǔ

浚县（在河南）读 xùn

鸭绿江（水名）读 lù

亚洲（洲名）读 yà

铅山（在江西）读 yán

兖州（在山东）读 yǎn

黟县（在安徽）读 yī

弋阳（在江西）读 yì

峄县（在山东）读 yì

鄞县（在浙江）读 yín

荥经（在四川）读 yíng

应县（在山西）读 yìng

尉犁（在新疆）读 yù

蔚县（在河北）读 yù

浼市（在湖北）读 yuān

栎阳（在陕西）读 yuè

涢水（水名）读 yún

郧县（在湖北）读 yùn

柞水（水名）读 zhà

湛江（在广东）读 zhàn

浙江（省名）读 zhè

中牟（在河南）读 mù

泜河（水名）读 zhī

沌口（在湖北）读 zhuàn

涿鹿（在河北）读 zhuō

涿州（在河北）读 zhuō

枞阳（在安徽）读 zōng

第四节　普通话水平测试第一项样卷

样卷一

读单音节字词100个

纽 舜 恩 爷 讯　碑 猛 浊 涩 旋 加　旺 偏 铡 修 于　乖 宋 嚷 姗
空 瘫 鳃 溅 梯　字 如 酱 枕 处 哄　贼 乱 纺 欧 造　棵 迟 君 涌
埋 否 饶 跳 铲　黄 躲 歌 擦 吻 邹　调 劝 捧 雇　换 存 笔 陪 磷
砼 化 降 破 墙　痣 名 鬼 表 挎 祆　司 俩 石 苔　润 帆 领 陪 变
爹 二 区 委 涮　翁 荫 次 司 餐　揣 虐 磨　丢 郑 凶 秦
框 鲲 妾 发 拧

样卷二

读单音节字词100个

熔 略 陪 踹 修　热 垮 绉 习 缝 染 寸　涌 二 临 辈 啃 舜 还 痣
颤 雄 进 权 岸　贴 让 掐 旺 挑 核 见　恩 末 平 次 框 操 悟 迟
凉 曾 遍 枕 促　篇 怪 棚 欲 邹 过 降　翁 润 屉 司 防 丙 卖 我
隋 俩 石 凹 妾　秋 定 美 涩 娶 荫 发　褪 伤 慌 腻 卖 顾
播 虐 凹 叶 宽　醉 妞 讯 来 子 涮 秦　圈 沓 够

均 挎 鳃 划 冲

样卷三

读单音节字词100个

我 被 慌 信 掌　购 浊 武 阿 服 宽 女　光 寸 床 拼 舜 苏 且
降 很 标 连 在　涌 瞥 宋 习 刺 石 翁　阅 剪 丢 总 配 枕 溺
俩 褪 君 挎 顶　黑 贰 佳 杨 榻 磨 叶　司 痣 江 入 挺 餐 沈 闩
六 荫 膘 穷 虐　逢 坡 怀 播 润 凹 券　苔 面 软 吃 热 铲 阔
欧 秦 率 龟 嗑　春 讯 米 舱 踹 妞 调　否 扎 饭 扔 紫 割

样卷四

读单音节字词100个

跳 闩 密 光 赔　贰 垮 痣 开 否 均 舜　盯 钱 犯 溶 触 沈 蹲
抹 怪 襄 卧 防　碑 泉 狠 镖 划 曾 款　荫 此 吃 如 祆 残 邹
占 石 挥 秦 踹　闻 举 兆 播 隋 片 委　破 国 秋 信 则 厅 罚
司 调 苔 尼 灭　鳃 九 披 敬 笙 虐 藏　拓 葱 类 胸 略 疮 梁 原
鸥 爷 熏 晃 坑　女 乱 丢 涌 缸 浊　尽 拗 掐 步 翁 绕
面 枕 润 俩 扎

样卷五

读单音节字词100个

让	熊	涩	吨	贰	垮	舜	鳃	调	猫	怪	慌	用	挥	熔	瞥	挺	痣	习	便
抹	吃	付	款	丢	案	此	襄	溺	球	曾	类	入	跳	跌	遇	掐	肾	冲	
过	宁	涮	桩	墙	被	筐	废	荀	车	居	石	郑	悬	篇	君	鸣	误	砭	
降	俩	臊	魏	碱	略	如	比	窜	润	踹	喝	拓	纺	司	坡	虐	笙		
荫	挨	券	区	份	残	够	亏		端	种	攒	告	种	错	翁	磷			
绉	秦	场	闷	扎															

样卷六

读单音节字词100个

午	错	光	庙	女	文	闪	砭	卷	钉	沈	顿	盒	吃	古	暂	笙	重
绷	荀	内	锌	紫	低	贼	鸥	荫	脏	否	疮	靠	镁	月	擦	毁	虐
扁	淋	翁	害	司	口	粪	燃	枕	秦	刺	揣	灭	垮	诈	军	涌	痣
鳃	俩	石	偏	舜	秧	饿	史	撤	襄	票	别	褪	姜	宋	官	掐	框
让	梯	绿	凹	习	二	瓶	丢	窜	拨	凝	涩	披	磨	旧	巧	留	入
法	坏	苔	券	番													耕

样卷七

读单音节字词100个

问	黑	瞟	怪	花	税	掐	杨	俩	筑	捞	惹	聂	项	词	恩	娶	镖	倒
否	却	肿	习	冰	灭	溶	颜	砭	晕	沤	苔	临	章	逢	很	镶	腹	伪
更	石	女	浸	雄	吃	靠	捐	特	隋	便	荫	秦	酶	二	狗	犯	桨	迷
司	藏	拓	垮	残	款	流	摸	产	拨	拨	撒	作	撒	舜	仍	略	床	均
涮	武	开	拗	平	痣	慌	寸	涌	端	端	苏	旋	逮	字	婶	篇	润	翁
妾	浊	腻	广	扎														

样卷八

读单音节字词100个

贰	犬	装	群	海	安	槽	婶	屈	蒙	奖	鸣	窗	自	女	窜	播	俏	鲵
否	贴	阔	雄	挥	则	乖	测	瞟	捺	揣	让	狠	宽	鬼	坡	贱	伐	孙
六	曾	跨	掐	逛	临	摸	池	笙	揣	润	降	扯	杯	骗	丢	怕	文	藕
荫	粘	石	翁	旅	冬	摸	染	曰	笙	纽	司	浊	褪	俯	变	初	涌	均
舜	秦	俩	臊	港	闪	冬	第	顶	第	枕	卷	苔	煞	雪	痣	我	类	溶
镁	秋	粟	颈	掀		走	顶		辞	谢								痣

样卷九

读单音节字词100个

踹	秦	窗	存	惹	姜	镁	杨	姜	读	猛	诈	穷	丢	克	纺	裁	襄	尼
哄	拍	田	劝	陪	涌	迟	旅	旬	背	否	跟	定	慌	词	翁	产	故	砭

拨额碱
阅舜破
容鱼留
份心司
飘枕旺
笔跌撒
尝宁台
虾扁虐
还润笙
索闩浸
墨俊苗
籽厅入
贰草狗
砍做痣
官捐遭掖
凡坏石俩
妞曾阿习
淋扛隋鸥
刷魏郑挎

样卷十

读单音节字词100个

哼伪枕吻烦
砣踹瞥乖记
涮硅言热丢
籽犬坡存逛
兄如群矿黑
费讯暗邬冲
从扯沈石嚷
涌埠曾挨镍
丈淋劲秦瞟
尺并司痣驾
榻索舜瓷馋
邹笙垮卵密
法阔厅摸铁
罪恩女略黄
翁草修宽面逮
告定二荫撒划
墙苗秧降片鲩
碑冻轴俩鳃镖
院否六虐润聚

第六单元　多音节词语考级指导

第一节　读多音节词语测试概述

一、测试项简介

读多音节词语 50 个，共 100 个音节，覆盖普通话全部声母、韵母、声调，同时包括轻声、儿化、变调技巧的掌握，限时 2.5 分钟，共 20 分。

此项测试主要检测应试人声母、韵母、声调发音的标准和规范程度，同时考查应试人的上声变调、"一"和"不"的变调、轻声、儿化等语流音变的准确自然程度，检测应试人在字与字相连后对声调的把握程度，进一步考查应试人掌握普通话语音的熟练程度。

试卷中一般上声调的字会出现 10 个以上，轻声词和儿化词各出现 4～5 个，三个及四个字的词语有 1～3 个。

二、评分标准

（1）语音错误，每读错一个音节的声母、韵母或声调扣 0.2 分，扣分标准与"读单音节字词"测试项相同。

（2）语音缺陷，读音有缺陷，每个音节扣 0.1 分，扣分标准与"读单音节字词"测试项相同。

（3）超时 1 分钟以内，扣 0.5 分；超时 1 分钟以上（含 1 分钟），扣 1 分。

三、评分标准阐释

语音错误和语音缺陷的评判与"读单音节字词"测试项相同。此外，还包括儿化韵、轻声音节、"一""不"变调和上声变调等内容。

（1）儿化韵明显不符合要求的，轻声音节重读的现象，按语音错误扣分。

（2）将多音节词语切割开，明显按字读音的，按语音缺陷扣分。

（3）变调、轻声音节、儿化韵读音不完全符合要求的，按语音缺陷扣分。

四、考试指导

（1）注意词语的连读节奏，避免出现"字化"现象。

（2）读准上声调的连读变调。

（3）读准轻声词。有些轻声词的末尾字，原调也是上声，如队伍、财主，不要将词末的字读成上声，实际上这两个词是轻声词。又如莲子、原子，这两个词并非轻声词，"子"要读原调214。

（4）根据"儿"标志判定词语是否读儿化韵，但不是所有词末带"儿"的词都要读成儿化韵，如婴儿、幼儿、健儿这三个词虽以"儿"结尾，却不是儿化词。

（5）读错了可以更改一次，判分以第二次的发音作为标准。

五、考级训练指导

（一）关于轻声音节的读音

南方方言地区的人因没有读轻声音节的习惯，在练习轻声词时，要注意以下几个问题。

（1）不要将整个字音弱化。轻声产生的原因是声调的弱化而不是字音的弱化，声调的弱化不会引起整个音节弱化，因此读轻声音节时，声、韵母仍必须读清楚。

（2）不要把轻声音节读得跟前面的音节一样重。练习时，将前面的音节尽量重读，连带出后面的轻读。

（3）不要将轻声词变读成"怪"音，即带有地方语音色彩的阴平调值，如"们［men⁴⁴］"是典型的例子。

（二）关于儿化韵的读音

普通话儿化词的"儿"已不是一个独立音节，在读"麦苗儿、花儿"时，加上一个卷舌r，就能使韵母带上卷舌音"儿"的读音。这些带"r"的词，是北方人经过长期流利的连读而融合成为一个音节，使"儿 er"失去独立性后造成的。

第二节　多音节词语考级练读材料

一、测试中常见易读错词语

从《普通话水平测试实施纲要》表一和表二中挑选出容易读错的词语。

注意：其中加·的词语存在"轻""重"两读的现象。

表一

阿姨 āyí	不管 bùguǎn	案件 ànjiàn	板凳 bǎndèng
爱好 àihào	安培 ānpéi	暗中 ànzhōng	半径 bànjìng
爱情 àiqíng	不平 bùpíng	奥秘 àomì	扮演 bànyǎn
安定 āndìng	安装 ānzhuāng	百姓 bǎixìng	伴奏 bànzòu
安静 ānjìng	按照 ànzhào	白天 bái·tiān	帮忙 bāngmáng

榜样 bǎngyàng

不断 búduàn

傍晚 bàngwǎn

孢子 bāozǐ

宝石 bǎoshí

保存 bǎocún

不如 bùrú

保管 bǎoguǎn

不妨 bùfáng

保障 bǎozhàng

保证 bǎozhèng

报名 bàomíng

报纸 bàozhǐ

悲哀 bēi'āi

不然 bùrán

悲惨 bēicǎn

北京 běijīng

被子 bèizi

本领 běnlǐng

本能 běnnéng

不堪 bùkān

本人 běnrén

不宜 bùyí

本身 běnshēn

不禁 bùjìn

本质 běnzhì

崩溃 bēngkuì

鼻子 bízi

比较 bǐjiào

不免 bùmiǎn

比赛 bǐsài

笔者 bǐzhě

笔迹 bǐjì

必定 bìdìng

不安 bù'ān

必然 bìrán

不光 bùguāng

毕竟 bìjìng

边境 biānjìng

不必 búbì

边缘 biānyuán

编辑 biānjí

不对 búduì

编制 biānzhì

不定 búdìng

鞭子 biānzi

变迁 biànqiān

不可 bùkě

变形 biànxíng

不久 bùjiǔ

布置 bùzhì

变异 biànyì

辨认 biànrèn

不时 bùshí

辩证 biànzhèng

标语 biāoyǔ

不容 bùróng

标志 biāozhì

不想 bùxiǎng

标准 biāozhǔn

表层 biǎocéng

不足 bùzú

表明 biǎomíng

不料 búliào

表情 biǎoqíng

表象 biǎoxiàng

不满 bùmǎn

表彰 biǎozhāng

别人 bié • rén

兵力 bīnglì

并且 bìngqiě

病变 bìngbiàn

玻璃 bō • li

播种 bōzhòng

不过 búguò

博士 bóshì

薄弱 bóruò

不等 bùděng

补偿 bǔcháng

捕捞 bǔlāo

不曾 bùcéng

捕食 bǔshí

不论 búlùn

捕捉 bǔzhuō

不幸 búxìng

布局 bùjú

步骤 bùzhòu

部分 bù • fen

部门 bùmén

部署 bùshǔ

才能 cáinéng

财产 cáichǎn

财政 cáizhèng

采访 cǎifǎng

彩色 cǎisè

参与 cānyù

参观 cānguān

残酷 cánkù

灿烂 cànlàn

苍蝇 cāngying

操纵 cāozòng

草案 cǎo'àn

测定 cèdìng

测量 cèliáng

测验 cèyàn

策略 cèlüè

层次 céngcì

曾经 céngjīng

差价 chājià

产量 chǎnliàng

产品 chǎnpǐn

产值 chǎnzhí

厂房 chǎngfáng

阐明 chǎnmíng

颤抖 chàndǒu

阐述 chǎnshù

长城 chángchéng

长处 cháng • chu

朝廷 cháotíng

长期 chángqī

长征 chángzhēng

潮湿 cháoshī

车站 chēzhàn

尝试 chángshì

撤销 chèxiāo

车厢 chēxiāng

沉思 chénsī

沉淀 chéndiàn

沉着 chénzhuó

陈旧 chénjiù

称赞 chēngzàn

成本 chéngběn

成绩 chéngjì

成为 chéngwéi

成长 chéngzhǎng

承受 chéngshòu

成效 chéngxiào

呈现 chéngxiàn

城市 chéngshì

承认 chéngrèn

乘机 chéngjī

程序 chéngxù

惩罚 chéngfá

吃饭 chīfàn

吃惊 chījīng

池塘 chítáng

持续 chíxù

翅膀 chìbǎng

冲击 chōngjī

充当 chōngdāng

充分 chōngfèn

充满 chōngmǎn

冲突 chōngtū

重复 chóngfù

重新 chóngxīn

崇拜 chóngbài

抽象 chōuxiàng

仇恨 chóuhèn

处罚 chǔfá

出路 chūlù

出身 chūshēn | 大众 dàzhòng | 动员 dòngyuán | 仿佛 fǎngfú

出身 chūshēn	大众 dàzhòng	动员 dòngyuán	仿佛 fǎngfú
出售 chūshòu	代理 dàilǐ	豆腐 dòufu	飞船 fēichuán
出血 chūxiě	贷款 dàikuǎn	都会 dūhuì	飞跃 fēiyuè
初级 chūjí	待遇 dàiyù	毒素 dúsù	沸腾 fèiténg
厨房 chúfáng	逮捕 dàibǔ	独自 dúzì	分辨 fēnbiàn
处境 chǔjìng	担心 dānxīn	独占 dúzhàn	分散 fēnsàn
储蓄 chǔxù	单纯 dānchún	读者 dúzhě	分量 fèn·liàng
穿着 chuānzhuó	耽误 dānwu	端正 duānzhèng	分泌 fēnmì
船舶 chuánbó	诞生 dànshēng	短期 duǎnqī	芬芳 fēnfāng
船长 chuánzhǎng	当场 dāngchǎng	短暂 duǎnzàn	丰富 fēngfù
创造 chuàngzào	当前 dāngqián	断定 duàndìng	风景 fēngjǐng
创作 chuàngzuò	当然 dāngrán	堆积 duījī	风速 fēngsù
春天 chūntiān	党委 dǎngwěi	队伍 duìwu	封锁 fēngsuǒ
纯粹 chúncuì	当天 dàngtiān	对称 duìchèn	讽刺 fěngcì
词典 cídiǎn	当做 dàngzuò	对应 duìyìng	佛教 fójiào
辞职 cízhí	档案 dàng'àn	对照 duìzhào	否则 fǒuzé
磁场 cíchǎng	导弹 dǎodàn	恶劣 èliè	孵化 fūhuà
此刻 cǐkè	导演 dǎoyǎn	儿女 érnǚ	符合 fúhé
聪明 cōng·míng	倒霉 dǎoméi	儿子 érzi	幅度 fúdù
从而 cóng'ér	稻谷 dàogǔ	饵料 ěrliào	附着 fùzhuó
从前 cóngqián	德育 déyù	发掘 fājué	复制 fùzhì
从事 cóngshì	灯光 dēngguāng	发生 fāshēng	覆盖 fùgài
粗糙 cūcāo	等待 děngdài	发音 fāyīn	改组 gǎizǔ
促成 cùchéng	等级 děngjí	罚款 fákuǎn	干脆 gāncuì
促使 cùshǐ	的确 díquè	法令 fǎlìng	干燥 gānzào
摧残 cuīcán	底层 dǐcéng	翻身 fānshēn	肝脏 gānzàng
村庄 cūnzhuāng	地板 dìbǎn	烦恼 fánnǎo	感情 gǎnqíng
存款 cúnkuǎn	地方 dìfāng	繁殖 fánzhí	刚才 gāngcái
存在 cúnzài	地震 dìzhèn	反复 fǎnfù	钢琴 gāngqín
挫折 cuòzhé	弟子 dìzǐ	反映 fǎnyìng	港口 gǎngkǒu
措施 cuòshī	典型 diǎnxíng	反馈 fǎnkuì	高级 gāojí
答案 dá'àn	电厂 diànchǎng	犯罪 fànzuì	歌曲 gēqǔ
打击 dǎjī	电能 diànnéng	饭店 fàndiàn	给以 gěiyǐ
打量 dǎ·liang	电影 diànyǐng	范畴 fànchóu	更新 gēngxīn
大伯 dàbó	奠定 diàndìng	范围 fànwéi	更加 gèngjiā
大纲 dàgāng	雕塑 diāosù	方案 fāng'àn	工程 gōngchéng
大姐 dàjiě	调拨 diàobō	方程 fāngchéng	功能 gōngnéng
大嫂 dàsǎo	定律 dìnglǜ	方针 fāngzhēn	购买 gòumǎi
大厦 dàshà	东南 dōngnán	妨碍 fáng'ài	估计 gūjì
大师 dàshī	东西 dōng·xī	房屋 fángwū	姑娘 gūniang

固执 gù·zhí 　活跃 huóyuè 　结局 jiéjú 　连接 liánjiē

故意 gùyì 　几乎 jīhū 　结束 jiéshù 　联络 liánluò

关系 guān·xì 　积极 jījí 　解释 jiěshì 　两旁 liǎngpáng

观测 guāncè 　基层 jīcéng 　借鉴 jièjiàn 　列举 lièjǔ

观察 guānchá 　畸形 jīxíng 　借款 jièkuǎn 　邻近 línjìn

管辖 guǎnxiá 　激素 jīsù 　金额 jīn'é 　灵感 línggǎn

贯彻 guànchè 　即使 jíshǐ 　金属 jīnshǔ 　零售 língshòu

光彩 guāngcǎi 　急于 jíyú 　尽管 jǐnguǎn 　另外 lìngwài

光荣 guāngróng 　给予 jǐyǔ 　尽量 jǐnliàng 　流域 liúyù

广播 guǎngbō 　技能 jìnéng 　进程 jìnchéng 　旅游 lǚyóu

广阔 guǎngkuò 　继承 jìchéng 　京剧 jīngjù 　卵巢 luǎncháo

过程 guòchéng 　祭祀 jìsì 　经营 jīngyíng 　麻醉 mázuì

过去 guò·qù 　寂静 jìjìng 　惊醒 jīngxǐng 　蚂蚁 mǎyǐ

海岸 hǎi'àn 　加深 jiāshēn 　警察 jǐngchá 　眉头 méitóu

海域 hǎiyù 　加速 jiāsù 　境界 jìngjiè 　媒介 méijiè

寒冷 hánlěng 　家畜 jiāchù 　究竟 jiūjìng 　魅力 mèilì

行列 hángliè 　家族 jiāzú 　局势 júshì 　萌芽 méngyá

航行 hángxíng 　假使 jiǎshǐ 　距离 jùlí 　弥漫 mímàn

好转 hǎozhuǎn 　价值 jiàzhí 　觉察 juéchá 　免疫 miǎnyì

号召 hàozhào 　嫁接 jiàjiē 　开采 kāicǎi 　勉强 miǎnqiǎng

耗费 hàofèi 　兼顾 jiāngù 　开创 kāichuàng 　敏锐 mǐnruì

合并 hébìng 　监督 jiāndū 　开关 kāiguān 　命名 mìngmíng

合适 héshì 　见解 jiànjiě 　开展 kāizhǎn 　没落 mòluò

合作 hézuò 　健壮 jiànzhuàng 　刊物 kānwù 　模样 múyàng

何况 hékuàng 　鉴别 jiànbié 　勘探 kāntàn 　那样 nàyàng

和平 hépíng 　江南 jiāngnán 　考察 kǎochá 　那些 nàxiē

黑暗 hēi'àn 　奖金 jiǎngjīn 　考验 kǎoyàn 　难免 nánmiǎn

痕迹 hénjì 　交谈 jiāotán 　可爱 kě'ài 　内涵 nèihán

衡量 héngliáng 　交织 jiāozhī 　可能 kěnéng 　年轻 niánqīng

喉咙 hóu·lóng 　骄傲 jiāo'ào 　渴望 kěwàng 　宁静 níngjìng

呼唤 hūhuàn 　较为 jiàowéi 　客观 kèguān 　凝视 níngshì

忽略 hūlüè 　教材 jiàocái 　课题 kètí 　扭转 niǔzhuǎn

忽然 hūrán 　教授 jiàoshòu 　恐怕 kǒngpà 　女儿 nǚ'ér

湖泊 húpō 　阶层 jiēcéng 　快速 kuàisù 　偶然 ǒurán

欢迎 huānyíng 　接待 jiēdài 　宽阔 kuānkuò 　判断 pànduàn

缓解 huǎnjiě 　接触 jiēchù 　扩张 kuòzhāng 　赔偿 péicháng

幻想 huànxiǎng 　揭示 jiēshì 　喇叭 lǎba 　蓬勃 péngbó

回答 huídá 　节约 jiéyuē 　老板 lǎobǎn 　批准 pīzhǔn

婚姻 hūnyīn 　节奏 jiézòu 　冷静 lěngjìng 　譬如 pìrú

混淆 hùnxiáo 　结婚 jiéhūn 　量子 liàngzǐ 　拼命 pīnmìng

频率 pínlǜ	神色 shénsè	同伴 tóngbàn	辛勤 xīnqín
品德 pǐndé	审查 shěnchá	途径 tújìng	新闻 xīnwén
平凡 píngfán	渗透 shèntòu	兔子 tùzi	信仰 xìnyǎng
评分 píngfēn	牲畜 shēngchù	湍流 tuānliú	星期 xīngqī
苹果 píngguǒ	示范 shìfàn	妥协 tuǒxié	兴趣 xìngqù
剖面 pōumiàn	湿润 shīrùn	外形 wàixíng	性格 xìnggé
气氛 qìfēn	时髦 shímáo	晚饭 wǎnfàn	性能 xìngnéng
恰当 qiàdàng	始终 shǐzhōng	旺盛 wàngshèng	性状 xìngzhuàng
侵权 qīnquán	氏族 shìzú	微弱 wēiruò	许多 xǔduō
亲属 qīnshǔ	市场 shìchǎng	尾巴 wěiba	宣扬 xuānyáng
青春 qīngchūn	蔬菜 shūcài	温柔 wēnróu	削弱 xuēruò
倾听 qīngtīng	束缚 shùfù	文章 wénzhāng	学生 xué·shēng
清晨 qīngchén	衰老 shuāilǎo	无疑 wúyí	严寒 yánhán
情景 qíngjǐng	率领 shuàilǐng	侮辱 wǔrǔ	一支 yìzhī
庆祝 qìngzhù	睡觉 shuìjiào	戏曲 xìqǔ	研究 yánjiū
酋长 qiúzhǎng	瞬间 shùnjiān	细菌 xìjūn	盐酸 yánsuān
驱逐 qūzhú	司令 sīlìng	狭隘 xiá'ài	眼睛 yǎnjīng
确切 quèqiè	似乎 sìhū	纤维 xiānwéi	一定 yídìng
然而 rán'ér	宿舍 sùshè	鲜血 xiānxuè	宴会 yànhuì
热能 rènéng	虽然 suīrán	鲜艳 xiānyàn	样本 yàngběn
人才 réncái	损耗 sǔnhào	显著 xiǎnzhù	邀请 yāoqǐng
人民 rénmín	损失 sǔnshī	县城 xiànchéng	要紧 yàojǐn
人身 rénshēn	所属 suǒshǔ	现状 xiànzhuàng	一旦 yídàn
人生 rénshēng	所以 suǒyǐ	线圈 xiànquān	耶稣 yēsū
认为 rènwéi	他们 tāmen	羡慕 xiànmù	一般 yìbān
任命 rènmìng	谈话 tánhuà	相等 xiāngděng	野蛮 yěmán
仍然 réngrán	谈判 tánpàn	相似 xiāngsì	夜晚 yèwǎn
若干 ruògān	弹簧 tánhuáng	相应 xiāngyìng	一时 yìshí
丧失 sàngshī	弹性 tánxìng	香烟 xiāngyān	医生 yīshēng
扫荡 sǎodàng	倘若 tǎngruò	详细 xiángxì	医院 yīyuàn
森林 sēnlín	陶冶 táoyě	响应 xiǎngyìng	依次 yīcì
僧侣 sēnglǚ	讨厌 tǎoyàn	象征 xiàngzhēng	遗传 yíchuán
沙滩 shātān	特征 tèzhēng	消耗 xiāohào	遗嘱 yízhǔ
闪电 shǎndiàn	疼痛 téngtòng	消极 xiāojí	以免 yǐmiǎn
闪烁 shǎnshuò	提醒 tíxǐng	校长 xiàozhǎng	以往 yǐwǎng
上诉 shàngsù	体积 tǐjī	笑容 xiàoróng	以为 yǐwéi
稍微 shāowēi	天鹅 tiān'é	效应 xiàoyìng	异常 yìcháng
舌头 shétou	天真 tiānzhēn	协助 xiézhù	意境 yìjìng
设置 shèzhì	听众 tīngzhòng	携带 xiédài	依然 yīrán
深受 shēnshòu	通知 tōngzhī	心事 xīn·shì	阴影 yīnyǐng

音乐 yīnyuè	原子 yuánzǐ	折射 zhéshè	诸如 zhūrú
银行 yínháng	援助 yuánzhù	这样 zhèyàng	著作 zhùzuò
引导 yǐndǎo	缘故 yuángù	针灸 zhēnjiǔ	逐渐 zhújiàn
婴儿 yīng'ér	远方 yuǎnfāng	诊断 zhěnduàn	专制 zhuānzhì
影片 yǐngpiàn	月光 yuèguāng	振荡 zhèndàng	庄稼 zhuāngjia
应用 yìngyòng	运行 yùnxíng	整体 zhěngtǐ	卓越 zhuóyuè
拥有 yōngyǒu	蕴藏 yùncáng	症状 zhèngzhuàng	着手 zhuóshǒu
涌现 yǒngxiàn	灾难 zāinàn	直观 zhíguān	自称 zìchēng
犹豫 yóuyù	再见 zàijiàn	直觉 zhíjué	自己 zìjǐ
右手 yòushǒu	赞扬 zànyáng	只得 zhǐděi	总之 zǒngzhī
幼儿 yòu'ér	遭遇 zāoyù	只好 zhǐhǎo	足以 zúyǐ
娱乐 yúlè	增产 zēngchǎn	秩序 zhìxù	祖国 zǔguó
舆论 yúlùn	增长 zēngzhǎng	中枢 zhōngshū	尊严 zūnyán
语音 yǔyīn	展开 zhǎnkāi	中旬 zhōngxún	昨天 zuótiān
犹豫 yóuyù	战争 zhànzhēng	忠诚 zhōngchéng	做梦 zuòmèng
幽默 yōumò	章程 zhāngchéng	终身 zhōngshēn	作者 zuòzhě
尤其 yóuqí	帐篷 zhàngpeng	肿瘤 zhǒngliú	
友好 yǒuhǎo	照例 zhàolì	昼夜 zhòuyè	

102

表二

哀愁 āichóu	包庇 bāobì	闭塞 bìsè	波折 bōzhé
哀悼 āidào	包揽 bāolǎn	婢女 bìnǚ	不屑 búxiè
哀乐 āiyuè	包扎 bāozā	弊端 bìduān	播送 bōsòng
安抚 ānfǔ	饱含 bǎohán	臂膀 bìbǎng	驳回 bóhuí
安葬 ānzàng	保姆 bǎomǔ	边陲 biānchuí	脖颈儿 bógěnger
按捺 ànnà	报道 bàodào	鞭策 biāncè	不啻 búchì
暗藏 àncáng	抱怨 bàoyuàn	贬值 biǎnzhí	步履 bùlǚ
昂然 ángrán	报复 bàofù	变质 biànzhì	擦拭 chāshì
遨游 áoyóu	保障 bǎozhàng	辩证 biànzhèng	才干 cáigàn
翱翔 áoxiáng	卑鄙 bēibǐ	编纂 biānzuǎn	采摘 cǎizhāi
芭蕾 bālěi	卑劣 bēiliè	别墅 biéshù	裁定 cáidìng
靶场 bǎchǎng	贝壳 bèiké	别扭 bièniu	采纳 cǎinà
白皙 báixī	背诵 bèisòng	宾馆 bīnguǎn	菜场 càichǎng
柏油 bǎiyóu	被褥 bèirù	濒临 bīnlín	参展 cānzhǎn
拜访 bàifǎng	本分 běnfèn	髌骨 bìngǔ	餐具 cānjù
办案 bàn'àn	笨拙 bènzhuō	冰雹 bīngbáo	残暴 cánbào
办公 bàngōng	迸发 bèngfā	兵营 bīngyíng	残疾 cánjí
绑架 bǎngjià	鼻梁 bíliáng	病房 bìngfáng	惭愧 cánkuì
膀子 bǎngzi	匕首 bǐshǒu	病榻 bìngtà	惨败 cǎnbài
棒槌 bàngchuí	鄙视 bǐshì	摒弃 bìngqì	仓皇 cānghuáng

苍天 cāngtiān　　储藏 chǔcáng　　调换 diàohuàn　　分辨 fēnbiàn

操持 cāochí　　橱窗 chúchuāng　　顶峰 dǐngfēng　　分担 fēndān

草丛 cǎocóng　　雏形 chúxíng　　订婚 dìnghūn　　分娩 fēnmiǎn

草坪 cǎopíng　　揣摩 chuǎimó　　定名 dìngmíng　　焚毁 fénhuǐ

侧耳 cè'ěr　　船舱 chuáncāng　　东京 dōngjīng　　粉笔 fěnbǐ

插秧 chāyāng　　戳穿 chuōchuān　　冻疮 dòngchuāng　　粉尘 fěnchén

茶点 chádiǎn　　瓷砖 cízhuān　　抖擞 dǒusǒu　　愤然 fènrán

刹那 chànà　　雌蕊 círuǐ　　豆浆 dòujiāng　　丰硕 fēngshuò

拆迁 chāiqiān　　赐予 cìyǔ　　逗留 dòuliú　　丰腴 fēngyú

搀扶 chānfú　　篡改 cuàngǎi　　督办 dūbàn　　风帆 fēngfān

潺潺 chánchán　　萃取 cuìqǔ　　杜鹃 dùjuān　　风情 fēngqíng

忏悔 chànhuǐ　　村寨 cūnzhài　　躲藏 duǒcáng　　风声 fēngshēng

怅惘 chàngwǎng　　磋商 cuōshāng　　惰性 duòxìng　　锋芒 fēngmáng

钞票 chāopiào　　耷拉 dālā　　额头 étóu　　峰峦 fēngluán

巢穴 cháoxué　　搭讪 dāshàn　　厄运 èyùn　　缝隙 fèngxì

吵嘴 chǎozuǐ　　打颤 dǎzhàn　　俄国 éguó　　佛典 fódiǎn

扯皮 chěpí　　呆板 dāibǎn　　恶魔 èmó　　敷衍 fūyǎn

撤换 chèhuàn　　耽搁 dāngē　　恩赐 ēncì　　拂晓 fúxiǎo

沉闷 chénmèn　　单薄 dānbó　　耳光 ěrguāng　　福音 fúyīn

沉静 chénjìng　　玳瑁 dàimào　　耳鸣 ěrmíng　　抚摸 fǔmō

陈规 chénguī　　怠慢 dàimàn　　发酵 fājiào　　抚养 fǔyǎng

晨曦 chénxī　　胆囊 dǎnnáng　　发愣 fālèng　　辅导 fǔdǎo

衬衫 chènshān　　诞辰 dànchén　　罚金 fájīn　　腐烂 fǔlàn

沉积 chénjī　　岛屿 dǎoyǔ　　法案 fǎ'àn　　负债 fùzhài

称职 chènzhí　　捣乱 dǎoluàn　　帆布 fānbù　　附件 fùjiàn

城墙 chéngqiáng　　倒挂 dàoguà　　帆船 fānchuán　　附属 fùshǔ

乘凉 chéngliáng　　得失 déshī　　烦躁 fánzào　　复述 fùshù

痴呆 chīdāi　　瞪眼 dèngyǎn　　烦琐 fánsuǒ　　复兴 fùxīng

池子 chízi　　堤坝 dībà　　反感 fǎngǎn　　赋税 fùshuì

持重 chízhòng　　诋毁 dǐhuǐ　　反叛 fǎnpàn　　富庶 fùshù

澄清 chéngqīng　　涤纶 dílún　　饭碗 fànwǎn　　富翁 fùwēng

惩治 chéngzhì　　地窖 dìjiào　　贩卖 fànmài　　腹泻 fùxiè

炽烈 chìliè　　地道 dì·dao　　防疫 fángyì　　改观 gǎiguān

冲刷 chōngshuā　　地毯 dìtǎn　　放纵 fàngzòng　　改口 gǎikǒu

重演 chóngyǎn　　递增 dìzēng　　非凡 fēifán　　概况 gàikuàng

抽穗 chōushuì　　缔结 dìjié　　绯红 fēihóng　　干瘪 gānbiě

踌躇 chóuchú　　颠簸 diānbǒ　　飞碟 fēidié　　干涸 gānhé

筹建 chóujiàn　　点滴 diǎndī　　翡翠 fěicuì　　干枯 gānkū

丑恶 chǒu'è　　殿堂 diàntáng　　诽谤 fěibàng　　杆子 gānzi

出任 chūrèn　　雕琢 diāozhuó　　费劲 fèijìn　　柑桔 gānjú

赶场 gǎnchǎng　　拐弯 guǎiwān　　化纤 huàxiān　　娇嫩 jiāonèn

感伤 gǎnshāng　　关卡 guānqiǎ　　怀孕 huáiyùn　　焦躁 jiāozào

感想 gǎnxiǎng　　观摩 guānmó　　欢腾 huānténg　　皎洁 jiǎojié

橄榄 gǎnlǎn　　惯例 guànlì　　还击 huánjī　　校对 jiàoduì

钢笔 gāngbǐ　　罐子 guànzi　　缓刑 huǎnxíng　　接吻 jiēwěn

港币 gǎngbì　　广袤 guǎngmào　　荒芜 huāngwú　　秸秆 jiēgān

杠杆 gànggǎn　　归宿 guīsù　　黄莺 huángyīng　　劫持 jiéchí

高层 gāocéng　　皈依 guīyī　　诙谐 huīxié　　截至 jiézhì

高亢 gāokàng　　瑰丽 guīlì　　辉映 huīyìng　　津贴 jīntiē

高考 gāokǎo　　诡秘 guǐmì　　讳言 huìyán　　矜持 jīnchí

高耸 gāosǒng　　桂冠 guìguān　　荟萃 huìcuì　　紧俏 jǐnqiào

高雅 gāoyǎ　　棍棒 gùnbàng　　贿赂 huìlù　　近邻 jìnlín

稿子 gǎozi　　国籍 guójí　　魂魄 húnpò　　禁锢 jìngù

告状 gàozhuàng　　果品 guǒpǐn　　混沌 hùndùn　　经商 jīngshāng

搁置 gēzhì　　过瘾 guòyǐn　　豁口 huōkǒu　　惊骇 jīnghài

割据 gējù　　孩提 háití　　火坑 huǒkēng　　晶莹 jīngyíng

阁楼 gélóu　　海参 hǎishēn　　火葬 huǒzàng　　精英 jīngyīng

隔阂 géhé　　寒潮 háncháo　　货场 huòchǎng　　景致 jǐngzhì

根治 gēnzhì　　汗衫 hànshān　　获悉 huòxī　　精湛 jīngzhàn

跟踪 gēnzōng　　航行 hángxíng　　讥讽 jīfěng　　颈椎 jǐngzhuī

更正 gēngzhèng　　豪迈 háomài　　激增 jīzēng　　竞技 jìngjì

哽咽 gěngyè　　号码 hàomǎ　　羁绊 jībàn　　竞相 jìngxiāng

公馆 gōngguǎn　　好歹 hǎodǎi　　汲取 jíqǔ　　敬重 jìngzhòng

功勋 gōngxūn　　好客 hàokè　　棘手 jíshǒu　　镜框 jìngkuāng

攻读 gōngdú　　浩劫 hàojié　　脊背 jǐbèi　　纠缠 jiūchán

供销 gōngxiāo　　呵斥 hēchì　　寄居 jìjū　　据悉 jùxī

恭喜 gōngxǐ　　合奏 hézòu　　忌讳 jìhuì　　聚餐 jùcān

公仆 gōngpú　　核准 hézhǔn　　枷锁 jiāsuǒ　　拘泥 jūnì

拱桥 gǒngqiáo　　喝彩 hècǎi　　家眷 jiājuàn　　拘束 jūshù

供奉 gòngfèng　　赫然 hèrán　　嫁妆 jiàzhuāng　　鞠躬 jūgōng

勾勒 gōulè　　恒定 héngdìng　　驾驭 jiàyù　　捐款 juānkuǎn

篝火 gōuhuǒ　　烘托 hōngtuō　　检举 jiǎnjǔ　　决赛 juésài

苟且 gǒuqiě　　红润 hóngrùn　　剪纸 jiǎnzhǐ　　诀窍 juéqiào

构筑 gòuzhù　　吼叫 hǒujiào　　间谍 jiàndié　　抉择 juézé

孤僻 gūpì　　候审 hòushěn　　健将 jiànjiàng　　绝境 juéjìng

古迹 gǔjì　　呼啸 hūxiào　　践踏 jiàntà　　倔强 juéjiàng

骨髓 gǔsuǐ　　呼应 hūyìng　　鉴于 jiànyú　　爵士 juéshì

鼓掌 gǔzhǎng　　花蕾 huālěi　　僵硬 jiāngyìng　　均等 jūnděng

故障 gùzhàng　　花圃 huāpǔ　　奖惩 jiǎngchéng　　俊美 jùnměi

雇佣 gùyōng　　花蕊 huāruǐ　　交情 jiāoqíng　　开窍 kāiqiào

开凿 kāizáo
慨叹 kǎitàn
勘测 kāncè
砍伐 kǎnfá
抗衡 kànghéng
考场 kǎochǎng
磕头 kētóu
恪守 kèshǒu
铿锵 kēngqiāng
空隙 kòngxì
控诉 kòngsù
口罩 kǒuzhào
枯萎 kūwěi
枯燥 kūzào
苦衷 kǔzhōng
酷暑 kùshǔ
宽敞 kuānchǎng
宽恕 kuānshù
款式 kuǎnshì
狂风 kuángfēng
矿藏 kuàngcáng
窥探 kuītàn
傀儡 kuǐlěi
溃疡 kuìyáng
懒惰 lǎnduò
懒散 lǎnsǎn
朗读 lǎngdú
浪漫 làngmàn
邋遢 lātā
勒令 lèlìng
勒索 lèsuǒ
肋骨 lèigǔ
棱角 léngjiǎo
冷凝 lěngníng
沥青 lìqīng
隶属 lìshǔ
怜悯 liánmǐn
涟漪 liányī
脸颊 liǎnjiá
脸庞 liǎnpáng

脸谱 liǎnpǔ
疗程 liáochéng
潦倒 liáodǎo
瞭望 liàowàng
裂纹 lièwén
临摹 línmó
嶙峋 línxún
吝啬 lìnsè
玲珑 línglóng
领教 lǐngjiào
浏览 liúlǎn
留恋 liúliàn
流产 liúchǎn
流淌 liútǎng
龙船 lóngchuán
笼络 lǒngluò
芦笙 lúshēng
绿林 lùlín
露珠 lùzhū
绿地 lùdì
略微 luèwēi
论著 lùnzhù
抹布 mābù
玛瑙 mǎnǎo
埋葬 máizàng
脉络 màiluò
满腹 mǎnfù
谩骂 mànmà
蔓延 mànyán
盲肠 mángcháng
貌似 màosì
闷热 mēnrè
门槛 ménkǎn
门诊 ménzhěn
梦幻 mènghuàn
迷惘 míwǎng
猕猴 míhóu
棉絮 miánxù
面颊 miànjiá
描摹 miáomó

庙宇 miàoyǔ
蔑视 mièshì
泯灭 mǐnmiè
冥想 míngxiǎng
谬误 miùwù
摩登 módēng
魔爪 mózhuǎ
抹去 mǒqù
蓦然 mòrán
默契 mòqì
牡蛎 mǔlì
拇指 mǔzhǐ
木炭 mùtàn
墓葬 mùzàng
男生 nánshēng
难堪 nánkān
囊括 nángkuò
闹钟 nàozhōng
内疚 nèijiù
嫩绿 nènlù
能手 néngshǒu
拟定 nǐdìng
鸟瞰 niǎokàn
涅槃 nièpán
狞笑 níngxiào
宁肯 nìngkěn
牛犊 niúdú
牛皮癣 niúpíxuǎn
怒吼 nùhǒu
疟疾 nüèjí
挪动 nuódòng
偶像 ǒuxiàng
攀谈 pāntán
盘旋 pánxuán
磅礴 pángbó
炮制 páozhì
咆哮 páoxiào
配角 pèijué
烹饪 pēngrèn
碰撞 pèngzhuàng

霹雳 pīlì
匹配 pǐpèi
媲美 pìměi
偏颇 piānpō
骗局 piànjú
漂泊 piāobó
飘忽 piāohū
慓悍 piāohàn
剽窃 piāoqiè
贫瘠 pínjí
品尝 pǐncháng
聘请 pìnqǐng
平淡 píngdàn
凭证 píngzhèng
剖析 pōuxī
匍匐 púfú
栖息 qīxī
蹊跷 qīqiāo
凄惨 qīcǎn
欺侮 qīwǔ
祈祷 qídǎo
旗袍 qípáo
乞丐 qǐgài
启蒙 qǐméng
起哄 qǐhòng
绮丽 qǐlì
气囊 qìnáng
气馁 qìněi
器皿 qìmǐn
恰似 qiàsì
谦逊 qiānxùn
虔诚 qiánchéng
荨麻 qiánmá
浅薄 qiǎnbó
镪水 qiāngshuǐ
腔调 qiāngdiào
襁褓 qiǎngbǎo
强求 qiǎngqiú
悄然 qiǎorán
峭壁 qiàobì

切忌 qièjì 　　软弱 ruǎnruò 　　首创 shǒuchuàng 　　绦虫 tāochóng

怯懦 qiènuò 　　撒娇 sājiāo 　　首相 shǒuxiàng 　　逃窜 táocuàn

惬意 qièyì 　　散漫 sǎnmàn 　　受贿 shòuhuì 　　陶醉 táozuì

钦差 qīnchāi 　　丧事 sāngshì 　　瘦弱 shòuruò 　　特赦 tèshè

侵吞 qīntūn 　　嗓音 sǎngyīn 　　书卷 shūjuàn 　　剔除 tīchú

亲吻 qīnwěn 　　杀戮 shālù 　　枢纽 shūniǔ 　　啼哭 tíkū

寝室 qǐnshì 　　霎时 shàshí 　　倏然 shūrán 　　体型 tǐxíng

青稞 qīngkē 　　筛选 shāixuǎn 　　舒畅 shūchàng 　　恬静 tiánjìng

青睐 qīnglài 　　山坳 shān'ào 　　舒张 shūzhāng 　　挑拨 tiǎobō

轻蔑 qīngmiè 　　山涧 shānjiàn 　　疏通 shūtōng 　　眺望 tiàowàng

轻率 qīngshuài 　　山岭 shānlǐng 　　赎罪 shúzuì 　　铁蹄 tiětí

清单 qīngdān 　　山脊 shànjǐ 　　熟悉 shúxī 　　停泊 tíngbó

倾倒 qīngdǎo 　　擅长 shàncháng 　　暑假 shǔjià 　　停歇 tíngxiē

清明 qīngmíng 　　赡养 shànyǎng 　　衰弱 shuāiruò 　　通商 tōngshāng

清扫 qīngsǎo 　　赏赐 shǎngcì 　　摔跤 shuāijiāo 　　通缉 tōngjī

蜻蜓 qīngtíng 　　上旬 shàngxún 　　爽快 shuǎngkuài 　　同班 tóngbān

情侣 qínglǚ 　　烧香 shāoxiāng 　　水闸 shuǐzhá 　　同盟 tóngméng

晴朗 qínglǎng 　　哨兵 shàobīng 　　睡梦 shuìmèng 　　瞳孔 tóngkǒng

庆贺 qìnghè 　　奢侈 shēchǐ 　　硕士 shuòshì 　　统领 tǒnglǐng

丘陵 qiūlíng 　　舌苔 shétāi 　　丝绸 sīchóu 　　头盔 tóukuī

秋风 qiūfēng 　　申明 shēnmíng 　　私塾 sīshú 　　投奔 tóubèn

裘皮 qiúpí 　　身段 shēnduàn 　　死板 sǐbǎn 　　投掷 tóuzhì

躯干 qūgàn 　　深层 shēncéng 　　四周 sìzhōu 　　图谋 túmóu

取缔 qǔdì 　　神往 shénwǎng 　　松懈 sōngxiè 　　图腾 túténg

龋齿 qǔchǐ 　　审定 shěndìng 　　怂恿 sǒngyǒng 　　涂抹 túmǒ

蜷缩 quánsuō 　　生疏 shēngshū 　　搜捕 sōubǔ 　　湍急 tuānjí

缺憾 quēhàn 　　生源 shēngyuán 　　肃穆 sùmù 　　颓废 tuífèi

缺损 quēsǔn 　　绳索 shéngsuǒ 　　速成 sùchéng 　　退缩 tuìsuō

确凿 quèzáo 　　省略 shěnglüè 　　酸枣 suānzǎo 　　吞噬 tūnshì

群居 qúnjū 　　盛会 shènghuì 　　损坏 sǔnhuài 　　囤积 túnjī

热忱 rèchén 　　失踪 shīzōng 　　缩减 suōjiǎn 　　拖欠 tuōqiàn

人文 rénwén 　　时局 shíjú 　　索取 suǒqǔ 　　陀螺 tuóluó

任教 rènjiào 　　世俗 shìsú 　　琐碎 suǒsuì 　　唾液 tuòyè

韧带 rèndài 　　适宜 shìyí 　　胎盘 tāipán 　　外省 wàishěng

妊娠 rènshēn 　　侍奉 shìfèng 　　滩涂 tāntú 　　玩耍 wánshuǎ

融资 róngzī 　　试探 shìtàn 　　瘫痪 tānhuàn 　　婉转 wǎnzhuǎn

蹂躏 róulìn 　　嗜好 shìhào 　　弹劾 tánhé 　　汪洋 wāngyáng

蠕动 rúdòng 　　收藏 shōucáng 　　探究 tànjiū 　　巍峨 wēi'é

乳汁 rǔzhī 　　收敛 shōuliǎn 　　搪瓷 tángcí 　　违抗 wéikàng

入睡 rùshuì 　　手杖 shǒuzhàng 　　搪塞 tángsè 　　违章 wéizhāng

维系 wéixì | 欣慰 xīnwèi | 一概 yīgài | 斟酌 zhēnzhuó
蔚蓝 wèilán | 薪金 xīnjīn | 衣襟 yījīn | 侦缉 zhēnjī
未遂 wèisuì | 兴办 xīngbàn | 贻误 yíwù | 震颤 zhènzhàn
温情 wēnqíng | 形状 xíngzhuàng | 意蕴 yìyùn | 拯救 zhěngjiù
文凭 wénpíng | 幸免 xìngmiǎn | 淫秽 yínhuì | 正宗 zhèngzōng
闻名 wénmíng | 修筑 xiūzhù | 引擎 yǐnqíng | 执教 zhíjiào
紊乱 wěnluàn | 羞涩 xiūsè | 印章 yìnzhāng | 执拗 zhíniù
屋檐 wūyán | 虚拟 xūnǐ | 萦绕 yíngrào | 致敬 zhìjìng
无垠 wúyín | 许久 xǔjiǔ | 应邀 yìngyāo | 桎梏 zhìgù
悟性 wùxìng | 喧嚷 xuānrǎng | 忧虑 yōulù | 窒息 zhìxī
犀利 xīlì | 旋即 xuánjí | 油菜 yóucài | 稚嫩 zhìnèn
溪流 xīliú | 炫耀 xuànyào | 诱发 yòufā | 中文 zhōngwén
嬉戏 xīxì | 渲染 xuànrǎn | 愉悦 yúyuè | 注释 zhùshì
戏谑 xìxuè | 穴位 xuéwèi | 郁闷 yùmèn | 祝福 zhùfú
携手 xiéshǒu | 学识 xuéshí | 渊博 yuānbó | 铸造 zhùzào
偕同 xiétóng | 血缘 xuèyuán | 跃然 yuèrán | 装帧 zhuāngzhēn
纤细 xiānxì | 熏陶 xūntáo | 酝酿 yùnniàng | 转瞬 zhuǎnshùn
舷窗 xiánchuāng | 巡警 xúnjǐng | 蕴含 yùnhán | 赘述 zhuìshù
显赫 xiǎnhè | 荨麻疹 xúnmázhěn | 宰相 zǎixiàng | 拙劣 zhuōliè
陷阱 xiànjǐng | 逊色 xùnsè | 脏腑 zàngfǔ | 卓著 zhuózhù
乡音 xiāngyīn | 雅致 yǎzhì | 糟粕 zāopò | 灼见 zhuójiàn
相称 xiāngchèn | 胭脂 yānzhī | 增补 zēngbǔ | 茁壮 zhuózhuàng
镶嵌 xiāngqiàn | 延期 yánqī | 憎恨 zènghèn | 着陆 zhuólù
详情 xiángqíng | 严谨 yánjǐn | 眨眼 zhǎyǎn | 棕榈 zōnglú
消遣 xiāoqiǎn | 一瞥 yīpiē | 债券 zhàiquàn | 奏章 zòuzhāng
潇洒 xiāosǎ | 筵席 yànxí | 樟脑 zhāngnǎo | 租赁 zūlìn
孝敬 xiàojìng | 掩饰 yǎnshì | 招徕 zhāolái | 阻挠 zǔnáo
孝顺 xiàoshùn | 一瞬 yīshùn | 沼气 zhǎoqì | 组装 zǔzhuāng
哮喘 xiàochuǎn | 验收 yànshōu | 召集 zhàojí | 作对 zuòduì
心病 xīnbìng | 要挟 yāoxié | 召唤 zhàohuàn | 座舱 zuòcāng
心律 xīnlǜ | 窈窕 yǎotiǎo | 遮掩 zhēyǎn |
辛酸 xīnsuān | 液晶 yèjīng | 贞操 zhēncāo |

二、容易读错的多音词语

表一

爱好 àihào | 奔跑 bēnpǎo | 别扭 bièniu | 参与 cānyù
安宁 ānníng | 变更 biàngēng | 剥削 bōxuē | 草率 cǎoshuài
贝壳 bèiké | 别处 biéchù | 薄弱 bóruò | 测量 cèliáng

107

差别 chābié
查处 cháchǔ
差不多 chàbuduō
颤抖 chàndǒu
场合 chǎnghé
沉着 chénzhuó
称心 chènxīn
称赞 chēngzàn
成熟 chéngshú
重叠 chóngdié
处分 chǔfèn
处置 chǔzhì
船只 chuánzhī
床铺 chuángpù
答应 dāying
答案 dá'àn
当地 dāngdì
当选 dāngxuǎn
的确 díquè
调换 diàohuàn
都市 dūshì
堵塞 dǔsè
对称 duìchèn
恶心 ěxin
恶毒 èdú
放假 fàngjià
分散 fēnsàn
分量 fènliàng
负担 fùdān
附和 fùhè
干吗 gànmá
杠杆 gànggǎn
高血压 gāoxuèyā
歌曲 gēqǔ
给以 gěiyǐ
供给 gōngjǐ
供应 gōngyìng
桂冠 guìguān
罕见 hǎnjiàn
几乎 jīhū

给予 jǐyǔ
几何 jǐhé
记载 jìzǎi
家畜 jiāchù
假定 jiǎdìng
假条 jiàtiáo
角度 jiǎodù
揭露 jiēlù
尽快 jǐnkuài
尽量 jǐnliàng
近似 jìnsì
劲头 jìntóu
觉醒 juéxǐng
卡片 kǎpiàn
开拓 kāituò
可恶 kěwù
空调 kōngtiáo
空白 kòngbái
空隙 kòngxì
苦难 kǔnàn
矿藏 kuàngcáng
理发 lǐfà
流露 liúlù
露面 lòumiàn
抹布 mābù
埋没 máimò
埋怨 mányuàn
勉强 miǎnqiǎng
名称 míngchēng
模仿 mófǎng
抹杀 mǒshā
模样 múyàng
目的 mùdì
牧场 mùchǎng
难受 nánshòu
难民 nànmín
宁可 nìngkě
宁愿 nìngyuàn
宁波 níngbō
暖和 nuǎnhuo
呕吐 ǒutù

便宜 piányi
方便 fāngbiàn
迫切 pòqiè
起哄 qǐhòng
起劲 qǐjìn
强烈 qiángliè
强迫 qiǎngpò
切实 qièshí
请帖 qǐngtiě
曲线 qūxiàn
曲折 qūzhé
曲子 qǔzi
散文 sǎnwén
散步 sànbù
丧失 sàngshī
刹车 shāchē
少数 shǎoshù
少年 shàonián
牲畜 shēngchù
省略 shěnglüè
首都 shǒudū
熟练 shúliàn
率领 shuàilǐng
似乎 sìhū
提供 tígōng
挑选 tiāoxuǎn
调皮 tiáopí
调整 tiáozhěng
挑衅 tiǎoxìn
挑战 tiǎozhàn
外行 wàiháng
弯曲 wānqū
为止 wéizhǐ
为了 wèile
鲜血 xiānxuè
相差 xiāngchà
相似 xiāngsì
效率 xiàolù
泄露 xièlòu
心血 xīnxuè
兴奋 xīngfèn

兴趣 xìngqù
畜牧 xùmù
旋转 xuánzhuǎn
削弱 xuēruò
学校 xuéxiào
血液 xuèyè
淹没 yānmò
厌恶 yànwù
钥匙 yàoshi
疑难 yínán
因为 yīnwèi
音乐 yīnyuè
应该 yīnggāi
应用 yìngyòng
与会 yùhuì
乐曲 yuèqǔ
运转 yùnzhuǎn
蕴藏 yùncáng
灾难 zāinàn
着急 zháojí
着凉 zháoliáng
折腾 zhēteng
折合 zhéhé
正月 zhēngyuè
知觉 zhījué
只能 zhǐnéng
种族 zhǒngzú
种植 zhòngzhí
转换 zhuǎnhuàn
转折 zhuǎnzhé
转动 zhuàndòng
传记 zhuànjì
着手 zhuóshǒu
着重 zhuózhòng
自觉 zìjué
总得 zǒngděi
钻研 zuānyán
钻石 zuànshí

表二

哀号 āiháo
挨近 āijìn
肮脏 āngzāng
懊丧 àosàng
拗口 àokǒu
白术 báizhú
柏油 bǎiyóu
败露 bàilù
败兴 bàixìng
包扎 bāozā
薄饼 báobǐng
宝藏 bǎozàng
报丧 bàosāng
背负 bēifù
碑帖 bēitiè
背离 bèilí
奔赴 bēnfù
奔丧 bēnsāng
奔头儿 bèntour
逼供 bīgòng
避难 bìnàn
表露 biǎolù
瘪三 biēsān
屏除 bǐngchú
薄命 bómìng
薄情 bóqíng
补给 bǔjǐ
补血 bǔxuè
不遂 bùsuí
参校 cānjiào
苍劲 cāngjìng
苍术 cāngzhú
参差 cēncī
差数 chāshù
插曲 chāqǔ
茶匙 cháchí
茶几 chájī
差劲 chàjìn
差遣 chāiqiǎn

差使 chāishǐ
拆散 chāisà
禅师 chánshī
场院 chángyuàn
场次 chǎngcì
超载 chāozài
朝阳 cháoyáng
称职 chènzhí
称道 chēngdào
称颂 chēngsòng
冲刺 chōngcì
重奏 chóngzòu
冲压 chòngyā
丑角 chǒujué
处事 chǔshì
处所 chùsuǒ
畜肥 chùféi
畜力 chùlì
揣测 chuǎicè
揣摩 chuǎimó
创伤 chuāngshāng
创设 chuàngshè
攒聚 cuánjù
答腔 dāqiāng
答话 dáhuà
打颤 dǎzhàn
单薄 dānbó
弹丸 dànwán
当今 dāngjīn
当真 dàngzhēn
当做 dàngzuò
倒塌 dǎotā
倒影 dàoyǐng
倒转 dǎozhuǎn
得失 déshī
登载 dēngzǎi
地壳 dìqiào
耳塞 ěrsāi
耳熟 ěrshú

发蒙 fāmēng
恫吓 dònghè
度量 dùliàng
刁难 diāonàn
调配①diàopèi
　　②tiáopèi
掉色 diàoshǎi
阿谀 ēyú
反差 fǎnchā
反省 fǎnxǐng
非得 fēiděi
非难 fēinàn
服贴 fútiē
附着 fùzhuó
干瘪 gānbiě
刚劲 gāngjìng
高着 gāozhāo
蛤蜊 gélí
羹匙 gēngchí
更生 gēngshēng
梗塞 gěngsè
哽咽 gěngyè
供奉 gòngfèng
估量 gūliáng
瓜葛 guāgé
关卡 guānqiǎ
共处 gòngchǔ
供求 gōngqiú
蛤蟆 háma
号哭 háokū
号角 hàojiǎo
衡量 héngliáng
哄抬 hōngtái
红晕 hóngyùn
哄骗 hǒngpiàn
厚薄 hòubó
后劲 hòujìn
患难 huànnàn
豁口 huōkǒu

豁然 huòrán
间断 jiànduàn
强嘴 jiàngzuǐ
教书 jiāoshū
骄横 jiāohèng
校订 jiàodìng
教诲 jiàohuì
拮据 jiéjū
结扎 jiézā
禁受 jīnshòu
尽先 jǐnxiān
禁令 jìnlìng
尽情 jìnqíng
惊吓 jīngxià
劲敌 jìngdí
拘泥 jūnì
咀嚼 jǔjué
句读 jùdòu
倔强 juéjiàng
积攒 jīzǎn
即兴 jíxìng
给养 jǐyǎng
甲壳 jiǎqiào
间架 jiānjià
恐吓 kǒnghè
空闲 kòngxián
口供 kǒugòng
累赘 léizhui
累积 lěijī
离散 lísàn
量具 liángjù
量力 liànglì
笼络 lǒngluò
露脸 lòuliǎn
沦丧 lúnsàng
蛮横 mánhèng
闷热 mēnrè
蒙骗 mēngpiàn
蒙混 ménghùn

磨难 mónàn
抹黑 mǒhēi
模子 múzi
难友 nànyǒu
磅礴 pángbó
泡桐 pāotóng
炮制 páozhì
泡影 pàoyǐng
炮兵 pàobīng
配角 pèijué
劈柴 pǐ·chái
撇开 piēkāi
撇嘴 piězuǐ
屏风 píngfēng
牵强 qiānqiǎng
强求 qiǎngqiú
翘首 qiáoshǒu
悄然 qiǎorán
翘尾巴 qiàowěiba
切削 qiēxiāo
切身 qièshēn
躯壳 qūqiào
曲解 qūjiě
曲艺 qǔyì
日晕 rìyùn
塞子 sāizi
塞外 sàiwài
散漫 sǎnmàn
散会 sànhuì

丧钟 sāngzhōng
丧命 sàngmìng
禅让 shànràng
哨卡 shàoqiǎ
折本 shéběn
生肖 shēngxiào
失禁 shījìn
似的 shìde
苏打 sūdá
拓片 tàpiàn
挑拣 tiāojiǎn
条几 tiáojī
调唆 tiáosuō
挑逗 tiǎodòu
帖子 tiězi
铜臭 tóngxiù
铜模 tóngmú
统率 tǒngshuài
投奔 tóubèn
吐露 tǔlù
吐血 tùxiě
妥贴 tuǒtiē
瓦砾 wǎlì
瓦刀 wàdāo
威吓 wēihè
微薄 wēibó
吓唬 xiàhu
降伏 xiángfú
巷战 xiàngzhàn

血晕 xiěyùn
兴盛 xīngshèng
星宿 xīngxiù
腥臭 xīngchòu
省悟 xǐngwù
兴致 xìngzhì
凶横 xiōnghèng
雄劲 xióngjìng
旋涡 xuánwō
旋风 xuànfēng
眩晕 xuànyùn
血栓 xuèshuān
血渍 xuèzì
压轴子 yāzhòuzi
轧花机 yàhuājī
殷红 yānhóng
眼熟 yǎnshú
要塞 yàosài
应届 yīngjiè
应允 yīngyǔn
应战 yìngzhàn
应征 yìngzhēng
游说 yóushuì
淤塞 yūsè
晕厥 yūnjué
晕车 yùnchē
藏青 zàngqīng
脏腑 zàngfǔ
憎恶 zēngwù

扎针 zhāzhēn
轧钢 zhágāng
丈量 zhàngliáng
朝阳 zhāoyáng
着慌 zháohuāng
枝蔓 zhīmàn
知了 zhīliǎo
中肯 zhòngkěn
中暑 zhòngshǔ
重创 zhòngchuāng
轴承 zhóuchéng
诸葛 zhūgě
主角 zhǔjué
著称 zhùchēng
转送 zhuǎnsòng
转盘 zhuànpán
着落 zhuóluò
琢磨 zhuómó
琢磨 zhōmo
字模 zìmú
字帖 zìtiè
钻探 zuāntàn
钻戒 zuànjiè
尊称 zūnchēng
作坊 zuōfang
作难 zuònán

三、有音变的词语

把柄 bǎbǐng
保管 bǎoguǎn
保姆 bǎomǔ
保守 bǎoshǒu
保险 bǎoxiǎn
保养 bǎoyǎng
保垒 bǎolěi
饱满 bǎomǎn

本领 běnlǐng
表演 biǎoyǎn
产品 chǎnpǐn
厂长 chǎngzhǎng
场所 chǎngsuǒ
吵嘴 chǎozuǐ
处理 chǔlǐ
打扰 dǎrǎo

打扫 dǎsǎo
党委 dǎngwěi
岛屿 dǎoyǔ
导体 dǎotǐ
导演 dǎoyǎn
典礼 diǎnlǐ
顶点 dǐngdiǎn
法语 fǎyǔ

反感 fǎngǎn
粉笔 fěnbǐ
抚养 fǔyǎng
辅导 fǔdǎo
腐朽 fǔxiǔ
改组 gǎizǔ
赶紧 gǎnjǐn
感染 gǎnrǎn

感想 gǎnxiǎng	理解 lǐjiě	舞蹈 wǔdǎo	总统 zǒngtǒng
港口 gǎngkǒu	理想 lǐxiǎng	侮辱 wǔrǔ	走访 zǒufǎng
搞鬼 gǎoguǐ	潦草 liáocǎo	享有 xiǎngyǒu	走狗 zǒugǒu
稿纸 gǎozhǐ	了解 liǎojiě	小鬼 xiǎoguǐ	祖母 zǔmǔ
给以 gěiyǐ	旅馆 lǚguǎn	小米 xiǎomǐ	阻挡 zǔdǎng
鼓舞 gǔwǔ	蚂蚁 mǎyǐ	小组 xiǎozǔ	阻止 zǔzhǐ
鼓掌 gǔzhǎng	美好 měihǎo	许可 xǔkě	组长 zǔzhǎng
古老 gǔlǎo	美满 měimǎn	选举 xuǎnjǔ	一半 yíbàn
管理 guǎnlǐ	勉强 miǎnqiǎng	选取 xuǎnqǔ	一辈子 yíbèizi
广场 guǎngchǎng	渺小 miǎoxiǎo	选手 xuǎnshǒu	一带 yídài
好比 hǎobǐ	敏感 mǐngǎn	演讲 yǎnjiǎng	一旦 yídàn
好感 hǎogǎn	奶粉 nǎifěn	以免 yǐmiǎn	一道 yídào
好久 hǎojiǔ	恼火 nǎohuǒ	以往 yǐwǎng	一定 yídìng
好转 hǎozhuǎn	扭转 niǔzhuǎn	饮水 yǐnshuǐ	一度 yídù
缓缓 huǎnhuǎn	偶尔 ǒu'ěr	引导 yǐndǎo	一概 yígài
悔改 huǐgǎi	品种 pǐnzhǒng	引起 yǐnqǐ	一个劲儿 yígèjìnr
给予 jǐyǔ	起草 qǐcǎo	影响 yǐngxiǎng	一共 yígòng
假使 jiǎshǐ	起点 qǐdiǎn	永久 yǒngjiǔ	一贯 yíguàn
检举 jiǎnjǔ	起码 qǐmǎ	永远 yǒngyuǎn	一会儿 yíhuìr
检讨 jiǎntǎo	请柬 qǐngjiǎn	勇敢 yǒnggǎn	一块儿 yíkuàir
简短 jiǎnduǎn	请帖 qǐngtiě	友好 yǒuhǎo	一律 yílǜ
剪彩 jiǎncǎi	审美 shěnměi	雨水 yǔshuǐ	一切 yíqiè
减产 jiǎnchǎn	省长 shěngzhǎng	语法 yǔfǎ	一系列 yíxìliè
减少 jiǎnshǎo	手表 shǒubiǎo	远景 yuǎnjǐng	一下儿 yíxiàr
奖品 jiǎngpǐn	手指 shǒuzhǐ	早晚 zǎowǎn	一下子 yíxiàzi
讲理 jiǎnglǐ	首领 shǒulǐng	早已 zǎoyǐ	一向 yíxiàng
仅仅 jǐnjǐn	首脑 shǒunǎo	展览 zhǎnlǎn	一样 yíyàng
尽管 jǐnguǎn	首长 shǒuzhǎng	掌管 zhǎngguǎn	一再 yízài
考古 kǎogǔ	守法 shǒufǎ	整理 zhěnglǐ	一阵 yízhèn
考取 kǎoqǔ	水产 shuǐchǎn	整整 zhěngzhěng	一致 yízhì
可口 kěkǒu	水果 shuǐguǒ	指引 zhǐyǐn	一般 yìbān
可巧 kěqiǎo	所属 suǒshǔ	只管 zhǐguǎn	一边 yìbiān
可喜 kěxǐ	所以 suǒyǐ	只好 zhǐhǎo	一点儿 yìdiǎnr
可以 kěyǐ	所有 suǒyǒu	只有 zhǐyǒu	一举 yìjǔ
口语 kǒuyǔ	统统 tǒngtǒng	种种 zhǒngzhǒng	一口气 yìkǒuqì
苦恼 kǔnǎo	土壤 tǔrǎng	主导 zhǔdǎo	一连 yìlián
老板 lǎobǎn	瓦解 wǎjiě	主管 zhǔguǎn	一旁 yìpáng
老虎 lǎohǔ	往返 wǎngfǎn	准许 zhǔnxǔ	一齐 yìqí
老鼠 lǎoshǔ	往往 wǎngwǎng	总得 zǒngděi	一起 yìqǐ
冷饮 lěngyǐn	稳妥 wěntuǒ	总理 zǒnglǐ	一身 yìshēn

一生 yìshēng	不料 búliào	不法 bùfǎ	不如 bùrú
一时 yìshí	不论 búlùn	不妨 bùfáng	不少 bùshǎo
一手 yìshǒu	不是吗 búshìma	不公 bùgōng	不时 bùshí
一同 yìtóng	不像话 búxiànghuà	不管 bùguǎn	不停 bùtíng
一头 yìtóu	不幸 búxìng	不解 bùjiě	不同 bùtóng
一些 yìxiē	不要 búyào	不禁 bùjīn	不惜 bùxī
一心 yìxīn	不要紧 búyàojǐn	不仅 bùjǐn	不行 bùxíng
一行 yìxíng	不用 búyòng	不久 bùjiǔ	不朽 bùxiǔ
一直 yìzhí	不在乎 búzàihu	不觉 bùjué	不宜 bùyí
不必 búbì	不至于 búzhìyú	不堪 bùkān	不一定 bùyīdìng
不但 búdàn	不住 búzhù	不可 bùkě	不由得 bùyóude
不当 búdàng	不安 bù'ān	不良 bùliáng	不曾 bùcéng
不定 búdìng	不比 bùbǐ	不满 bùmǎn	不止 bùzhǐ
不断 búduàn	不得 bùdé	不免 bùmiǎn	不足 bùzú
不过 búguò	不得不 bùdébù	不平 bùpíng	
不见得 bújiàndé	不得了 bùdéliǎo	不然 bùrán	
不愧 búkuì	不等 bùděng	不容 bùróng	

112

第三节　普通话水平测试第二项样卷

样卷一

读多音节词语50个

小曲儿	病菌	扭转	全面	公费	猿猴	安排	沙发	创造
聘用	蠹货	防汛	榫头	牙刷	死扣儿	下达	美满	信誉
存亡	热烈	考究	追切	鼻梁儿	慈爱	日常	拐弯	略微
适应	人民	上座儿	手软	胸怀	价值	萝卜	无穷	弟兄
赞成	佤族	愤恨	青翠	奔赴	跨越	儿童	耕种	政策
捐献	快乐	娘家	赛跑	带徒弟				

样卷二

读多音节词语50个

恰巧	长远	激烈	出圈儿	暴虐	老婆	拼命	榫子	煤气
斯文	群岛	缩水	牙刷	奶酪	撞骗	心软	姑娘	引逗
磁铁	酒精	推广	运筹	柔媚	猜度	了得	诚恳	上座儿
家庭	中间儿	诱饵	日用	拐弯	侵略	刚才	轮廓	特性
熊猫	走神儿	相反	丰富	充满	电话	须知	红茶	快乐
穷人	西边	恩爱	往返	国务院				

样卷三

读多音节词语 50 个

恰好	俊杰	发表	拨子	僧侣	墨镜	劝说	虐杀	怀孕
创造	频率	返修	车站	群众	准备	平方	妇女	榫头
下午	用功	死扣儿	衬衫	计划	努力	科长	烟卷儿	热情
商量	承认	略微	拐弯	凶恶	棺材	劫持	总得	愚昧
草拟	电压	催促	相片儿	跨栏	穷困	今日	打扰	因而
干活儿	恩爱	全心全意	消灭	听写				

样卷四

读多音节词语 50 个

嗓门儿	皮层	支吾	权力	失态	总理	化学	虐政	沙发
状况	说明	贫穷	群岛	然而	不用	交涉	私房	妇女
榫头	沉默	新闻	桥梁	下课	酒店	热爱	嘈杂	瓜子
人缘儿	孕育	中游	惭愧	拐弯	分别	关卡	哨兵	疼痛
入睡	总得	配偶	萝卜	抽象	漆匠	年龄	尺寸	快乐
压服	灭绝	大伙儿	进修	往常				

样卷五

读多音节词语 50 个

病号儿	抓紧	学期	专用	旦角儿	爱情	状况	拼命	值得
群众	昂扬	一会儿	不久	没错	榫子	汤圆	欣然	剿灭
下落	土匪	运算	聊天儿	人才	老婆	诚实	刺猬	搜查
恳求	接洽	拐弯	粗略	分别	特权	受穷	相公	丰满
规律	设备	玛瑙	年代	快乐	酿造	获取	遵行	出口
滚动	儿化	往常	生日	积压				

样卷六

读多音节词语 50 个

小曲儿	模范	圈套	纽子	运动	千瓦	学年	哀愁	努嘴
别人	原封	安稳	状况	确定	聘请	豆芽儿	净化	一下儿
思想	脊梁	用法	衬衫	伺候	索取	驰名	试问	教材
上座儿	合群	拐弯	日程	手软	召开	总得	渔轮	结论
设备	尖锐	胳膊	快乐	穷苦	民主	滚烫	宾馆	洒脱
流露	儿童	往常	批判	正好				

第七单元　普通话朗读考级指导

第一节　测试项简介

一、测试内容和要求

朗读 1 篇短文，有 400 个音节，共 30 分，限时 4 分钟。此项测试要求应试人朗读一篇抽签二选一的短文，主要考查应试人运用普通话朗读书面作品的水平，重点考查应试人的标准语音、连读音变、停连、语调及流畅程度。《普通话水平测试大纲》列出 60 篇朗读作品，浙江省普通话水平测试朗读作品包括 40 篇精读作品、20 篇泛读作品。在每篇短文中，均会出现双斜线符号"//"，表明文章从开头到此处共计 400 个音节。测试时，只需要从短文开头读到标注"//"处并读 1 个完整句子为止。

二、评分标准

（1）每读错 1 个音节，扣 0.1 分；每漏读或增读 1 个音节，扣 0.1 分。

（2）声母或韵母的系统性语音缺陷，视程度扣 0.5 分或 1 分。

（3）语调错误，视程度扣 0.5 分、1 分或 2 分。

（4）停连不当，视程度扣 0.5 分、1 分或 2 分。

（5）朗读不流畅（包括回读），视程度扣 0.5 分、1 分、2 分或 3 分。

（6）超时扣 1 分。

三、评分标准阐释

（1）朗读评分以短文前 400 个音节（不含标点和标注的音节）为限，但应将第 400 个音节所在的句子读完整。

（2）朗读中出现错读、漏读、增读，每出现一处扣 0.1 分。

（3）声母或韵母的系统性语音缺陷，还包括方言语音现象，最低扣 0.5 分，最高扣 1 分。

（4）"语调偏误"主要是指字调、句调、轻重音、变调的失误等，最低扣 0.5 分，最高扣 2 分。

（5）"停连不当"是指朗读时肢解词语或造成言语误解、形成歧义等情况，也包括朗读时节律不当、当断不断、当连不连等情况。最低扣 0.5 分，最高扣 2 分。

（6）"朗读不流畅（包括回读）"主要反映学员朗读短文的熟练程度。回读则视回读的程度和实际情况进行扣分，还包括朗读速度过快或过慢问题。最低扣 0.5 分，最高扣 3 分。

第二节　朗读考级指导

一、朗读的含义

（一）什么叫朗读

"朗"，即声音清晰、响亮；"读"，就是把书面语言转化为发音规范的有声语言。它与朗诵有区别。朗诵，就是用清晰、响亮的声音，结合各种语言手段来完善地表达作品思想感情的一种语言艺术。可见，朗读是语言的再创造活动，还达不到艺术的高度。

（二）朗读与朗诵的异同

共同点：①两者都是以书面语言为表达内容；②都是以口头语言为表达手段；③都要求发音规范正确，语句流畅，表情达意。

不同点：①朗读是一种应用型的朗声阅读，更注重于语言的规范、语句的完整和语义的精确；朗诵在朗读要求的基础上，更加注重对文稿表达形式进行艺术的加工和处理。②朗读选材广泛，诗歌、散文、议论文、说明文，以及各种文章、书信等都可以作为文本；朗诵选材上只限于文学作品，只有辞美、意美、脍炙人口的文学精品，才适合朗诵。③表达形式不同，朗读接近自然本色，注重音量均匀，吐字节奏、停顿及声音高低对比，但不宜有太多的变化；朗诵讲究生动、优美的语言艺术，注重形体、姿态、表情、眼神的和谐统一，以感染听众，达到风格化、个性化的舞台效果。

总之，朗读是朗诵进行艺术加工的基础，朗诵是朗读艺术加工后的升华。从学习普通话来看，朗读是基础，朗诵是朗读的进一步深入和艺术化的过程。

二、朗读的作用与语感培养

朗读，是把文字作品转化为有声语言的创作活动。经常朗读不仅可以掌握常用字的规范读音，有助于克服语流中出现的方言语音，练习语调、音变，而且有助于普通话的词汇、语法的规范，是培养标准普通话语感的主要手段和有效途径。

一个人朗读水平的高低、朗读效果的好坏与其自身的语感是否敏锐有着密切的关系。所谓语感，是指人对语言的感受、领悟和判断的能力，在朗读中表现为对语言符号的感受深度和运用有声语言表达的能力。这种能力既是理解一切语言文字的基础，也是读者思想认识通向作者心灵的一座桥梁，是人们感知语言之精妙、洞察语言之精髓、把握语言之技巧的金钥匙。因此，语感直接影响人的语言表现力和运用语言的能力。语感敏锐的人能够在整体把握作品的基础上，快速理解作品的本质，深切体验作者的情思，于内心深处深刻体会语言信息所蕴含的声音节奏、题旨情境，并最终通过朗读将之完美地传达给听者。

三、如何提高朗读能力

（一）深入理解作品的意旨情趣

测试中的朗读短文都是一些精心挑选的源于生活而又高于生活的美文，它们在记人、叙事或写景、抒情中，热烈歌颂、礼赞自然的美，深刻揭示、阐释朴素的哲理，竭力捕捉、挖掘那种流淌在父母子女、朋友之间的无尽的母爱、父爱与友爱，于平凡小事中蕴含着作者丰富的思想感情。因此，我们在朗读时，首先要了解作品的主题、内容，熟悉作品的语言气势和艺术风格，透彻领会作者的意图感情，多层次、多角度地理解文章。从语言文字层面的感知理解（对语言文字表层语义的理解），到情感层面的感受理解（透过语言符号对词语深层含义的理解），上升到审美层面的感悟理解（对作品情感意味和寓义的深悟，悟出其中的"愉快"），借助"文字、画面、愉快"这三个层次，从静到动、由浅入深地逐渐进入作品的境界，从感受中真切获得作品包含的语义、含义、寓义，只有在这样深刻理解的基础上，才能把无生命的书面文字读"活"，才能爱作者所爱、感作者所感，入情、入境地抒发深切真挚之情。

（二）追求准确生动的语言再现

朗读是感受性理解和形象性表达的统一。在深入理解作品、把握作品意蕴的基础上，朗读者还要用生动的语言把作品的精妙绝伦真切地表达出来，展现作品的美。

语感好的人，看一段文字，听一段话，就能根据自己的理解对声音做出调整，使语音、语调、语势与作品的情境协调一致，用声音准确生动地再现作品的一切。要达到这一点，我们应该掌握以下朗读技巧。

1. 语音规范，吐字清晰，语流畅通，语义表达准确

语音规范，一是要严格按照普通话的声母、韵母、声调朗读；二是要防止读错字，读准异读词，读准多音多义字。吐字清晰，主要是吐字归音要到位，声母的发音弹射有力，韵腹的发音饱满响亮，韵尾的归音干净利落，防止因咬字过松造成字音浮动、音节含糊不清，或者因声音过轻、底气不足而导致咬字模糊。语流畅通，不仅要避免增字、漏字、改字、回读和不恰当的停顿（读破音、一字一顿、结结巴巴、拖泥带水），而且要注意语流音变现象，读准上声调、形容词、"一""不"及语气词"啊"的音变读音，读准轻声词、儿化词的读音，使语流连贯顺畅，快慢适中。我们只有做到用规范、清晰、畅通的语言朗读，才能准确表达作品的语义，才能调动听者的感情，扣动听者的心弦。

2. 语调自然得当

朗读时，除每个音节原有的声调外，整个句子还应有一种高低起伏、抑扬顿挫的变化，这种变化与句子的意思及朗读者的情感有密切的关系，句子里这种用来表达意义和感情态度的调子，就称为语调。语调处理得好，能够使听者迅速感知语言的优美，领略作品的韵味，得到语言的多种美感，如形象感、色彩感、节奏感、情味感等。

那么如何处理好语调呢？

（1）安排好停顿，包括语法停顿、强调停顿。

（2）确定好重音，根据句法结构确立语法重音，根据语意重点突出强调重音。

（3）掌握好句调，随着句子语气的不同及情感的变化而调节抑扬或舒缓的语调。

（4）调整好速度，速度是语言节奏的主要标志，分快速、中速、慢速三种，什么样的内容、什么样的思想感情决定了什么样的速度，速度的快慢与语言的内在节奏是一致的。

3. 防止方言语调的流露

朗读的短文作品，都由一个个句子构成，在朗读中要掌握声调在语流中的若干变化。在语调处理过程中，特别要防止方言语调的流露，如音节声调错读，轻声音节重读，尤其要避免助词"的、地、得、着、了、过"，虚语素"子、们、头"，方位语素"上、下、里、面"的重读，还有严重的尖音现象及语调的矫揉造作等，都是产生方言语调的主要原因。特别要把握好轻重音格式，普通话轻重音细分为四个等级：重音、中音、次轻音、最轻音。朗读和说话要注意把握好语流中的轻重音格式。

（1）双音节词语。普通话中绝大多数双音节词语属于"中+重"格式，而方言中常读成"重+轻"格式。

（2）三音节词语。普通话中绝大多数三音节词语的轻重音格式为"中+次轻+重"，如炊事员、西红柿、打字机；"中+重+最轻"，如胡萝卜、好家伙、同学们；"重+最轻+最轻"，如姑娘们、朋友们、娃娃们等。

（3）四音节词语。四音节词语的轻重音格式主要有："中+次轻+中+重"，如二氧化碳、一马当先、心明眼亮，这个格式在四音节词语中占绝大多数；"中+次轻+重+最轻"，如如意算盘、大儿媳妇、外甥媳妇等。

对于多音节或句子语流中的轻重音格式，一般没有规律可循。因为语流中的轻重音存在一定的灵活性，许多词语会随着句子风格的不同，以及语速、语调、表情达意、说话习惯的不同，发生轻重格式的变化。要掌握它们，主要还得培养读轻重音的语感。可借助听朗读作品的方法，在语境中培养语感。

（三）强化短文练读的效果

语感的培养途径主要是听和说，学员要想获得标准的普通话语感，就需要不断排除方言语感的干扰。一个重要的方法就是要大量听优秀的现代汉语规范白话文作品的范文朗读，经历"听读—仿读—品读—美读"四个阶段，切实加强朗读操练。在实际操练中，特别要注意以下几点：

（1）要多听、泛听，听别人是怎么控制语流变化的，是怎么处理作品语调的。

（2）将听辨能力与具体的感知联系起来，细细品味作品，尽可能地理解作品的深层含义。如朗读测试材料中反映的亲情、友情、乡情，以及对自然的讴歌等，大都是我们熟悉的生活内容，我们可以以自身的经历做铺垫，激发丰富的联想。

（3）在语言中想象"画面"，在"画面"中感悟语言，继而用充满感情的声音再现生动的情景，真正产生发于声而感于心的效果。

第三节　普通话水平测试朗读材料及音频

提示：浙江省普通话水平测试作品有 40 篇，国家普通话水平测试作品有 60 篇。

普通话短文朗读训练，可以分层进行。

（1）语音基础较好的，可以先不看语音提示，准确、熟练、流畅、自然地朗读前40篇精读作品，注意把握朗读技巧；逐步提高朗读水平后，可以练习后20篇泛读作品，为将来参加国家普通话水平测试奠定基础。

（2）基础不太好的，可先看短文后面的语音提示，准确地扫除语音障碍，然后在朗读技巧的指导下，用40篇精读作品进行训练。

一、普通话水平测试精读作品40篇

1号作品

那是力争上游的一种树，笔直的干，笔直的枝。它的干呢，通常是丈把高，像是加以人工似的[1]，一丈以内，绝无旁枝；它所有的桠枝[2]呢，一律向上，而且紧紧靠拢[3]，也像是加以人工似的，成为一束，绝无横斜逸出[4]；它的宽大的叶子也是片片向上，几乎没有斜生的，更不用说倒垂[5]了；它的皮，光滑而有银色的晕圈[6]，微微泛出淡青色。这是虽在北方的风雪的压迫下却保持着倔强[7]挺立的一种树！哪怕只有碗来粗细罢，它却努力向上发展，高到丈许，两丈，参天耸立，不折不挠，对抗着西北风。

1号作品音频2个：
《白杨礼赞》

这就是白杨树，西北极普通的一种树，然而决不是平凡的树！

它没有婆娑[8]的姿态，没有屈曲盘旋的虬枝[9]，也许你要说它不美丽，——如果美是专指"婆娑"或"横斜逸出"之类而言，那么，白杨树算不上树中的好女子；但是它却是伟岸，正直，朴素，严肃，也不缺乏温和，更不用提它的坚强不屈与挺拔，它是树中的伟丈夫！当你在积雪初融的高原上走过，看见平坦的大地上傲然挺立这么一株或一排白杨树，难道你就只觉得树只是树，难道你就不想到它的朴质，严肃，坚强不屈，至少也象征了北方的农民；难道你竟一点儿也不联想到，在敌后的广大土//地上，到处有坚强不屈，就像白杨树一样傲然挺立的守卫他们家乡的哨兵[10]！难道你又不更远一点想到这样枝枝叶叶靠紧团结，力求上进的白杨树，宛然[11]象征了今天在华北平原纵横决荡用血写出新中国历史的那种精神和意志。

节选自茅盾《白杨礼赞》

语音提示

1. 似的 shì de   2. 桠枝 yāzhī   3. 靠拢 kàolǒng   4. 横斜逸出 héngxiéyìchū

5. 倒垂 dàochuí   6. 晕圈 yùnquān   7. 倔强 juéjiàng   8. 婆娑 pósuō

9. 虬枝 qiúzhī   10. 哨兵 shàobīng   11. 宛然 wǎnrán

朗读指导

《白杨礼赞》是茅盾的名篇。作者以白杨树笔直向上的枝干为象征，歌颂它坚强不屈、积极向上的精神，实际上是歌颂抗日军民昂扬的斗志和高亢的抗日激情。文章基调高亢，节奏明快，语气饱满。第一段点明白杨树笔直的形态和力争上游的特质，与第二段相呼应，赞颂它既普通而又极不平凡，正好象征着抗日军民那极不平凡的抗日决心和精神。首段中描述树干、树枝、树叶和树皮的四个分句要读得抑扬有致，语气中充满热情，以此表现它对抗西北

风时顽强挺立的独特风骨。第二段强调"极普通"但"决不平凡"，突出对比的效果。"它是树中的伟丈夫"是文章的点睛之笔，应着力表现。第三段中，读四个"难道……"的排比句，语势应节节升高，要把象征意味层层推高，最后点出文章的主题。

2 号作品

　　我常常遗憾我家门前那块丑石：它黑黝黝 [1] 地卧在那里，牛似的模样；谁也不知道是什么时候留在这里的，谁也不去理会它。只是麦收时节，门前摊 [2] 了麦子，奶奶总是说：这块丑石，多占地面呀，抽空把它搬走吧。

　　它不像汉白玉那样的细腻 [3]，可以刻字雕花，也不像大青石那样的光滑，可以供来浣纱 [4] 捶布。它静静地卧在那里，院边的槐荫没有庇护 [5] 它，花儿也不再在它身边生长。荒草便繁衍 [6] 出来，枝蔓 [7] 上下，慢慢地，它竟锈上了绿苔、黑斑。我们这些做孩子的，也讨厌起它来，曾合伙要搬走它，但力气又不足；虽时时咒骂它，嫌弃它，也无可奈何，只好任它留在那里了。

　　终有一日，村子里来了一个天文学家。他在我家门前路过，突然发现了这块石头，眼光立即 [8] 就拉直了。他再没有离开，就住了下来；以后又来了好些人，都说这是一块陨石 [9]，从天上落下来已经有二三百年了，是一件了不起的东西。不久便来了车，小心翼翼地将它运走了。

　　这使我们都很惊奇，这又怪又丑的石头，原来是天上的啊！它补过天，在天上发过热、闪过光，我们的祖先或许仰望 [10] 过它，它给了他们光明、向往、憧憬 [11]；而它落下来了，在污土里，荒草里，一躺就//是几百年了！

　　我感到自己的无知，也感到了丑石的伟大，我甚至怨恨它这么多年竟会默默地忍受着这一切！而我又立即深深地感到它那种不屈于误解、寂寞的生存的伟大。

节选自贾平凹《丑石》

2 号作品音频 2 个：
《丑石》

119

语音提示

1. 黑黝黝 hēiyǒuyǒu　　2. 摊 tān　　　　3. 细腻 xìnì　　　4. 浣纱 huànshā
5. 庇护 bìhù　　　　　6. 繁衍 fányǎn　　7. 枝蔓 zhīmàn　　8. 立即 lìjí
9. 陨石 yǔnshí　　　　10. 仰望 yǎngwàng　11. 憧憬 chōngjǐng

朗读指导

　　贾平凹的《丑石》写了一块其貌不扬，甚至越变越丑的石头，但后来人们发现，它原来身份不凡，是一块极具研究价值的陨石！它带给读者意外和惊喜，更引发读者对人类生存忍耐力的联想，发出"是金子总会发光"的感慨。

　　为了令听众产生意外和惊喜的感觉，朗读时应采取欲扬先抑、欲强先弱的方法。第一、二段尽量读得平稳一些，说明丑石的毫不起眼，极其平凡。首段中"黑黝黝""牛似的"稍微加重语气，让听者先构建出丑石的外部形象；第三段中的"……立即就拉直了""再没有离开""是……了不起的东西"等是重点语句，要着力表现；第四段中"原来是天上的啊"一句，用上扬语调和稍快的节奏表现出惊喜；最后一句点明文章主题，含义深刻，应用肯定的语气、舒缓的节奏来表现耐人寻味的深意，不过这一句已在文章 400 字以外，考试时不必读出。

3 号作品

　　在达瑞八岁的时候，有一天他想去看电影 [1]。因为没有钱，他想是向爸妈要钱，还是自己挣

钱 ²。最后他选择了后者。他自己调制 ³ 了一种汽水，向过路的行人出售。可那时正是寒冷 ⁴ 的冬天，没有人买，只有两个人例外——他的爸爸和妈妈。

　　他偶然有一个和非常成功的商人谈话的机会。当他对商人讲述了自己的"破产史"后，商人给了他两个重要的建议：一是尝试 ⁵ 为别人解决一个难题；二是把精力集中在你知道的、你会的和你拥有的东西上。

3 号作品音频 2 个：《达瑞的故事》

　　这两个建议很关键。因为对于一个八岁的孩子而言，他不会做的事情很多。于是他穿过大街小巷 ⁶，不停地思考：人们会有什么难题，他又如何利用这个机会？

　　一天，吃早饭 ⁷ 时，父亲让达瑞去取报纸。美国的送报员总是把报纸从花园篱笆 ⁸ 的一个特制的管子里塞进来。假如你想穿着睡衣舒舒服服地吃早饭和看报纸，就必须离开温暖的房间，冒着寒风，到花园去取。虽然路短，但十分麻烦 ⁹。

　　当达瑞为父亲取报纸的时候，一个主意诞生了。当天他就按响邻居的门铃，对他们说，每个月只需付给他一美元，他就每天早上把报纸塞到他们的房门底下。大多数人都同意了，很快他有//了七十多个顾客。一个月后，当他拿到自己赚的钱时，觉得自己简直是飞上了天。

　　很快他又有了新的机会，他让他的顾客每天把垃圾袋放在门前，然后由他早上运到垃圾桶里，每个月加一美元。之后他还想出了许多孩子赚钱的办法，并把它集结成书，书名为《儿童挣钱的二百五十个主意》。为此，达瑞十二岁时就成了畅销书作家，十五岁时有了自己 ¹⁰ 的谈话节目，十七岁时就拥有了几百万美元。

节选自［德］博多·舍费尔《达瑞的故事》，刘志明译

语音提示

1. 电影 diànyǐng　2. 挣钱 zhèngqián　3. 调制 tiáozhì　4. 寒冷 hánlěng
5. 尝试 chángshì　6. 小巷 xiǎoxiàng　7. 早饭 zǎofàn　8. 篱笆 líba
9. 麻烦 máfan　10. 自己 zìjǐ

朗读指导

　　《达瑞的故事》为我们塑造了一个爱动脑子、聪慧过人的美国孩子的形象。文章通过描述达瑞成功的故事表现他的机灵、聪明、精于观察、勤于思考，说明"发现机会就能成功"的道理。

　　他和成功商人的谈话是重点，两个建议是关键。开始朗读应慢速，娓娓道来，以铺陈孩子的成长过程。得到商人的启迪以后，"人们会有什么难题，他又如何利用这个机会？"用慢速，其中"什么""如何"可用气声，仿佛在自言自语，表现达瑞的思考。"思考"贯穿全文，达瑞发现机会的过程一直处于思考当中，全篇的语速都不宜过快，要带出思索时的语气。第五段中的"一个主意诞生了"要升高语调、快速朗读，表现出惊喜，而"觉得自己简直是飞上了天"更要用兴奋的语调读出来。

　　从"送报纸""运垃圾"到"出书"，从语气到节奏应层层推进，表现他越来越聪明和自信。

4 号作品

　　这是入冬以来，胶东半岛上第一场雪。

　　雪纷纷扬扬，下得很大。开始还伴着一阵儿 ¹ 小雨，不久就只见大片大片的雪花，从彤 ² 云密布的天空中飘落下来。地面上一会儿就白了。冬天的山村，到了夜里就万籁俱寂 ³，只听得雪花簌簌地 ⁴ 不断往下落，树木的枯枝被雪压断了，偶尔咯吱 ⁵ 一声响。

大雪整整下了一夜。今天早晨[6]，天放晴了，太阳出来了。推开门一看，嗬!好大的雪啊!山川、河流、树木、房屋，全都罩上了一层厚厚的雪，万里江山，变成了粉妆玉砌[7]的世界。落光了叶子的柳树上挂满了毛茸茸[8]亮晶晶的银条儿;而那些冬夏常青的松树和柏树[9]上，则挂满了蓬松松沉甸甸[10]的雪球儿。一阵风吹来，树枝轻轻地摇晃，美丽的银条儿和雪球儿簌簌地落下来，玉屑[11]似的[12]雪末儿随风飘扬，映着[13]清晨[14]的阳光，显出一道道五光十色的彩虹。

4号作品音频2个：
《第一场雪》

大街上的积雪足有一尺多深，人踩上去，脚底下发出咯吱咯吱的声响。一群群孩子在雪地里堆雪人，掷[15]雪球。那欢乐的叫喊声，把树枝上的雪都震落下来了。

俗话说："瑞雪兆丰年[16]"。这个话有充分的科学根据，并不是一句迷信的成语。寒冬大雪，可以冻死一部分越冬的害虫;融化了的水渗进土//层深处，又能供应庄稼[17]生长的需要。我相信这一场十分及时的大雪，一定会促进[18]明年春季作物，尤其是小麦的丰收。有经验的老农把雪比作"麦子的棉被"。冬天"棉被"盖得越厚，明春麦子就长得越好，所以又有这样一句谚语："冬天麦盖三层被，来年枕着馒头睡。"

我想，这就是人们为什么把及时的大雪称为"瑞雪"的道理吧。

节选自峻青《第一场雪》

语音提示

1. 一阵儿 yízhènr   2. 彤 tóng   3. 万籁俱寂 wànlàijùjì

4. 簌簌地 sùsùde   5. 咯吱 gēzhī   6. 早晨 zǎochen

7. 粉妆玉砌 fěnzhuāngyùqì   8. 毛茸茸 máoróngróng   9. 柏树 bǎishù

10. 沉甸甸 chéndiāndiān   11. 玉屑 yùxiè   12. 似的 shìde

13. 映着 yìngzhe   14. 清晨 qīngchén   15. 掷 zhì

16. 丰年 fēngnián   17. 庄稼 zhuāngjia   18. 促进 cùjìn

朗读指导

文章用充满喜悦的语言生动细致地描述了胶东半岛入冬以来的第一场雪，人们以畅想丰收的喜悦的心情迎接这场雪。第二段描写下雪的景象，"纷纷扬扬""大片大片""一会儿就白了""不断往下落""被雪压断了"等重音词说明这是一场大雪，下得人们心花怒放，作者的喜悦之情和赞美之情跃然纸上。朗读时应充分调动想象力，建立起视觉景象，犹如亲临其境，与作者共同感受喜悦。朗读时节奏要明快，语调起伏要大一些，"嗬! 好大的雪啊!"充分表达作者的惊喜和兴奋，音量要高一些，充满激情。"毛茸茸、亮晶晶、蓬松松、沉甸甸"等叠音形容词要变调朗读。而"堆雪人、掷雪球"等要读得欢快、跳跃一些，把孩子的活泼劲儿表现出来。结尾一段是议论，表达作者观点，语气应舒缓、沉稳。

5号作品

我常想读书人是世间幸福[1]人，因为他除拥有现实的世界之外，还拥有另一个更为浩瀚[2]也更为丰富的世界。现实的世界是人人都有的，而后一个世界却为读书人所独有。由此我想，那些失去或不能阅读的人是多么的不幸，他们的丧失是不可补偿的。世间有诸多[3]的不平等，财富[4]的不平等，权利的不平等，而阅读能力的拥有或丧失却体现为精神的不平等。

一个人的一生，只能经历自己拥有的那一份欣悦[5]，那一份苦难，也许再加上他亲自闻知

121

的那一些关于自身以外的经历和经验。然而，人们通过阅读，却能进入不同时空的诸多他人的世界。这样，具有阅读能力的人，无形间获得了超越有限生命的无限可能性。阅读不仅使他多识了草木虫鱼之名，而且可以上溯[6]远古下及未来，饱览存在的与非存在的奇风异俗。

更为重要的是，读书加惠于人们的不仅是知识的增广，而且还在于精神的感化与陶冶。人们从读书学做人，从那些往哲先贤以及当代才俊的著述[7]中学得他们的人格。人们从《论语》[8]中学得智慧的思考，从《史记》中学得严肃的历史精神，从《正气歌》中学得人格的刚烈，从马克思学得人世//的激情，从鲁迅学得批判精神，从托尔斯泰学得道德的执着[9]。歌德的诗句刻写着睿智[10]的人生，拜伦的诗句呼唤着奋斗的热情。一个读书人，一个有机会拥有超乎个人生命体验[11]的幸运人。

节选自谢冕《读书人是幸福人》

5号作品音频2个：《读书人是幸福人》

语音提示

1. 幸福 xìngfú　2. 浩瀚 hàohàn　3. 诸多 zhūduō　4. 财富 cáifù　5. 欣悦 xīnyuè
6. 上溯 shàngsù　7. 著述 zhùshù　8. 论语 lúnyǔ　9. 执着 zhízhuó　10. 睿智 ruìzhì
11. 体验 tǐyàn

朗读指导

"读书人是幸福人"是文章要表达的主题，作者以两个世界做比喻，比较读书人所独享的幸福，展现他们丰富的精神世界。文章论点鲜明、论据充分、说理透彻。朗读时应态度明朗，语气坚定，声音明晰，要找准重音，适当停顿，气势连贯，令听众觉得重点突出，条理清楚，具有说服力。

全篇运用比较的手法，对比词应重点突出。首段中，"现实的""另一个""人人""读书人"等词语要形成强烈的对比，在众多的不平等中，"财富""权利""精神"等要重点突出。第二段中的"有限……无限""上溯……下及""存在……非存在"等也要重点突出，才能产生强烈的对比效果。第三段首句的"更为重要的"的"更"字要加长加重，"不仅……而且……"句中的"知识"和"精神"要突出。末段的几个排比句气势连贯，说理透彻，宜稍加快语速，以更加坚定的语气读出，方能显示出无可辩驳的力量，增加文章的说服力。

6号作品

一天，爸爸下班回到家已经很晚了，他很累也有点儿烦，他发现五岁的儿子靠在门旁正等着他。

"爸，我可以问您一个问题吗？"

"什么问题？""爸，您一小时可以赚[1]多少钱？""这与你无关，你为什么问这个问题？"父亲生气地说。

"我只是想知道，请告诉我，您一小时赚多少钱？"小孩儿哀求[2]道。"假如你一定要知道的话，我一小时赚二十美金。"

"哦，"小孩儿低下了头，接着又说，"爸，可以借我十美金吗？"父亲发怒了："如果你只是要借钱去买毫无意义的玩具的话，给我回到你的房间睡觉去。好好想想为什么你会那么自私[3]。我每天辛苦[4]工作，没时间和你玩儿小孩子的游戏。"

小孩儿默默地[5]回到自己的房间关上门。

6号作品音频2个：《二十美金的价值》

父亲坐下来还在生气。后来，他平静下来了。心想他可能对孩子太凶了——或许孩子真的很想买什么东西，再说他平时很少要过钱。

父亲走进孩子的房间："你睡了吗？""爸，还没有，我还醒着 6。"孩子回答。

"我刚才可能对你太凶了，"父亲说，"我不应该发那么大的火儿——这是你要的十美金。""爸，谢谢您。"孩子高兴地从枕头 7 下拿出一些被弄皱 8 的钞票，慢慢地数着。

"为什么你已经有钱了还要？"父亲不解地问。

"因为原来不够，但现在凑 9 够了。"孩子回答，"爸，我现在有//二十美金了，我可以向您买一个小时的时间吗？明天请早一点儿回家——我想和您一起吃晚餐 10。"

节选自唐继柳编译《二十美金的价值》

语音提示

1. 赚 zhuàn   2. 哀求 āiqiú   3. 自私 zìsī   4. 辛苦 xīnkǔ
5. 默默地 mòmòde   6. 醒着 xǐngzhe   7. 枕头 zhěntou   8. 皱 zhòu
9. 凑 còu   10. 晚餐 wǎncān

朗读指导

这篇散文极具现实意义。在忙碌的都市生活中，人们尽管疼爱自己的孩子，却抽不出更多时间陪伴孩子。试想，孩子与父母之间的时间居然要用二十美金来购买，这是多么令人心酸而又无奈的现实！

朗读时要紧紧抓住孩子渴望父爱的急切心情，而父亲却浑然不知来展现矛盾心理。朗读时孩子与父亲的对话要表现出角色性，孩子的语气要尽量舒缓、低声低气；父亲则音高气足，表现他的烦躁和气恼。而父亲走进孩子房间后的对话，朗读时要改变语速，父亲带着内疚，语调变得柔和、缓慢；孩子则因父亲表现出难得的耐心而欣喜，语调提高，语速轻快而跳跃。

123

7 号作品

我爱月夜，但我也爱星天。从前在家乡七八月的夜晚在庭院 1 里纳凉 2 的时候，我最爱看天上密密麻麻 3 的繁星。望着星天，我就会忘记一切，仿佛回到了母亲的怀里似的。

三年前在南京我住的地方有一道后门，每晚我打开后门，便看见一个静寂 4 的夜。下面是一片菜园，上面是星群密布的蓝天。星光在我们的肉眼里虽然微小，然而它使我们觉得光明无处不在。那时候我正在读一些天文学的书，也认得一些星星，好像它们就是我的朋友，它们常常在和我谈话一样。

7 号作品音频 2 个：
《繁星》

如今在海上，每晚和繁星相对，我把它们认得很熟 5 了。我躺在舱面上 6，仰望天空。深蓝色的天空里悬着无数半明半昧 7 的星。船在动，星也在动，它们是这样低，真是摇摇欲坠 8 呢！渐渐地我的眼睛模糊 9 了，我好像看见无数的萤火虫 10 在我的周围飞舞。海上的夜是柔和的，是静寂的，是梦幻的。我望着许多认识的星，我仿佛看见它们在对我眨眼 11，我仿佛听见它们在小声说话。这时我忘记了一切。在星的怀抱中我微笑着，我沉睡着。我觉得自己是一个小孩子，现在睡在母亲的怀里了。

有一夜，那个在哥伦波 12 上船的英国人指给我看天上的巨人。他用手指着：//那四颗明亮的星是头，下面的几颗是身子，这几颗是手，那几颗是腿和脚，还有三颗星是腰带。经他这

一番指点，我果然看清楚了那个天上的巨人。看，那个巨人还在跑呢！

节选自巴金《繁星》

语音提示

1. 庭院 tíngyuàn	2. 纳凉 nàliáng	3. 密密麻麻 mìmìmámá
4. 静寂 jìngjì	5. 熟 shú	6. 舱面上 cāngmiànshang
7. 半明半昧 bànmíngbànmèi	8. 摇摇欲坠 yáoyáoyùzhuì	9. 模糊 móhu
10. 萤火虫 yínghuǒchóng	11. 眨眼 zhǎyǎn	12. 哥伦波 gēlúnbō

朗读指导

　　静夜的海上，作者遥望清澄的天，看着满天的星斗，牵动了对幼年、家乡和母亲的思念。《繁星》这篇抒情散文表达了作者对故乡的怀念、对母亲的依恋，情深意切，意境深远。朗读要把握好自然、平和、亲切的基调。读第一、二段时，要充满想象，用平缓、深沉的语调营造出静谧、浪漫的意境。朗读第三段时，用柔和、感性的语调，尽情享受星空与现实的交融，给人以想象的空间，语调和节奏还应表现出"抑→扬→抑"的变化来，开始时缓慢轻柔，读到"船在动，星也在动"时语速渐快，声音渐高，直到"……在我的周围飞舞"用上扬的语调结束并设置较长的停顿，然后放缓，用轻柔的语气与星星进行心灵的对话，从"这时我忘记了一切"开始，就几乎是自言自语了。

8 号作品

8 号作品音频 2 个：
《父亲的爱》

　　爹不懂得怎样表达爱，使我们一家人融洽[1]相处的是我妈。他只是每天上班下班，而妈则把我们做过的错事开列清单[2]，然后由他来责骂我们。

　　有一次我偷了一块糖果，他要我把它送回去，告诉[3]卖糖的说是我偷来的，说我愿意替他拆箱[4]卸货作为赔偿。但妈妈却明白我只是个孩子。

　　我在运动场打秋千跌断了腿，在前往医院途中一直抱着我的，是我妈。爹把汽车停在急诊室[5]门口，他们叫他驶开，说那空位[6]是留给紧急车辆停放[7]的。爹听了便叫嚷道："你以为这是什么车？旅游车？"

　　在我生日会上，爹总是显得有些不大相称[8]。他只是忙于吹气球，布置餐桌[9]，做杂务。把插着蜡烛的蛋糕推过来让我吹的，是我妈。

　　我翻阅照相册时，人们总是问："你爸爸是什么样子的?"天晓得！他老是忙着替别人拍照。妈和我笑容可掬[10]地一起拍的照片，多得不可胜数。

　　我记得妈有一次叫他教我骑自行车。我叫他别放手，但他却说是应该放手的时候了。我摔倒之后，妈跑过来扶我，爸却挥手要她走开。我当时生气极了，决心要给他点颜色看。于是我马上爬上自行车，而且自己骑给他看。他只是微笑。

　　我念大学时，所有的家信都是妈写的。他除//寄支票外，还寄过一封短柬[11]给我，说因为我没有在草坪[12]上踢足球了，所以他的草坪长得很美。

　　每次我打电话回家，他似乎[13]都想跟我说话，但结果总是说："我叫你妈来接。"

　　我结婚时，掉眼泪的是我妈。他只是大声擤[14]了一下鼻子，便走出房间。

　　我从小到大都听他说："你到哪里去？什么时候回家？汽车有没有汽油？不，不准去。"爹完全不知道怎样表达爱。除非……

会不会是他已经表达了而我却未能察觉？

节选自［美］艾尔玛·邦贝克《父亲的爱》

语音提示

1. 融洽 róngqià　　2. 清单 qīngdān　　　3. 告诉 gàosu　　　4. 拆箱 chāixiāng
5. 室 shì　　　　6. 空位 kòngwèi　　　7. 停放 tíngfàng　　8. 相称 xiāngchèn
9. 餐桌 cānzhuō　10. 笑容可掬 xiàoróngkějū　11. 短柬 duǎnjiǎn　12. 草坪 cǎopíng
13. 似乎 sìhū　　14. 擤 xǐng

朗读指导

本文描写了两代人之间的情感沟通，写孩子对爸爸的感情由不理解到理解、由怨恨到领悟的过程。谈到妈妈，语气中充满了柔情；谈到爸爸，却是怨恨和不理解。文章用几个小故事表现爸爸妈妈表达爱的方式完全不同。朗读时要把握好"埋怨"的分寸，不能过火。例如，爸爸在急诊室门口对人叫嚷的一句："你以为这是什么车？旅游车？"这种愤怒因爱而起，因着急而生，所以在语气急促的同时也要表现出对孩子急切的关爱。最后两段是作者理解父爱的关键，"除非"二字要用疑惑的语气缓缓读出，且设置较长时间的停顿，然后用缓慢、深沉并略带自责的语调读出"会不会是他已经表达了而我却未能察觉"。

9 号作品

一个大问题一直盘踞[1]在我脑袋里：世界杯怎么会有如此巨大的吸引力？除去足球本身的魅力[2]之外，还有什么超乎其上而更伟大的东西？

近来观看世界杯，忽然从中得到了答案[3]：是由于一种无上崇高[4]的精神情感——国家荣誉感！

125

9 号作品音频 2 个：
《国家荣誉感》

地球上的人都会有国家的概念，但未必时时都有国家的感情。往往人到异国，思念家乡，心怀故国，这国家概念就变得有血有肉，爱国之情来得非常具体。而现代社会，科技昌达，信息快捷[5]，事事上网，世界真是太小太小，国家的界限似乎也不那么清晰[6]了。再说足球正在快速世界化，平日里各国球员频繁[7]转会，往来随意，致使越来越多的国家联赛都具有国际的因素。球员们不论国籍，只效力于自己的俱乐部，他们比赛[8]时的激情中完全没有爱国主义的因子。

然而，到了世界杯大赛，天下大变。各国球员都回国效力，穿上与光荣的国旗同样色彩的服装。在每一场比赛前，还高唱国歌以宣誓对自己祖国的挚爱[9]与忠诚[10]。一种血缘[11]情感开始在全身的血管里燃烧起来，而且立刻热血沸腾。

在历史时代，国家间经常发生对抗，好男儿戎装[12]卫国。国家的荣誉往往需要以自己的生命去//换取。但在和平年代，唯有这种国家之间大规模对抗性的大赛，才可以唤起那种遥远而神圣的情感，那就是：为祖国而战！

节选自冯骥才《国家荣誉感》

语音提示

1. 盘踞 pánjù　　2. 魅力 mèilì　　　3. 答案 dá'àn　　　4. 崇高 chónggāo
5. 快捷 kuàijié　6. 清晰 qīngxī　　7. 频繁 pínfán　　8. 比赛 bǐsài
9. 挚爱 zhì'ài　10. 忠诚 zhōngchéng　11. 血缘 xuèyuán　12. 戎装 róngzhuāng

朗读指导

"国家荣誉感"是本文的核心，作者对此大加赞扬。开篇的两个设问句，既问自己又问观众，"怎么会""什么"两个疑问句要加重语气，用上扬的语调朗读，以引起大家的好奇和关注。紧接着作者做出的肯定回答，语气要坚定，重音落在"无上崇高"上，而"国家荣誉感"几个字要字字铿锵有力。第三、四段采取对比手法，比较球员平时和世界杯期间的表现，第四段的"光荣的国旗""同样色彩""高唱国歌"等词语，要用饱满的声音和昂扬的语调读出来。文末"为祖国而战！"是点题之句，更应字字着力，铿锵有致，掷地有声！

10 号作品

夕阳落山不久，西方的天空，还燃烧着一片橘红 [1] 色的晚霞。大海，也被这霞光染成 [2] 了红色，而且比天空的景色 [3] 更要壮观。因为它是活动的，每当一排排波浪涌起的时候，那映照在浪峰 [4] 上的霞光，又红又亮，简直就像一片片霍霍燃烧着的火焰 [5]，闪烁着，消失了。而后面的一排，又闪烁着，滚动着，滚了过来。

天空的霞光渐渐地淡下去了，深红的颜色变成了绯红，绯红又变为浅红。最后，当这一切红光都消失了的时候，那突然显得高而远了的天空，则呈现 [6] 出一片肃穆 [7] 的神色。最早出现的启明星，在这蓝色的天幕上闪烁起来了。它是那么大，那么亮，整个广漠的天幕上只有它在那里放射着令人注目 [8] 的光辉，活像一盏悬挂在高空的明灯。

夜色加浓，苍空中的"明灯" [9] 越来越多了。而城市各处的真的灯火也次第亮了起来，尤其是围绕在海港周围山坡上的那一片灯光，从半空倒映 [10] 在乌蓝的海面上，随着波浪，晃动 [11] 着，闪烁着，像一串流动着的珍珠，和那一片片密布在苍穹 [12] 里的星斗互相辉映，煞 [13] 是好看。

在这幽美的夜色中，我踏着软绵绵的沙滩，沿着海边，慢慢儿地向前走去。海水，轻轻地抚摸着细软的沙滩，发出温柔//的刷刷声。晚来的海风，清新而又凉爽。我的心里，有着说不出的兴奋 [14] 和愉快。

夜风轻飘飘地吹拂着，空气中飘荡着一种大海和田禾相混合 [15] 的香味儿，柔软的沙滩上还残留着白天太阳炙晒 [16] 的余温。那些在各个工作岗位上劳动了一天的人们，三三两两地来到这软绵绵的沙滩上，他们浴着凉爽的海风，望着那缀满了星星的夜空，尽情地说笑，尽情 [17] 地休憩 [18]。

节选自峻青《海滨仲夏夜》

语音提示

1. 橘红 júhóng	2. 染成 rǎnchéng	3. 景色 jǐngsè	4. 浪峰 làngfēng
5. 火焰 huǒyàn	6. 呈现 chéngxiàn	7. 肃穆 sùmù	8. 令人注目 lìngrénzhùmù
9. 明灯 míngdēng	10. 倒映 dàoyìng	11. 晃动 huàngdòng	12. 苍穹 cāngqióng
13. 煞 shà	14. 兴奋 xīngfèn	15. 混合 hùnhé	16. 炙晒 zhìshài
17. 尽情 jìnqíng	18. 休憩 xiūqì		

朗读指导

这篇散文描绘了仲夏海滨，从夕阳落山到夜色渐浓，天空晚霞的千变万化的美丽夜景，基调温馨而惬意。朗读时要充分发挥想象力，感受作者笔下的天空每个瞬间的变化：红色霞光的动感，颜色层次的变换（橘红—深红—浅红）；启明星升起；苍穹明灯与人间灯火相互辉

10 号作品音频 2 个：
《海滨仲夏夜》

映；蓝天的明和海面的暗互相映衬……并用饱满的语气、柔和的声调、有规律的节奏，把这种感受和体会传达出来。第三段中的"次第亮了""倒映""晃动""闪烁""辉映"等都是描述优美夜色的关键词，朗读时要格外注意。

11 号作品

生命在海洋里诞生[1]绝不是偶然的，海洋的物理和化学性质，使它成为孕育[2]原始生命的摇篮。

我们知道，水是生物的重要组成部分，许多动物组织的含水量在百分之八十以上，而一些海洋生物的含水量高达百分之九十五。水是新陈代谢的重要媒介[3]，没有它，体内的一系列生理和生物化学反应就无法进行，生命也就停止。因此，在短时期内动物缺水要比缺少食物更加危险。水对今天的生命是如此重要，它对脆弱[4]的原始生命，更是举足轻重了。生命在海洋里诞生，就不会有缺水之忧。

水是一种良好的溶剂[5]。海洋中含有许多生命所必需的无机盐，如氯化钠[6]、氯化钾、碳酸盐、磷酸[7]盐，还有溶解氧，原始生命可以毫不费力地从中吸取它所需要的元素。

水具有很高的热容量，加之海洋浩大，任凭夏季烈日曝晒[8]，冬季寒风扫荡，它的温度变化却比较小。因此，巨大的海洋就像是天然的"温箱"，是孕育原始生命的温床[9]。

阳光虽然为生命所必需，但是阳光中的紫外线却有扼杀[10]原始生命的危险。水能有效地吸收紫外线，因而又为原始生命提供了天然的"屏障"[11]。

这一切都是原始生命得以产生和发展的必要条件。//

节选自童裳亮《海洋与生命》

11 号作品音频 2 个：
《海洋与生命》

语音提示

1. 诞生 dànshēng　　2. 孕育 yùnyù　　3. 媒介 méijiè　　4. 脆弱 cuìruò
5. 溶剂 róngjì　　6. 氯化钠 lǜhuànà　　7. 磷酸 línsuān　　8. 曝晒 pùshài
9. 温床 wēnchuáng　　10. 扼杀 èshā　　11. 屏障 píngzhàng

朗读指导

这是一篇说明文，说明海洋是生命的摇篮。文章结构严谨，有总述、分述和总结，条理清楚明晰。文章用了比喻手法令语意生动形象、浅显通俗，朗读时要把握好文章的层次脉络，每段之间停顿稍长些，表现出层次感。朗读说明文不必加入情感成分，语调平实，节奏平稳，语速采用中速即可。练读前要理解文意，找准重音；长句子要处理好停顿，避免读破音。对比句的重音处理也很重要，如"水对今天的生命如此重要，它对脆弱的原始生命，更是举足轻重了"一句，只要突出"水""今天""原始""更"，语意就清楚明白了。

12 号作品

读小学的时候，我的外祖母过世了。外祖母生前最疼爱[1]我，我无法排除自己的忧伤，每天在学校的操场上一圈儿[2]又一圈儿地跑着，跑得累倒在地上，扑在草坪上痛哭。

那哀痛的日子，断断续续地持续[3]了很久，爸爸妈妈也不知道如何安慰[4]我。他们知道与其骗我说外祖母睡着了，还不如对我说实话：外祖母永远不会回来了。

"什么是永远不会回来呢？"我问着。

"所有时间里的事物，都永远不会回来。你的昨天过去，它就永远变成昨天，你不能再回到昨天。爸爸以前也和你一样小，现在也不能回到你这么小的童年了；有一天你会长大，你会像外祖母一样老；有一天你度过了你的时间，就永远不会回来了。"爸爸说。

爸爸等于⁵给我一个谜语，这谜语比课本上的"日历挂在墙壁上，一天撕去一页，使我心里着急"和"一寸光阴一寸金，寸金难买寸光阴"还让我感到可怕；也比作文本上的"光阴似箭，日月如梭"更让我觉得有一种说不出的滋味儿⁶。

时间过得那么飞快，使我的小心眼儿里不只是着急⁷，而是悲伤。有一天我放学回家，看到太阳快落山了，就下决心说："我要比太阳更快地回家。"我狂奔⁸回去，站在庭院⁹前喘气的时候，看到太阳//还露着¹⁰半边脸¹¹，我高兴地跳跃¹²起来，那一天我跑赢了太阳。以后我就时常做那样的游戏，有时和太阳赛跑，有时和西北风比快，有时一个暑假¹³才能做完的作业，我十天就做完了；那时我三年级，常常把哥哥五年级的作业拿来做。每一次比赛胜过时间，我就快乐得不知道怎么¹⁴形容¹⁵……

如果将来我有什么要教给我的孩子，我会告诉他：假若你一直和时间比赛，你就可以成功！

节选自（中国台湾）林清玄《和时间赛跑》

12 号作品音频 2 个：
《和时间赛跑》

语音提示

1. 疼爱 téng'ài	2. 圈儿 quānr	3. 持续 chíxù	4. 安慰 ānwèi
5. 等于 děngyú	6. 滋味儿 zīwèir	7. 着急 zháojí	8. 狂奔 kuángbēn
9. 庭院 tíngyuàn	10. 露着 lòuzhe	11. 半边脸 bànbiānliǎn	12. 跳跃 tiàoyuè
13. 暑假 shǔjià	14. 怎么 zěnme	15. 形容 xíngróng	

朗读指导

本文有一个别具一格的开头，它用失去至亲的痛苦引出"时间一去不回头"的严峻命题，说明时间的流逝跟亲人的离去一样是永远追不回来的，以此表达时间的珍贵，说明珍惜时间、善用时间的重要性。第一、二段要用缓慢低沉的语调朗读，表现失去的痛苦，为下一段时光的宝贵埋下伏笔。问爸爸的语句，声调稍扬，表现儿童的天真和疑惑；爸爸的回答应缓速低沉一些，表达爸爸作为过来人对已逝时光的伤感。第五段引号内俗语名言的语义要连贯，以区别于引号外的意思。第六、七段的感情由悲伤转向喜悦，节奏应明快一些，表现作者跑在时间前面而达到成功的喜悦。

13 号作品

三十年代初，胡适在北京大学任教授。讲课时他常常对白话文大加赞赏¹，引起一些只喜欢文言文而不喜欢白话文的学生的不满。

一次，胡适正讲得得意的时候，一位姓魏²的学生突然站了起来，生气地问："胡先生，难道说白话文就毫无缺点吗？"胡适微笑着回答说："没有。"那位学生更加³激动了："肯定有！白话文废话太多，打电报用字多，花钱多。"胡适的目光顿时变亮了，轻声⁴地解释⁵说："不

13 号作品音频 2 个：
《胡适的白话电报》

一定吧！前几天有位朋友给我打来电报，请我去政府部门工作，我决定不去，就回电拒绝了。复电是用白话写的，看来也很省字。请同学们根据我这个意思，用文言文写一个回电，看看究竟⁶是白话文省字，还是文言文省字？"胡教授刚说完，同学们立刻⁷认真地写了起来。

十五分钟过去，胡适让同学举手，报告用字的数目，然后挑了一份用字最少的文言电报稿，电文是这样写的：

"才疏学浅⁸，恐难胜任，不堪⁹从命。"白话文的意思是：学问不深，恐怕很难担任这个工作，不能服从安排。

胡适说，这份写得确实不错，仅用了十二个字，但我的白话电报却只用了五个字：

"干不了，谢谢！"

胡适又解释说："干不了"就是才疏学浅、恐难胜任¹⁰的意思；"谢谢"既//对朋友的介绍表示感谢，又有拒绝的意思。所以，废话多不多，并不看它是文言文还是白话文，只要注意选用字词，白话文是可以比文言文更省字的。

节选自陈灼主编《使用汉语中级教程》（上）中《胡适的白话电报》

语音提示

1. 赞赏 zànshǎng　2. 魏 wèi　3. 更加 gèngjiā　4. 轻声 qīngshēng
5. 解释 jiěshì　6. 究竟 jiūjìng　7. 立刻 lìkè　8. 才疏学浅 cáishūxuéqiǎn
9. 不堪 bùkān　10. 胜任 shèngrèn

朗读指导

这是个很有趣的故事，胡适先生通过课堂上的实例来比较文言文和白话文哪个更简洁。故事内容以胡适和学生的对话为主。因双方各自的心理状态不同，对话带有鲜明的语言特性。朗读时要凸显双方的角色特点，在声音表达上体现个性。学生不认同先生的看法，一心想驳倒他，"突然站了起来""生气""更加激动"等词语的语气为朗读者提供了准确的心理依据，需要用高声、快速、强硬的语调来表现强烈不满和不服气。表现胡适先生的形象，一是胸有成竹，二是良好修养。朗读他的话要慢条斯理、温文柔顺、语调沉稳、语速稍慢，使他的话具有说服力。

129

14 号作品

对于一个在北平住惯的人，像我，冬天要是不刮风，便觉得是奇迹；济南的冬天是没有风声¹的。对于一个刚由伦敦回来的人，像我，冬天要能看得见²日光，便觉得是怪事；济南³的冬天是响晴⁴的。自然，在热带的地方，日光是永远那么毒，响晴的天气，反有点儿叫人害怕。可是，在中国北方的冬天，而能有温晴的天气，济南真得算个宝地。

14 号作品音频 2 个：
《济南的冬天》

设若单单是有阳光，那也算不了出奇。请闭上眼睛想：一个老城，有山有水，全在天底下晒着阳光，暖和⁵安适地睡着，只等春风来把它们唤醒，这是不是理想的境界？小山整把济南围了个圈儿，只有北边缺着点口儿。这一圈小山在冬天特别可爱，好像是把济南放在一个小摇篮里，它们安静⁶不动地低声地说："你们放心吧，这儿准保暖和。"真的，济南的人们在冬天是面上含笑的。他们一看那些小山，心中便觉得有了着落，有了依靠。他们由天上看到山上，便不知不觉地想起："明天也许就是春天了吧？这样的温暖，今天夜里山草也许就绿起来了吧？"就是这点幻想不能一时实现，他们也并不着急，因为这样慈善 7 的冬天，干啥还希望别的呢！

最妙的是下点小雪呀。看吧，山上的矮松越发青黑，//树尖上顶着一髻儿 8 白花，好像日本看护妇。山尖全白了，给蓝天镶上 9 一道银边 10。山坡上，有的地方雪厚点，有的地方草色还露着；这样，一道儿白，一道儿暗黄，给山们穿上一件带水纹儿 11 的花衣；看着看着，这件花衣好像被风儿吹动，叫你希望看见一点更美的山的肌肤。等到快日落的时候，微黄的阳光斜射在山腰上，那点薄雪 12 好像忽然害了羞，微微露出点儿粉色。就是下小雪吧，济南是受不住大雪的，那些小山太秀气。

节选自老舍《济南的冬天》

语音提示

1. 风声 fēngshēng   2. 看得见 kàndejiàn   3. 济南 jǐnán   4. 响晴 xiǎngqíng
5. 暖和 nuǎnhuo   6. 安静 ānjìng   7. 慈善 císhàn   8. 一髻儿 yíjìr
9. 镶上 xiāngshàng   10. 银边 yínbiān   11. 水纹儿 shuǐwénr   12. 薄雪 báoxuě

朗读指导

本文中老舍先生以极其真挚的情感歌颂济南的冬天，以深情的语言描写了其种种可爱之处：晴朗的天空、缺口的山、冬天的小雪……文笔优美、感情细腻，语言极具韵律美。朗读时要自始至终把握好"真情"二字，让听众有一种身临其境之感。如第三段，被小雪装扮的大地色彩丰富、层次鲜明，令人产生无限的遐想：树尖儿的一髻儿白花像日本看护妇；山尖儿的白雪像给蓝天镶的一道银边；山坡上的一道儿白一道儿黄的雪景像水纹儿的花衣……用拟人的手法形容被雪覆盖的小山，令人产生美的联想！老舍先生语言口语化强，儿化音多，朗读时注意尽量读得自然地道。

15 号作品

纯朴的家乡村边有一条河，曲曲弯弯，河中架一弯石桥，弓样的小桥横跨两岸。

每天，不管是鸡鸣晓月，日丽中天，还是月华泻地，小桥都印下串串足迹 1，洒落 2 串串汗珠。那是乡亲为了追求多棱 3 的希望，兑现 4 美好的遐想 5。弯弯小桥，不时荡过轻吟 6 低唱，不时露出舒心的笑容。

因而，我稚小的心灵，曾将心声献给小桥：你是一弯银色的新月，给人间普照光辉；你是一把闪亮的镰刀，割刈 7 着欢笑的花果；你是一根晃悠悠 8 的扁担 9，挑起了彩色的明天！哦，小桥走进我的梦中。

我在飘泊他乡的岁月，心中总涌动着故乡的河水，梦中总看到弓样的小桥。当我访南疆探北国，眼帘闯进座座雄伟的长桥时，我的梦变得丰满 10 了，增添了赤橙 11 黄绿青蓝紫。

三十多年过去，我戴着满头霜花回到故乡，第一紧要的便是去看望小桥。

啊！小桥呢？它躲起来了？河中一道长虹，浴着朝霞熠熠 12 闪光。哦，雄浑的大桥敞开胸怀，汽车的呼啸、摩托的笛音、自行车的叮铃 13，合奏着进行交响乐；南来的钢筋、花布，北往的柑橙、家禽，绘出交流欢悦图……

啊！蜕变 14 的桥，传递了家乡进步的消息，透露了家乡富裕的声音。时代的春风，美好的追求，我蓦地 15 记起儿时唱//给小桥的歌，哦，明艳艳的太阳照耀了，芳香甜蜜的花果捧来了，

15 号作品音频 2 个：
《家乡的桥》

五彩斑斓 ^16 的岁月拉开了！

我心中涌动的河水，激荡起甜美的浪花。我仰望一碧 ^17 蓝天，心底轻声呼喊：家乡的桥呀，我梦中的桥！

节选自郑莹《家乡的桥》

语音提示

1. 足迹 zújì
2. 洒落 sǎluò
3. 多棱 duōléng
4. 兑现 duìxiàn
5. 遐想 xiáxiǎng
6. 轻吟 qīngyín
7. 割刈 gēyì
8. 晃悠悠 huàngyōuyōu
9. 扁担 biǎndan
10. 丰满 fēngmǎn
11. 赤橙 chìchéng
12. 熠熠 yìyì
13. 叮铃 dīnglíng
14. 蜕变 tuìbiàn
15. 蓦地 mòdì
16. 斑斓 bānlán
17. 一碧 yíbì

朗读指导

本文通过对童年记忆中的家乡小桥和现实中的雄浑大桥进行对比，歌颂家乡的巨变。散文前半部着力描写多年来一直牵动着作者情思的家乡小桥，感情真挚而热烈，文字优美而细腻。首段缓速领起，深情地述描记忆中的家乡小桥，"曲曲弯弯""弓样"要着力朗读，让听众与你一起构建出小桥的具体形象。第三段中的三个排比句倾注了作者浓浓深情。"银色的新月""闪亮的镰刀""晃悠悠的扁担"三个贴切的比喻是家乡小桥留给作者的永久的印记。朗读时要充满激情，声音柔和明亮，节奏舒缓流畅，感情真挚而浓烈，语句要从心底流淌出来。第五段宜用急促的节奏表现出作者老大回家的急切心情。第六段是作者阔别了家乡几十年后，回家看到家乡的巨变所发出的惊叹，朗读节奏要加快，声调要提高，语气中充满惊喜和自豪，顿号前后不设停顿，用急速、欢快的语调表现如今的家乡繁荣热闹、欣欣向荣的景象。

16 号作品

三百多年前，建筑设计师莱伊恩 ^1 受命设计了英国温泽市政府大厅，他运用工程力学的知识，依据自己多年的实践，巧妙地设计了只用一根柱子支撑 ^2 的大厅天花板。一年以后，市政府权威人士进行工程验收时，却说只用一根柱子支撑天花板太危险，要求莱伊恩再多加几根柱子。

16 号作品音频 2 个：
《坚守你的高贵》

莱伊恩自信只要一根坚固的柱子足以保证大厅安全，他的"固执" ^3 惹恼 ^4 了市政官员，险些被送上法庭。他非常苦恼，坚持自己原先的主张吧，市政官员肯定会另找人修改设计；不坚持吧，又有悖 ^5 自己为人的准则。矛盾了很长一段时间，莱伊恩终于想出了一条妙计，他在大厅里增加了四根柱子，不过这些柱子并未与天花板接触 ^6，只不过是装装样子。

三百多年过去了，这个秘密始终没有被人发现。直到前两年，市政府准备修缮 ^7 大厅的天花板，才发现莱伊恩当年的"弄虚作假"。消息传出后，世界各国的建筑专家和游客云集，当地政府对此也不加掩饰 ^8，在新世纪到来之际，特意将大厅作为一个旅游景点对外开放，旨在引导人们崇尚 ^9 和相信科学。

作为一名建筑师，莱伊恩并不是最出色的。但作为一个人，他无疑非常伟大，这种//伟大表现在他始终恪守 ^10 着自己的原则，给高贵的心灵一个美丽的住所，哪怕是遭遇 ^11 到最大的

阻力，也要想办法抵达 [12] 胜利。

节选自游宇明《坚守你的高贵》

语音提示

1. 莱伊恩 láiyī'ēn　　2. 支撑 zhīchēng　　3. 固执 gùzhi　　4. 惹恼 rěnǎo

5. 悖 bèi　　　　　6. 接触 jiēchù　　　7. 修缮 xiūshàn　　8. 掩饰 yǎnshì

9. 崇尚 chóngshàng　10. 恪守 kèshǒu　　11. 遭遇 zāoyù　　12. 抵达 dǐdá

朗读指导

　　本文通过讲述建筑设计师莱伊恩坚持自己的主张建设市政厅的故事，赞扬莱伊恩不屈从于压力，坚持科学真理、恪守做人原则的精神。朗读时语速要平稳，情感起伏不要太大，找准重音词来突出莱伊恩的性格特点。首段的第一句要突出"多年""巧妙""只用一根"等词语，暗示即将出现的矛盾和争议。第二段中"自信""固执"等词，要加重语气。读到他苦恼时，要放慢语速，降低音量，表现他在沉重压力下对"屈从"或"坚持"的艰难选择。在"坚持……吧""不坚持吧"之后的逗号处设置较长的停顿，表现他的犹豫和为难。第三段是秘密被揭开后人们的惊讶和表现出来的对莱伊恩的崇敬。最后一段揭示主题，语气要坚定、从容，重点突出"非常伟大""始终恪守""也要想办法"等词语，以表达赞扬的感情。

17 号作品

132

　　自从传言有人在萨文河畔 [1] 散步时无意发现了金子后，这里便常有来自四面八方的淘金者。他们都想成为富翁，于是寻遍了整个河床，还在河床上挖出很多大坑，希望借助它们找到更多的金子。的确，有一些人找到了，但另外一些人因为一无所获而只好扫兴 [2] 归去。也有不甘心落空的，便驻扎 [3] 在这里，继续寻找。彼得·弗雷特 [4] 就是其中一员。他在河床附近买了一块没人要的土地，一个人默默地工作。他为了找金子，已把所有的钱都押在这块土地上。他埋头苦干了几个月，直到土地全变成了坑坑洼洼 [5]，他失望了——他翻遍了整块土地，但连一丁点儿 [6] 金子都没看见。

17 号作品音频 2 个：
《金子》

　　六个月后，他连买面包的钱都没有了。于是他准备离开这儿到别处去谋生。

　　就在他即将离去的前一个晚上，天下起了倾盆 [7] 大雨，并且一下就是三天三夜。雨终于停了，彼得走出小木屋，发现眼前的土地看上去好像和以前不一样：坑坑洼洼已被大水冲刷 [8] 平整 [9]，松软的土地上长出一层绿茸茸 [10] 的小草。

　　"这里没找到金子，"彼得忽有所悟地说，"但这土地很肥沃 [11]，我可以用来种花，并且拿到镇上去卖给那些富人，他们一定会买些花装扮他们华丽的客//厅。如果真是这样的话，那么我一定会赚许多钱，有朝一日我也会成为富人……"

　　于是他留了下来。彼得花了不少精力 [12] 培育花苗，不久田地里长满了美丽娇艳的各色鲜花。

　　五年以后，彼得终于实现了他的梦想——成了一个富翁 [13]。"我是唯一的一个找到真金的人！"他时常不无骄傲地告诉别人，"别人在这儿找不到金子后便远远地离去，而我的'金子'是在这块土地里，只有诚实 [14] 的人用勤劳才能采集到。"

节选自陶猛译《金子》

语音提示

1. 河畔 hépàn
2. 扫兴 sǎoxìng
3. 驻扎 zhùzhā
4. 弗雷特 fúléitè
5. 坑坑洼洼 kēngkēngwāwā
6. 一丁点儿 yìdīngdiǎnr
7. 倾盆 qīngpén
8. 冲刷 chōngshuā
9. 平整 píngzhěng
10. 绿茸茸 lùróngróng
11. 肥沃 féiwò
12. 精力 jīnglì
13. 富翁 fùwēng
14. 诚实 chéngshí

朗读指导

本文通过彼得淘金的故事，揭示一个生活哲理：运气不可靠，只有依靠自己的双手，脚踏实地，努力勤奋地工作才能创造幸福生活。首段是背景介绍，第二段写彼得的希望和失望，朗读时应有语气和节奏上的变化，彼得是真心希望能找到金子，所以他也真心付出，"默默地工作""所有的钱都押在这土地上""埋头苦干了几个月"，说明了他的真心，朗读时要用平和稳重的语调，为彼得后来的醒悟打下基础。彼得去淘金是想通过自己的努力取得成功，但终究还是失望了，这种打击是沉重的，转而用低沉、慢速的语调来表达，尤其突出"连一丁点儿金子都没看见"。第四段是彼得的顿悟，语调要转向明朗、轻快，以喜悦的心情表现他重获信心。结尾一段彼得如愿以偿，骄傲地表白："我是唯一的一个找到真金的人！""唯一""真金"是重音，要用坚定自豪的语气读出来。

18 号作品

我在加拿大学习期间遇到过两次募捐，那情景[1]至今使我难以忘怀。

一天，我在渥太华[2]的街上被两个男孩子拦住去路。他们十来岁，穿得整整齐齐[3]，每人头上戴着个做工精巧、色彩鲜艳的纸帽，上面写着"为帮助患小儿麻痹[4]的伙伴募捐"。其中的一个，不由分说就坐在小凳上给我擦起皮鞋来，另一个则彬彬有礼地发问："小姐，您是哪国人？喜欢渥太华吗？""小姐，在你们国家里有没有小孩儿患小儿麻痹？谁给他们医疗费？"一连串的问题，使我这个有生以来头一次在众目睽睽[5]之下让别人擦鞋[6]的异乡人，从近乎狼狈的窘态中解脱出来。我们像朋友[7]一样聊起天儿[8]来……

几个月之后，也是在街上。一些十字路口处或车站坐着几位老人。他们满头银发，身穿各种老式军装，上面布满了大大小小形形色色的徽章、奖章，每人手捧一大束鲜花，有水仙、石竹、玫瑰[9]及叫不出名字的，一色雪白。匆匆过往的行人纷纷止步，把钱投进这些老人身旁的白色木箱内，然后向他们微微鞠躬[10]，从他们手中接过一朵花。我看了一会儿，有人投一两元，有人投几百元，还有人掏出支票填好后投进木箱。那些老军人毫不注意人们捐多少钱，//一直不停地向人们低声道谢。同行[11]的朋友告诉我，这是为纪念二次大战中参战[12]的勇士，募捐救济残废军人和烈士遗孀[13]，每年一次；认捐的人可谓踊跃[14]，而且秩序井然[15]，气氛庄严，有些地方，人们还耐心地排着队。我想，这是因为他们都知道：正是这些老人们的流血[16]牺牲换来了包括他们信仰自由在内的许许多多。

我两次把那微不足道的一点儿钱捧给他们，只想对他们说声"谢谢"。

节选自青白《捐诚》

18 号作品音频 2 个：
《捐诚》

语音提示

1. 情景 qíngjǐng　　2. 渥太华 wòtàihuá　　3. 整整齐齐 zhěngzhěngqíqí　　4. 麻痹 mábì

5. 睽睽 kuíkuí　　6. 擦鞋 cāxié　　7. 朋友 péngyou　　8. 天儿 tiānr

9. 玫瑰 méigui　　10. 鞠躬 jūgōng　　11. 同行 tóngxíng　　12. 参战 cānzhàn

13. 遗孀 yíshuāng　　14. 踊跃 yǒngyuè　　15. 秩序井然 zhìxùjǐngrán　　16. 流血 liúxuè

朗读指导

本文题目是《捐诚》，而不是捐"钱"。作者以两次募捐来描写"真诚"：一次是孩子为残障人士募捐，一次是老人为阵亡的勇士募捐。募捐者募之以真，向需要帮助的人表示尊敬；捐助者捐之以诚，为需要帮助的人献上无限的敬意。全篇文风平实，朗读时语调不要夸张，宜用平缓的语速慢慢道来。第二段对话，语调可轻松些，孩子的问话声可提高一些，以表现其天真无邪。第三段朗读描述募捐者老军人的句子时，要突出他们的装扮，"满头银发""老式军装""形形色色的徽章、奖章"中"满、银、老、徽、奖"等重音字加重语气，发自内心地表达出对这些募捐者的敬重，体现出募捐活动的庄重，以增添文章的感染力。另外，文章中"一""不"出现较多，朗读时要留意它们的变调。

19 号作品

没有一片绿叶，没有一缕炊烟，没有一粒泥土，没有一丝花香，只有水的世界，云的海洋。

一阵台风袭过，一只孤单的小鸟无家可归，落到被卷到海里的木板上，乘[1]流而下，姗姗而来，近了，近了……

忽然，小鸟张开翅膀，在人们头顶盘旋了几圈[2]，"噗啦"一声落到了船上。许是累了？还是发现了"新大陆"？水手撵[3]它它不走，抓它，它乖乖地落在掌心。可爱的小鸟和善良的水手结成了朋友。瞧，它多美丽，娇巧的小嘴[4]，啄理着绿色的羽毛，鸭子样的扁脚，呈现出春草的鹅黄。水手们把它带到舱里，给它"搭铺"，让它在船上安家落户，每天，把分到的一塑料筒淡水匀给它喝，把从祖国带来的鲜美的鱼肉分给它吃，天长日久，小鸟和水手的感情日趋笃厚[5]。清晨，当第一束阳光射进舷窗[6]时，它便敞开美丽的歌喉，唱啊[7]唱，嘤嘤有韵，婉如春水淙淙[8]。人类给它以生命，它毫不悭吝[9]地把自己的艺术青春奉献给了哺育它的人。可能都是这样？艺术家们的青春只会献给尊敬[10]他们的人。

小鸟给远航生活蒙上一层浪漫色调，返航时，人们爱不释手，恋恋不舍地想把它带到异乡。可小鸟憔悴[11]了，给水，不喝！喂肉，不吃！油亮的羽毛失去了光泽。是啊[12]，我//们有自己的祖国，小鸟也有它的归宿[13]，人和动物都是一样啊，哪儿也不如故乡好！

慈爱的水手们决定放开它，让它回到大海的摇篮去，回到蓝色的故乡去。离别前，这个大自然的朋友与水手们留景纪念。它站在许多人的头上，肩上，掌上，胳膊[14]上，与喂养过它的人们，一起融进那蓝色的画面……

节选自王文杰《可爱的小鸟》

19 号作品音频 2 个：
《可爱的小鸟》

语音提示

1. 乘 chéng　　2. 几圈 jǐquān　　3. 撵 niǎn　　4. 小嘴 xiǎozuǐr

5. 笃厚 dǔhòu　　6. 舷窗 xiánchuāng　　7. 啊 na　　8. 淙淙 cóngcóng

9. 悭吝 qiānlìn　　10. 尊敬 zūnjìng　　11. 憔悴 qiáocuì　　12. 啊 ra
13. 归宿 guīsù　　14. 胳膊 gēbo

朗读指导

　　文章描写了水手寂寞枯燥的海洋生活，因为一只不请自来的小鸟而变得富有生气。先描写水手与小鸟之间的温情，并借小鸟对故乡的依恋来表达水手们对故土和祖国的热爱。本文基调温馨、动人，平淡中蕴含着深情。朗读时要把握住这个基调，用平缓的速度、舒展的节奏，自然地表现出来。第一段排比句要读得缓慢、低沉，突出寂寞呆板的海洋生活。第二、三段小鸟给大家带来了惊喜和愉悦，节奏变得轻快，声调稍微提高。朗读时要建立身临其境的想象，与水手们共同去感受，描写小鸟神态动作的语句要读得活泼一些。第四段由小鸟的不吃不喝引发了作者对家园的联想，感情深沉，音量降低，语调渐趋平缓，甚至略带哀愁。最后一段水手放飞喂养过的小鸟，没有离愁别绪，却充满了回忆故乡的欢乐，语调可转向明快。

20 号作品

　　纽约的冬天常有大风雪，扑面的雪花不但令人难以睁开眼睛 [1]，甚至呼吸都会吸入冰冷的雪花。有时前一天晚上还是一片晴朗 [2]，第二天拉开窗帘，却已经积雪盈尺 [3]，连门都推不开了。

　　遇到这样的情况，公司、商店常会停止上班，学校也通过广播，宣布停课。但令人不解的是，唯 [4] 有公立小学，仍然开放。只见黄色的校车，艰难地在路边接孩子，老师则一大早就口中喷着热气，铲去车子前后的积雪，小心翼翼 [5] 地开车去学校。

20 号作品音频 2 个：
《课不能停》

135

　　据统计，十年来纽约的公立小学只因为超级暴风雪停过七次课。这是多么令人惊讶的事。犯得着在大人都无须上班的时候让孩子去学校吗？小学的老师也太倒霉 [6] 了吧？

　　于是，每逢大雪而小学不停课时，都有家长打电话去骂。妙的是，每个打电话的人，反应全一样——先是怒气冲冲地责问，然后满口道歉，最后笑容满面地挂上电话。原因是，学校告诉家长：

　　在纽约有许多百万富翁，但也有不少贫困的家庭。后者白天开不起暖气，供不起午餐 [7]，孩子的营养全靠学校里免费的中饭，甚至可以多拿些回家当晚餐。学校停课一天，穷孩子就受一天冻，挨 [8] 一天饿，所以老师们宁愿 [9] 自己苦一点儿 [10]，也不能停课。//

　　或许有家长会说：何不让富裕的孩子在家里，让贫穷的孩子去学校享受暖气和营养午餐呢？

　　学校的答复是：我们不愿让那些穷苦的孩子感到他们是在接受救济，因为施舍的最高原则是保护受施者的尊严。

节选自（中国台湾）刘墉《课不能停》

语音提示

1. 眼睛 yǎnjing　　2. 晴朗 qínglǎng　　3. 积雪盈尺 jīxuěyíngchǐ　　4. 唯 wéi
5. 小心翼翼 xiǎoxīnyìyì　　6. 倒霉 dǎoméi　　7. 午餐 wǔcān　　8. 挨 ái
9. 宁愿 nìngyuàn　　10. 一点儿 yìdiǎnr

朗读指导

本文讲述纽约的公立小学为救助贫困学生在大雪天坚持上课的故事。文章先描写纽约寒冬的景象，"艰难地""一大早""小心翼翼"等词要强调一下。第三段两个问句要用较高的语调、较慢的语速表现出惊讶和不解。第四段中家长为此发出责难，"先是……""然后……""最后……"这几句中的"怒气冲冲""满口道歉""笑容满面"等词的语气逐渐缓和，音量逐步降低，语速逐渐下降，通过这种层次的变化把悬念推到极致，为答案的揭晓做好铺垫。第五至七段解释学校坚持上课的原因，语气要严肃、庄重，尤其是"……施舍的最高原则是保护受施者的尊严"一句更要读得深沉而坚定。

21 号作品

我打猎归来，沿着花园的林荫路[1]走着。狗跑在我前边[2]。

突然，狗放慢脚步，蹑足潜行[3]，好像[4]嗅到了前边有什么[5]野物。

我顺着林荫路望去，看见了一只嘴边还带黄色、头上生着柔毛的小麻雀。风猛烈地吹打着林荫路上的白桦[6]树，麻雀从巢里跌落下来，呆呆地伏在地上，孤立无援地张开两只羽毛还未丰满的小翅膀。

我的狗慢慢向它靠近。忽然，从附近一棵树上飞下一只黑胸脯的老麻雀，像一颗石子似的[7]落到狗的跟前。老麻雀全身倒竖着羽毛，惊恐万状，发出绝望、凄惨的叫声，接着向露出[8]牙齿、大张着的狗嘴扑去。

老麻雀是猛扑下来救护幼雀的。它用身体掩护着自己的幼儿……但它整个小小的身体因恐怖而战栗[9]着，它小小的声音也变得粗暴嘶哑，它在牺牲自己！

在它看来，狗该是多么庞大[10]的怪物啊！然而，它还是不能站在自己高高的、安全的树枝上……一种比它的理智更强烈的力量，使它从那儿扑下身来。

我的狗站住了，向后退了退……看来，它也感到了这种力量。

我赶紧唤住惊慌失措[11]的狗，然后我怀着崇敬[12]的心情，走开了。

是啊，请不要见笑。我崇敬那只小小的、英勇的鸟儿，我崇敬它那种爱的冲动和力量。

爱，我想，比//死和死的恐惧更强大。只有依靠它，依靠这种爱，生命才能维持下去，发展下去。

节选自［俄］屠格涅夫《麻雀》，巴金译

语音提示

1. 林荫路 línyīnlù 2. 前边 qiánbian 3. 蹑足潜行 nièzúqiánxíng 4. 好像 hǎoxiàng

5. 什么 shénme 6. 白桦 báihuà 7. 似的 shìde 8. 露出 lòuchū

9. 战栗 zhànlì 10. 庞大 pángdà 11. 惊惶失措 jīnghuāngshīcuò 12. 崇敬 chóngjìng

朗读指导

《麻雀》是屠格涅夫的名作，写一只老麻雀面对危险，宁肯自我牺牲也要拼死救自己幼儿的故事。朗读时首先宜用平缓的语速交代故事发生的环境。第二段"突然"二字语速加快，暗示危机突现，之后便放慢速度，用屏气凝神的语气制造出紧张的气氛。第三段语速从平稳转快，"猛烈"重读，到"跌落"后转慢，充满同情地读出"呆呆、孤立无援、还未丰满"等重音词语，凸显出小麻雀的可怜无助。第四段开始声音读得轻一些，以引起听者的关注，然后提声描述老麻雀为救幼儿拼死一战的决心，气氛紧张，节奏急促。第五段宜中速，带着崇

敬的语气朗读。第六段剖析老麻雀自我牺牲的精神力量来源于对自己幼儿无私的爱，以至于"我"和狗都受到这种力量的震撼。朗读第九、十段时，要表现作者对"爱"的大彻大悟，庄重地表达自己的感受。

22 号作品

那年我六岁。离我家仅一箭之遥的小山坡旁，有一个早已被废弃的采石场，双亲从来不准我去那儿，其实那儿风景[1]十分迷人。

一个夏季的下午，我随着一群小伙伴[2]偷偷上那儿去了。就在我们穿越了一条孤寂[3]的小路后，他们却把我一个人留在原地，然后奔向[4]"更危险的地带"了。

等他们走后，我惊慌失措地发现，再也找不到要回家的那条孤寂的小道了。像只无头的苍蝇[5]，我到处乱钻，衣裤上挂满了芒刺。太阳已经落山，而此时此刻，家里一定开始吃晚餐了，双亲正盼着我回家……想着想着，我不由得背靠着一棵树，伤心地呜呜大哭起来……

突然，不远处传来了声声柳笛。我像找到了救星，急忙循声[6]走去。一条小道边的树桩上坐着一位吹笛人，手里还正削[7]着什么。走近细看，他不就是被大家称为"乡巴佬"的卡廷[8]吗？

"你好，小家伙[9]，"卡廷说，"看天气多美，你是出来散步的吧？"

我怯生生地点点头，答道："我要回家了。"

"请耐心等上几分钟，"卡廷说，"瞧，我正在削一支柳笛，差不多就要做好了，完工后就送给你吧！"

卡廷边削边不时把尚未成形[10]的柳笛放在嘴里试吹一下。没过多久，一支柳笛便递到我手中，我俩[11]在一阵阵清脆[12]悦耳//的笛音中，踏上了归途……

当时，我心中只充满感激，而今天，当我自己也成了祖父时，突然领悟到他用心之良苦！那天当他听到我的哭声时，便判定我一定迷了路，他并不想在孩子面前扮演"救星"的角色，于是吹响柳笛以便让我能发现他，跟着他走出困境！卡廷先生以乡下人的纯朴，保护了一个小男孩强烈的自尊。

节选自唐绿意译《迷途笛音》

语音提示

1. 风景 fēngjǐng　　2. 小伙伴 xiǎohuǒbànr　　3. 孤寂gūjì　　4. 奔向 bēnxiàng
5. 苍蝇 cāngying　　6. 循声 xúnshēng　　7. 削 xiāo　　8. 卡廷 kǎtíng
9. 小家伙 xiǎojiāhuor　　10. 成形 chéngxíng　　11. 俩 liǎ　　12. 清脆 qīngcuì

朗读指导

作者忆述了一件童年迷路的难忘往事。朗读全文宜用中速、平实的语调叙述他迷路后情绪的变化。第三段表现作者发觉迷路后的语气要略带惊慌，声音提高，语速稍快；而想起家里的情景时语速减慢，声音低沉些，以表现他难过的心情。他和卡廷的对话则要表现出区别。卡廷的语气轻松自然，且若无其事，巧妙地维护着小男孩儿的自尊；小男孩儿则语气怯怯，却强做镇定，最后两人交流十分默契，愉快地踏上了旅途。第一段的"六岁、一箭之遥、从来不准、十分"都可以读重音，用自然的中速语调朗读。第二段的"一个人"要读重音，因

为这是整件事的起因。第四至七段，孩子的情绪慢慢镇定下来，对话要读得较为轻松。第八段要用明快的语速结束。第九段要读得感情饱满，充满感激之情。

23 号作品

森林 [1] 涵养水源，保持水土，防止水旱灾害的作用非常大。据专家测算，一片十万亩面积的森林，相当于一个两百万立方米的水库，这正如农谚 [2] 所说的："山上多栽树，等于修水库。雨多它能吞，雨少它能吐。"

说起森林的功劳 [3]，那还多得很。它除了为人类提供木材及许多种生产 [4]、生活的原料之外，在维护生态环境方面也是功劳卓著 [5]，它用另一种"能吞能吐"的特殊功能孕育 [6] 了人类。因为地球在形成之初，大气中的二氧化碳含量很高，氧气很少，气温也高，生物是难以生存的。大约在四亿年之前，陆地才产生了森林。森林慢慢将大气中的二氧化碳吸收，同时吐出新鲜氧气，调节气温：这才具备了人类生存的条件，地球上才最终 [7] 有了人类。

森林，是地球生态系统的主体，是大自然的总调度室，是地球的绿色之肺。森林维护地球生态环境的这种"能吞能吐"的特殊功能是其他任何物体都不能取代的。然而，由于地球上的燃烧物增多，二氧化碳的排放量急剧增加，使得地球生态环境急剧恶化，主要表现为全球气候变暖，水分蒸发加快，改变了气流的循环 [8]，使气候变化加剧，从而引发热浪 [9]、飓风 [10]、暴雨、洪涝及干旱。

为了//使地球的这个"能吞能吐"的绿色之肺恢复健壮，以改善生态环境，抑制全球变暖，减少水旱等自然灾害，我们应该大力造林、护林，使每一座荒山都绿起来。

节选自《中考语文课外阅读试题精选》中《"能吞能吐"的森林》

语音提示

1. 森林 sēnlín　　2. 农谚 nóngyàn　　3. 功劳 gōngláo　　4. 生产 shēngchǎn

5. 卓著 zhuózhù　　6. 孕育 yùnyù　　7. 最终 zuìzhōng　　8. 循环 xúnhuán

9. 热浪 rèlàng　　10. 飓风 jùfēng

朗读指导

本文说明森林与地球、人类的关系非常密切，它"吞吐"的能力调节着人类和地球生态的生死存亡，呼吁我们必须大力种植树木和保护森林，以改变目前生态环境不断恶化的现状。文章以拟人和比喻的手法来说明森林的作用，重点是突出森林对水和空气的"吞吐"功能。朗读时保持中速，吐字要清晰，条理要分明，注意停顿，读出层次，令听者能准确地把握文意。本文首句开宗明义，指出森林的重要作用，宜加重语气读出"涵养""保持""防止"等词，再字字有力地说出"作用非常大"几个字。文章用了比喻和拟人的手法，一般来说，喻体都是朗读时的重音所在。因此，第三段开头三个排比句中的"生态系统的主体、大自然的总调度室、地球的绿色之肺"要层层拔高，语气要深沉、坚定、毋庸置疑。朗读者在描述森林"能吞能吐"的功能时，要读得惟妙惟肖，具有说服力。

24 号作品

朋友即将 [1] 远行。

暮春时节，又邀了几位朋友在家小聚。虽然都是极熟 [2] 的朋友，却是终年难得一见，偶尔电话里相遇，也无非是几句寻常话。一锅小米稀饭，一碟 ³ 大头菜，一盘自家酿制 ⁴ 的泡菜，一只巷口买回的烤鸭，简简单单，不像请客，倒像家人团聚。

其实，友情也好，爱情也好，久而久之都会转化为亲情。

说也奇怪，和新朋友会谈文学、谈哲学、谈人生道理等等，和老朋友却只话家常，柴米油盐，细细碎碎，种种琐事。很多时候，心灵的契合 ⁵ 已经不需要太多的言语来表达。

朋友新烫了个头，不敢回家见母亲，恐怕惊骇 ⁶ 了老人家 ⁷，却欢天喜地来见我们，老朋友颇能 ⁸ 以一种趣味性的眼光欣赏这个改变。年少的时候，我们差不多都在为别人而活，为苦口婆心的父母活，为循循善诱的师长活，为许多观念、许多传统的约束力而活。年岁逐增 ⁹，渐渐挣脱 ¹⁰ 外在的限制与束缚 ¹¹，开始懂得为自己活，照自己的方式做一些自己喜欢的事，不在乎别人的批评意见，不在乎别人的诋毁流言，只在乎那一份 ¹² 随心所欲的舒坦 ¹³ 自然。偶尔 ¹⁴，也能够纵容自己放浪一下，并且有一种恶作剧的窃喜。

就让生命顺其自然，水到渠成吧，犹如窗前的//乌桕 ¹⁵，自生自落之间，自有一分圆融丰满的喜悦。春雨轻轻落着，没有诗，没有酒，有的只是一份相知相属 ¹⁶ 的自在自得。

夜色在笑语中渐渐沉落，朋友起身告辞，没有挽留，没有送别，甚至也没有问归期。

已经过了大喜大悲的岁月，已经过了伤感流泪的年华，知道了聚散原来是这样的自然和顺理成章，懂得这点，便懂得珍惜每一次相聚的温馨 ¹⁷，离别便也欢喜。

节选自（中国台湾）吉林子《朋友和其他》

语音提示

1. 即将 jíjiāng　　2. 极熟 jíshú　　3. 一碟 yìdié　　4. 酿制 niàngzhì
5. 契合 qìhé　　6. 惊骇 jīnghài　　7. 老人家 lǎorenjia　　8. 颇能 pōnéng
9. 年岁逐增 niánsuìzhúzēng　　10. 挣脱 zhèngtuō　　11. 束缚 shùfù　　12. 一份 yífèn
13. 舒坦 shūtan　　14. 偶尔 ǒuěr　　15. 乌桕 wūbǎi　　16. 相属 xiāngzhǔ
17. 温馨 wēnxīn

朗读指导

本文描述了一位朋友临行前，几位老朋友聚会的情景，感情真挚、描写细腻。朋友之间真情交流，平淡之中体现出他们对人生的领悟，感情看似平淡，实则浓烈。朗读时语速要稍慢，似朋友间倾心相诉，娓娓道来，通过对大家一起经历过的细节的回忆，表达他们共同的领悟和互相之间的一种默契。第二段节奏舒缓，语气轻松自然。第五段语速中等，语气稍庄重一些，抓准重音词"挣脱外在……""为自己活""只在乎"等，读出他们在成长过程中逐渐成熟和豁达的心境。

25 号作品

我们在田野散步：我，我的母亲，我的妻子和儿子。

母亲本不愿出来的。她老了，身体不好，走远一点儿就觉得很累。我说，正因为如此，才应该多走走。母亲信服地点点头，便去拿外套。她现在很听我的话，就像我小时候很听她的话一样。

这南方初春的田野，大块小块的新绿随意地铺着，有的浓，有的淡，树上的嫩芽也密了，田里的冬水也咕咕[1]地起着水泡。这一切都使人想着一样东西——生命[2]。

我和母亲走在前面，我的妻子和儿子走在后面。小家伙突然叫起来："前面是妈妈和儿子，后面也是妈妈和儿子。"我们都笑了。

后来发生了分歧[3]：母亲要走大路，大路平顺；我的儿子要走小路，小路有意思。不过，一切都取决于我。我的母亲老了，她早已习惯听从她强壮[4]的儿子；我的儿子还小，他还习惯听从他高大的父亲；妻子呢，在外面，她总是听我的。一霎时[5]我感到了责任[6]的重大。我想找一个两全的办法，找不出；我想拆散一家人，分成两路，各得其所，终不愿意。我决定委屈儿子，因为我伴同他的时日还长。我说："走大路。"

但是母亲摸摸孙儿的小脑瓜[7]，变了主意："还是走小路吧。"她的眼随小路望去：那里有金色的菜花，两行整齐的桑树[8]，//尽头一口水波粼粼[9]的鱼塘。"我走不过去的地方，你就背着我。"母亲对我说。

这样，我们在阳光下，向着那菜花、桑树和鱼塘走去。到了一处，我蹲下[10]来，背起了母亲；妻子也蹲下来，背起了儿子。我和妻子都是慢慢地，稳稳地，走得很仔细，好像我背上的同她背上的加起来，就是整个世界。

节选自莫怀戚《散步》

25号作品音频2个：
《散步》

语音提示

1. 咕咕 gūgū
2. 生命 shēngmìng
3. 分歧 fēnqí
4. 强壮 qiángzhuàng
5. 一霎时 yíshàshí
6. 责任 zérèn
7. 小脑瓜 xiǎonǎoguā
8. 桑树 sāngshù
9. 水波粼粼 shuǐbōlínlín
10. 蹲下 dūnxià

朗读指导

这是一篇充满浓浓亲情的文章，描述一家三代外出散步的情景。作者是主线，牵动着上下两代的感情，当祖孙俩对选择走大路还是走小路的问题发生了意见分歧时，他虽左右为难，却还是全家的主心骨。读这段时，要分清他对母亲，对儿子，对妻子的不同感情。"强壮、高大、决断"是作者分别在三人心目中不同的形象，朗读时要尽量用不同的语气表现出这种层次。"我想找一个两全的办法，找不出""我想拆散一家人……终不愿意"，要读得犹犹豫豫却又满含深情。最终决定委屈儿子，迁就母亲，"走大路"时语气要肯定一些，但这时母亲又改变了主意，要把声音放轻，念得委婉、温和一些，表现出母亲对晚辈的体谅和关切。最后一段要读得欢快一些，读出儿子背母亲、妻子背儿子的情趣来。

26号作品

地球上是否真的存在"无底洞"？按说地球是圆的，由地壳[1]、地幔[2]和地核三层组成，真正的"无底洞"是不应存在的，我们所看到的各种山洞、裂口、裂缝，甚至火山口也都只是地壳浅部的一种现象。然而中国一些古籍却多次提到海外有个深奥莫测的无底洞。事实上地球上确实有这样一个"无底洞"。

它位于希腊亚各斯古城的海滨。由于濒临[3]大海，大涨潮[4]时，汹涌[5]的海水便会排山倒海[6]般地涌入洞中，形成一股湍湍[7]的急流。据

26号作品音频2个：
《神秘的"无底洞"》

测，每天流入洞内的海水量达三万多吨。奇怪的是，如此大量的海水灌入洞中，却从来没有把洞灌满。曾有人怀疑，这个"无底洞"，会不会就像石灰岩地区的漏斗 [8]、竖井、落水洞一类的地形。然而从二十世纪三十年代以来，人们就做了多种努力企图寻找它的出口，却都是枉费心机 [9]。

为了揭开这个秘密，一九五八年美国地理学会派出一支考察队，他们把一种经久不变的带色染料 [10] 溶解在海水中，观察染料是如何随着海水一起沉下去。接着又察看了附近海面以及岛上的各条河、湖，满怀希望地寻找这种带颜色的水，结果令人失望。难道是海水量太大把有色水稀释 [11] 得太淡，以致无法发现？//

至今谁也不知道为什么这里的海水会没完没了地"漏"下去，这个"无底洞"的出口又在哪里，每天大量的海水究竟都流到哪里去了？

节选自罗伯特·罗威尔《神秘的"无底洞"》

语音提示

1. 地壳 dì qiào　　2. 地幔 dì màn　　3. 濒临 bīnlín　　4. 涨潮 zhǎngcháo
5. 汹涌 xiōngyǒng　6. 排山倒海 páishāndǎohǎi　7. 湍湍 tuāntuān　8. 漏斗 lòudǒu
9. 枉费心机 wǎngfèixīnjī　10. 染料 rǎnliào　　11. 稀释 xīshì

朗读指导

本文介绍了地球上至今未能解密的"无底洞"现象，说明自然界还有许多未被人类认识的事物。正因如此，才更引起人们对"无底洞"探索的兴趣。文首的一个设问句，要用高扬语调朗读，以激发大家探究的兴趣。描述"无底洞"现象，要用中速、自然的语调，明白无误地传达出人们对这一现象的观察、思考和探索。文章末段一连提出三个问题，语气既是自问，也是他问；既表达作者对"无底洞"现象的迷惑，也想借此引起人们的兴趣。要注意，前两句用的是逗号而非问号，可用逐渐升高的语调朗读。

27 号作品

我国的建筑，从古代的宫殿到近代的一般住房，绝大部分 [1] 是对称 [2] 的，左边怎么样，右边怎么样。苏州园林可绝不讲究 [3] 对称，好像故意避免似的。东边有了一个亭子或者一道回廊，西边绝不会来一个同样的亭子或者一道同样的回廊。这是为什么？我想，用图画来比方 [4]，对称的建筑是图案画，不是美术画，而园林是美术画，美术画要求自然之趣，是不讲究对称的。

27 号作品音频 2 个：
《苏州园林》

苏州园林里都有假山和池沼 [5]。

假山的堆叠，可以说是一项艺术而不仅是技术。或者是重峦叠嶂 [6]，或者是几座小山配合着竹子花木，全在乎设计者和匠师们生平多阅历，胸中有丘壑 [7]，才能使游览者攀登的时候忘却苏州城市，只觉得身在山间。

至于池沼，大多引用活水。有些园林池沼宽敞 [8]，就把池沼作为全园的中心，其他景物配合着布置。水面假如成河道模样，往往安排桥梁。假如安排两座以上的桥梁，那就一座一个样，绝不雷同。

池沼或河道的边沿很少砌 [9] 齐整的石岸，总是高低屈曲任其自然。还在那儿布置几块玲珑 [10] 的石头 [11]，或者种些花草。这也是为了取得从各个角度看都成一幅画的效果。池沼里养

着金鱼或各色鲤鱼 ¹²，夏秋季节荷花或睡莲开//放，游览者看"鱼戏莲叶间"，又是入画的一景。

节选自叶圣陶《苏州园林》

语音提示

1. 部分 bùfen	2. 对称 duìchèn	3. 讲究 jiǎngjiu	4. 比方 bǐfɑng
5. 池沼 chízhǎo	6. 重峦叠嶂 chóngluándiézhàng	7. 丘壑 qiūhè	8. 宽敞 kuānchɑng
9. 砌 qì	10. 玲珑 línglóng	11. 石头 shítou	12. 鲤鱼 lǐyú

朗读指导

本文主要介绍苏州园林中假山和池沼的特色，表达作者对自然之趣的欣赏和喜爱，赞扬了设计者和匠师们独特的构思和高超的技艺。文章旨在突出园林的建筑特色是一项艺术而非技术。朗读时要善于抓住中心词："图案画"的核心是"对称"，"美术画"的特质是"自然"。要着意于"艺术"与"技术"的区别，抓准"绝不讲究""故意避免""绝不会"等重音词来表现"图案画"和"美术画"的本质区别。第三、四段讲述设计者和匠师们构建假山、池沼的艺术构思和技法，充满了欣赏和敬佩之情，朗读时要深情一些。如赞美他们"生平多阅历，胸中有丘壑"、建桥梁"一座一个样，绝不雷同"等，要充满敬仰之情加以重读。

28 号作品

一位访美中国女作家，在纽约遇到一位卖花的老太太。老太太穿着 ¹ 破旧，身体虚弱，但脸上的神情却是那样祥和 ² 兴奋 ³。女作家挑了一朵花说："看起来，你很高兴。"老太太面带微笑地说："是的，一切都这么美好，我为什么不高兴呢？""对烦恼，你倒真能看得开。"女作家又说了一句。没料到，老太太的回答更令女作家大吃一惊："耶稣 ⁴ 在星期五被钉上十字架时，是全世界最糟糕的一天，可三天后就是复活节。所以，当我遇到不幸时，就会等待三天，这样一切就恢复正常了。"

28 号作品音频 2 个：
《态度创造快乐》

"等待三天"，多么 ⁵ 富有哲理的话语，多么乐观的生活方式。它把烦恼和痛苦抛下，全力去收获快乐。

沈从文在"文革"期间，陷入了非人的境地。可他毫不在意，他在咸宁时给他的表侄、画家黄永玉写信说："这里的荷花真好，你若来……"身陷苦难却仍为荷花的盛开欣喜赞叹不已 ⁶，这是一种趋于 ⁷ 澄明 ⁸ 的境界，一种旷达洒脱 ⁹ 的胸襟 ¹⁰，一种面临磨难坦荡从容 ¹¹ 的气度，一种对生活童子般的热爱和对美好事物无限向往的生命情感。

由此可见，影响一个人快乐的，有时并不是困境 ¹² 及磨难，而是一个人的心态。如果把自己浸泡在积极、乐观、向上的心态中，快乐必然会//占据你的每一天。

节选自《态度创造快乐》

语音提示

1. 穿着 chuānzhuó	2. 祥和 xiánghé	3. 兴奋 xīngfèn
4. 耶稣 yēsū	5. 多么 duōme	6. 赞叹不已 zàntànbùyǐ
7. 趋于 qūyú	8. 澄明 chéngmíng	9. 旷达洒脱 kuàngdásǎtuō
10. 胸襟 xiōngjīn	11. 坦荡从容 tǎndàngcóngróng	12. 困境 kùnjìng

阅读指导

本文通过卖花老太太和沈从文对待逆境态度的描写说明了一个生活哲理：只要抱有积极、乐观、豁达、向上的心态，生活中任何的磨难和困境都会被克服，照样可以拥有快乐。首段中国女作家和老太太的对话要读出不同角色的特点，女作家的话读得平淡一些，用中速；老太太乐观、开朗、积极的人生态度，要用比较明快的语调朗读。第三段描写沈从文面对磨难仍能抱着平和心态去欣赏自然美景，语气中要充满敬佩之情，四个"一种……"的排比句要饱含赞美之意，用稍快的节奏、层层上扬的语气一气呵成，以突出他不同凡响的"境界""胸襟""气度""生命情感"。第二、四段是对积极正确的人生态度的褒扬和评说，要用明亮的声音、肯定的语气，读得字字饱满有力，方能突出题旨。

29 号作品

泰山极顶看日出，历来被描绘成十分壮观的奇景 [1]。有人说：登泰山而看不到日出，就像一出大戏没有戏眼，味儿 [2] 终究有点寡淡。

我去爬山那天，正赶上个难得的好天，万里长空，云彩丝儿都不见。素常，烟雾腾腾的山头 [3]，显得眉目分明。同伴们都欣喜地说："明天早晨 [4] 准可以看见日出了。"我也是抱着这种想头 [5]，爬上山去。

29 号作品音频 2 个：
《泰山极顶》

一路从山脚往上爬，细看山景，我觉得挂在眼前的不是五岳独尊的泰山，却像一幅规模惊人的青绿山水画，从下面倒展开来。在画卷中最先露出 [6] 的是山根底那座明朝建筑岱宗坊 [7]，慢慢地便现出王母池、斗母宫、经石峪 [8]。山是一层比一层深，一叠比一叠奇，层层叠叠，不知还会有多深多奇。万山丛中，时而点染着极其工细的人物。王母池旁的吕祖殿里有不少尊明塑，塑着吕洞宾等一些人，姿态神情是那样有生气，你看了，不禁会脱口赞叹说："活啦。"

画卷 [9] 继续展开，绿阴森森的柏洞 [10] 露面 [11] 不太久，便来到对松山。两面奇峰对峙 [12] 着，满山峰都是奇形怪状的老松，年纪怕都有上千岁了，颜色竟那么浓，浓得好像要流下来似的。来到这儿，你不妨权当一次画里的写意人物，坐在路旁的对松亭里，看看山色，听听流//水和松涛。

一时间，我又觉得自己不仅是在看画卷，却又像是在零零乱乱翻着一卷历史稿本。

节选自杨朔《泰山极顶》

语音提示

1. 奇景 qíjǐng   2. 味儿 wèir   3. 山头 shāntóu   4. 早晨 zǎochen

5. 想头 xiǎngtou   6. 露出 lòuchū   7. 岱宗坊 dàizōngfāng   8. 峪 yù

9. 画卷 huàjuàn   10. 柏洞 bǎidòng   11. 露面 lòumiàn   12. 对峙 duìzhì

朗读指导

这是一篇描写泰山美景的抒情散文。文中先描写天气：这是一个"难得"的好天气，"云彩丝儿"都不见，平日"烟雾腾腾"，现在却"眉目分明"，作者的喜悦正是由好天气而起，并且一贯到底，始终充满着欢喜。朗读时要充分想象这一幅山水画卷是如何赏心悦目的。为了表现作者的愉快心情，宜用轻快的节奏和明朗的语调朗读。第三段读到一些著名景点时应稍稍放慢语速，用适当的停顿交代景点方位的转换。"山……不知还会有多深多奇"是重点句，要处理好其中的停顿和重音，表现出作者无比欣喜的感情。而读到"活啦"二字时更要充满激情。

30 号作品

　　育才小学校长陶行知 [1] 在校园看到学生 [2] 王友用泥块砸 [3] 自己班上的同学，陶行知当即喝止了他，并令他放学后到校长室去。无疑，陶行知是要好好教育这个"顽皮"的学生。那么他是如何教育的呢？

30 号作品音频 2 个：
《陶行知的"四块糖果"》

　　放学后，陶行知来到校长室，王友已经等在门口准备挨训 [4] 了。可一见面，陶行知却掏出一块糖果 [5] 送给王友，并说："这是奖给你的，因为你按时 [6] 来到这里，而我却迟到了。"王友惊疑 [7] 地接过糖果。

　　随后，陶行知又掏出一块糖果放到他手里，说："这第二块糖果也是奖给你的，因为当我不让你再打人时，你立即就住手了，这说明你很尊重 [8] 我，我应该奖你。"王友更惊疑了，他眼睛 [9] 睁得大大的。

　　陶行知又掏出第三块糖果塞 [10] 到王友手里，说："我调查过了，你用泥块砸那些男生，是因为他们不守游戏规则，欺负女生；你砸他们，说明你很正直 [11] 善良，且有批评不良行为的勇气，应该奖励你啊！"王友感动极了，他流着眼泪后悔地喊道："陶……陶校长你打我两下吧！我砸的不是坏人，而是自己的同学啊……"

　　陶行知满意地笑了，他随即 [12] 掏出第四块糖果递给王友，说："为你正确地认识 [13] 错误，我再奖给你一块糖果，只可惜我只有这一块糖果了。我的糖果//没有了，我看我们的谈话也该结束了吧！"说完，就走出了校长室。

节选自《教师博览·百期精华》中《陶行知的"四块糖果"》

语音提示

1. 行知 xíngzhī　　2. 学生 xué•shēng　　3. 砸 zá　　　　4. 挨训 áixùn
5. 糖果 tángguǒ　　6. 按时 ànshí　　　7. 惊疑 jīngyí　　8. 尊重 zūnzhòng
9. 眼睛 yǎnjing　　10. 塞 sāi　　　　11. 正直 zhèngzhí　12. 随即 suíjí
13. 认识 rènshi

朗读指导

　　本文记述了著名教育家陶行知先生教育学生的故事。故事情节简单但出人意料，描写生动，感人至深，充分表现出陶先生热爱学生、鼓励学生、循循善诱的教育艺术。朗读时宜用平实的语调、中等速度，娓娓道来，要读出四颗糖不同的用意和层次。第一颗是奖励孩子"按时"；第二颗是奖励他"尊重"老师；第三颗是因为他的"正直善良"和"勇气"；第四颗则是奖励他能"正确地认识错误"。要理解陶校长循循善诱的言语动机，准确把握这些重点词，用尽量平和、亲切、温柔的语调朗读，才能消除学生的紧张心情。学生收到糖果的反应也要恰当地表现出来，收到第一颗，他觉得"惊疑"；得到第二颗，他更"惊疑"且"睁大了眼"；得到第三颗，他"感动极了，流着泪"并后悔得"喊"了出来。这些重音词抓准了就能表现出学生心理变化的层次，也反映了陶校长教育的效果。

31 号作品

　　记得我 13 岁时，和母亲住在法国东南部的耐斯城。母亲没有丈夫，也没有亲戚 [1]，够清

144

苦[2]的，但她经常[3]能拿出令人吃惊[4]的东西，摆在我面前。她从来不吃肉，一再说自己是素食者[5]。然而有一天，我发现母亲正仔细地用一小块碎面包擦那给我煎牛排用的油锅。我明白了她称自己为素食者的真正原因。

31 号作品音频 2 个：
《我的母亲独一无二》

我 16 岁时，母亲成了耐斯城美蒙旅馆的女经理。这时，她更忙碌[6]了。一天，她瘫在椅子上，脸色苍白，嘴唇发灰。马上找来医生，做出诊断：她摄取[7]了过多的胰岛素。直到这时我才知道母亲多年一直对我隐瞒[8]的疾病——糖尿病。

她的头歪向枕头一边，痛苦地用手抓挠[9]胸口。床架上方，则挂着一枚我 1932 年赢得[10]耐斯城少年乒乓球冠军的银质奖章。

啊，是对我的美好前途的憧憬[11]支撑着她活下去，为了给她那荒唐的梦至少加一点真实[12]的色彩，我只能继续努力，与时间竞争[13]，直到 1938 年我被征入空军。巴黎很快失陷[14]，我辗转调到英国皇家空军。刚到英国就接到了母亲的来信。这些信是由在瑞士的一个朋友秘密地转到伦敦，送到我手中的。

现在我要回家了，胸前佩戴着醒目[15]的绿黑两色的解放十字绶带，上面挂着五六枚//我终身难忘的勋章，肩上还佩戴着军官肩章。到达旅馆时，没有一个人跟我打招呼[16]。原来，我母亲在 3 年半以前就已经离开人间了。

在她死前的几天中，她写了近 250 封信，把这些信交给她在瑞士的朋友，请这个朋友定时寄给我。就这样，在母亲死后的 3 年半的时间里，我一直从她身上吸取着力量和勇气——这使我能够继续战斗到胜利那一天。

节选自［法］罗曼·加里《我的母亲独一无二》

语音提示

1. 亲戚 qīnqi　　　2. 清苦 qīngkǔ　　　3. 经常 jīngcháng　　　4. 吃惊 chījīng
5. 素食者 sùshízhě　6. 忙碌 mánglù　　　7. 摄取 shèqǔ　　　8. 隐瞒 yǐnmán
9. 抓挠 zhuānao　　10. 赢得 yíngdé　　　11. 憧憬 chōngjǐng　12. 真实 zhēnshí
13. 竞争 jìngzhēng　14. 失陷 shīxiàn　　15. 醒目 xǐngmù　　　16. 招呼 zhāohu

朗读指导

本文塑造了一位伟大母亲的形象，为了儿子的前途，她忍受了生活的痛苦和疾病的折磨，对儿子隐瞒了一切，甚至死亡。儿子凭着对母亲的热爱和敬佩之情写下了这个感动而又心酸的故事。文章情真意切、真挚感人。朗读时要调动自己的想象力，用真挚的情感，怀着无比崇敬的心情歌颂这位甘于牺牲的不凡母亲，节奏和缓，语气温和。首段交代母亲生活的背景，"没有……没有……够清苦""从来不吃……一再说……素食者""用一小块碎面包擦……油锅""我明白了……真正原因"，读这些重音词时，要用沉缓、有力度的语气，表现儿子发现母亲的秘密后，内心所受的震撼。第五段朗读语速要加快，声调提高，表现儿子带着荣誉想见母亲的急切心情，"……打招呼"后面一句是情绪的大转折，停顿要长一些，衬托作者的情绪由满怀期望的亢奋突转为失望。末段揭秘，要用沉稳、庄重的语气表现儿子对母亲的崇敬之情。

32 号作品

生活对于任何人都非易事，我们必须有坚韧不拔的精神。最要紧的，还是我们自己要有信心。我们必须相信，我们对每一件事情都具有天赋和才能，并且，无论付出任何代价，都要把这件事完成。当事情结束的时候，你要能问心无愧地说："我已经尽我所能了。"

有一年的春天，我因病被迫在家里休息数周。我注视着我的女儿们所养的蚕正在结茧[1]，这使我很感兴趣。望着这些蚕执着[2]地，勤奋地工作，我感到我和它们非常相似[3]。像它们一样，我总是耐心地把自己的努力集中在一个目标上。我之所以如此，或许是因为有某种力量在鞭策着我——正如蚕被鞭策[4]着去结茧一般。

32 号作品音频 2 个：《我的信念》

近五十年来，我致力于科学研究，而研究，就是对真理的探讨。我有许多美好快乐的记忆。少女时期我在巴黎大学，孤独地过着求学的岁月；在后来献身科学的整个时期，我丈夫和我专心致志[5]，像在梦幻中一般，坐在简陋[6]的书房里艰辛地研究，后来我们就在那里发现了镭[7]。

我永远追求安静的工作和简单的家庭生活。为了实现这个理想，我竭力保持宁静的环境，以免受人事的干扰和盛名的拖累。

我深信，在科学方面我们有对事业而不是//对财富的兴趣。我的唯一[8]奢望[9]是在一个自由国家中，以一个自由学者的身份从事研究工作。

我一直沉醉[10]于世界的优美之中，我所热爱的科学也不断增加它崭新[11]的远景。我认定科学本身就具有伟大的美。

节选自［波兰］玛丽·居里《我的信念》，剑捷译

语音提示

1. 结茧 jiéjiǎn　　2. 执着 zhízhuó　　3. 相似 xiāngsì　　4. 鞭策 biāncè
5. 专心致志 zhuānxīnzhìzhì　6. 简陋 jiǎnlòu　　7. 镭 léi　　8. 唯一 wéiyī
9. 奢望 shēwàng　　10. 沉醉 chénzuì　　11. 崭新 zhǎnxīn

朗读指导

本文阐述伟大的科学家居里夫人对生活的感受和态度，表现她热爱生活，执着于科研工作的精神。居里夫人以自己生活和科研工作的经历表达了自己对人生意义的看法。全篇充满了哲理，文字朴实无华，语意清晰明白。朗读时宜用平实的语调、中等速度、肯定的语气来表述。首段开宗明义，表明了居里夫人的"尽所能"是她做人的原则，自信则是她做事的重要前提，这都需要强调，而两个"必须"和"最要紧的"等词要读得铿锵有力。第二、三段从生活的细节反映居里夫人的求知过程，可读得轻松一些，以表达见微知著的效果。后三段表现居里夫人淡泊名利、醉心研究，尽量读得平静、自然一些，同时要注意呼应性、对比性等重音词的处理。例如，"我深信，在科学方面我们有对事业而不是对财富的兴趣"一句中需要突出对比的重音词。

33 号作品

高兴，这是一种具体的被看得到摸得着的事物所唤起的情绪[1]。它是心理的，更是生理的。它容易来也容易去，谁也不应该对它视而不见，失之交臂，谁也不应该总是做那些使自己不高兴也使旁人不高兴的事。让我们说一件最容易做也最令人高兴的事吧，尊重[2]你自己，也尊重别人，这是每一个人的权利，我还要说这是每一个人的义务。

快乐，它是一种富有概括性的生存状态³、工作状态。它几乎是先验的，它来自生命本身的活力，来自宇宙、地球和人间的吸引，它是世界的丰富、绚丽⁴、阔大、悠久的体现。快乐还是一种力量，是埋在地下的根脉⁵。消灭一个人的快乐比挖掘掉一棵大树的根要难得多。

欢欣，这是一种青春的、诗意的情感。它来自面向着未来伸开双臂奔跑的冲力，它来自一种轻松而又神秘、朦胧而又隐秘的激动，它是激情即将到来的预兆⁶，它又是大雨过后的比下雨还要美妙得多也久远得多的回味……

喜悦，它是一种带有形而上色彩的修养和境界。与其⁷说它是一种情绪，不如说它是一种智慧、一种超拔、一种悲天悯人⁸的宽容和理解，一种饱经沧桑的充实和自信，一种光明的理性，一种坚定//的成熟，一种战胜了烦恼和庸俗⁹的清明澄澈¹⁰。它是一潭清水，它是一抹朝霞，它是无边的平原，它是沉默的地平线。多一点儿、再多一点儿喜悦吧，它是翅膀，也是归巢¹¹。它是一杯美酒，也是一朵永远开不败的莲花。

节选自王蒙《喜悦》

33号作品音频2个：《喜悦》

语音提示

1. 情绪 qíngxù　　2. 尊重 zūnzhòng　　3. 状态 zhuàngtài　　4. 绚丽 xuànlì
5. 根脉 gēnmài　　6. 预兆 yùzhào　　7. 与其 yǔqí　　8. 悲天悯人 bēitiānmǐnrén
9. 庸俗 yōngsú　　10. 澄澈 chéngchè　　11. 归巢 guīcháo

147

朗读指导

文章以乐观积极、热情愉悦的基调，赞颂了人世间美好的情感。"高兴、快乐、欢欣、喜悦"是我们生活中不可缺少的。有了它，我们的生活灿烂如阳光；失去它，我们的生活黯然失色。朗读时应保持真挚浓烈的情感，语速稍快，语气肯定、热情，声音高亢，充分表现出作者热爱生活、积极向上的人生观。文章大量运用修辞手法，朗读时对比喻句的重音要把握好；排比句的气势要逐步加强，层层推进；句子之间的停顿也要处理到位。如第二段中"它是世界的丰富、绚丽、阔大、悠久的体现"及第四段中"不如说它是一种智慧、一种超拔、一种悲天悯人的宽容和理解"，可用气息延续的方式处理顿号，以保持语意的连贯性。

34号作品

在湾仔，香港最热闹¹的地方，有一棵榕树，它是最贵的一棵树，不光在香港，在全世界，都是最贵的。

树，活的树，又不卖何言其贵？只因它老，它粗，是香港百年沧桑²的活见证，香港人不忍看着它被砍伐，或者被移走，便跟要占用这片山坡的建筑者谈条件：可以在这儿建大楼盖商厦，但一不准砍树，二不准挪树，必须把它原地精心养起来，成为香港闹市中的一景。太古大厦的建设者最后签了合同，占用这个大山坡建豪华商厦³的先决条件是同意保护这棵老树。

34号作品音频2个：《香港：最贵的一棵树》

树长在半山坡上，计划将树下面的成千上万吨山石全部掏空取走，腾出地方来盖楼，把树架在大楼上面，仿佛它原本是长在楼顶上似的⁴。建设者就地造了一个直径十八米、深十米的大花盆，先固定好这棵老树，再在大花盆底下盖楼。光这一项就花了两千三百八十九万港

币，堪称 5 是最昂贵的保护措施了。

太古大厦落成之后，人们可以乘滚动扶梯一次到位，来到太古大厦的顶层，出后门，那儿 6 是一片自然景色。一棵大树出现在人们面前，树干 7 有一米半粗，树冠 8 直径足有二十多米，独木成林，非常壮观 9，形成一座以它为中心的小公园，取名叫"榕圃"10。树前面//插着铜牌，说明原由。此情此景，如不看铜碑的说明，绝对想不到巨树根底下还有一座宏伟的现代大楼。

节选自舒乙《香港：最贵的一棵树》

语音提示

1. 热闹 rènao	2. 沧桑 cāngsāng	3. 商厦 shāngshà	4. 似的 shìde
5. 堪称 kānchēng	6. 那儿 nàr	7. 树干 shùgàn	8. 树冠 shùguān
9. 壮观 zhuàngguān	10. 榕圃 róngpǔ		

朗读指导

这是一个令人欣慰的有关环保的故事，讲述中国香港人不惜花费重金，保护了一棵长于闹市区的老榕树，令这棵榕树成了世界上最贵的树。文章不仅赞扬了中国香港人重视生态保护，更传达了一个观点：环保与人类的生存密切相关。文章语言朴实流畅，叙事清楚有条理。朗读时要平缓沉稳，语调不高不低，要随内容有所变化。首段语调高扬一些，以引起听众的好奇；第二段问句语调要上扬，句后可设置悬念，让听者进行思考，然后用平实的语气解释，读到与发展商谈条件时语气要坚定。"一不准……""二不准……""必须……"都是需要强调的词。第三段中的数字前要设置停顿并加强语气，突出中国香港人为此所付出的代价。第四段描述保护下来的大树已成了中国香港闹市区中的一景，要用欣赏的语气朗读。

35 号作品

我们的船渐渐地逼近 1 榕树了。我有机会看清它的真面目：是一棵大树，有数不清 2 的丫枝 3，枝上又生根，有许多根一直垂到地上，伸进泥土里。一部分树枝垂到水面，从远处看，就像一棵大树斜躺在水面上一样。

现在正是枝繁叶茂的时节，这棵榕树好像在把它的全部生命力 4 展示给我们看。那么多的绿叶，一簇 5 堆在另一簇的上面，不留一点儿缝隙 6。翠绿的颜色明亮地在我们的眼前闪耀，似乎每一片树叶上都有一个新的生命在颤动 7，这美丽的南国的树！

35 号作品音频 2 个：《小鸟的天堂》

船在树下泊 8 了片刻，岸上很湿，我们没有上去。朋友说这里是"鸟的天堂"，有许多鸟在这棵树上做窝，农民不许人去捉 9 它们。我仿佛听见几只鸟扑翅的声音，但是等到我的眼睛 10 注意地看那里时，我却看不见一只鸟的影子。只有无数的树根立在地上，像许多根木桩。地是湿的，大概涨潮时河水常常冲上岸去。"鸟的天堂"里没有一只鸟，我这样想到。船开了，一个朋友拨着船，缓缓地流到河中间去。

第二天，我们划着船到一个朋友的家乡去，就是那个有山有塔的地方 11。从学校出发，我们又经过那"鸟的天堂"。

这一次是在早晨，阳光照在水面上，也照在树梢上。一切都//显得非常光明。我们的船也在树下泊了片刻。

起初四周围非常清静。后来忽然起了一声鸟叫。我们把手一拍，便看见一只大鸟飞了起来，接着又看见第二只，第三只。我们继续拍掌，很快地这个树林就变很热闹了。到处都是鸟声，到处都是鸟影 12。大的，小的，花的，黑的，有的站在枝上叫，有的飞起来，在扑翅膀。

节选自巴金《小鸟的天堂》

语音提示

1. 逼近 bījìn　　2. 数不清 shǔbuqīng　　3. 丫枝 yāzhī　　4. 生命力 shēngmìnglì

5. 簇 cù　　6. 缝隙 fèngxì　　7. 颤动 chàndòng　　8. 泊 bó

9. 捉 zhuō　　10. 眼睛 yǎnjing　　11. 地方 dìfang　　12. 鸟影 niǎoyǐng

朗读指导

这篇文章描写作者划船参观"鸟的天堂"的情形，视角由远到近，由整体到局部，观察细致入微，言辞细腻生动。朗读时应随作者的视线而动，描述榕树的形态要为它的勃勃生机所感动，用赞叹的语调形容它的树叶"多"和"密"，"那么多""不留一点儿"要加重语气，"明亮地……闪耀""每一片……都有……新的生命"也要突出，才能体现出榕树旺盛的生命力，最后可用气声由衷地感叹："这美丽的南国的树！"随后观察"鸟的天堂"时只听到扑翅的声音，却不见一只鸟，读这一段要用轻柔的声音，营造出神秘的氛围，引起听者探究的兴趣，也为第二天路过此地看到鸟的热闹景象做铺垫。最后一段鸟声喧闹，鸟影翻飞，十分热闹，朗读节奏要明快，语气要活泼，才能表达出作者兴奋的心情。

36 号作品　　　　　　　　　　　　　　　　　　　　149

有个塌鼻子 1 的小男孩儿，因为两岁时得过脑炎，智力受损，学习起来很吃力。打个比方 2，别人写作文能写二三百字，他却只能写三五行。但即便这样的作文，他同样能写得很动人。

那是一次作文课，题目是《愿望 3》。他极其认真地想了半天，然后极认真地写，那作文极短，只有三句话：我有两个愿望，第一个是，妈妈天天笑眯眯地看着我说："你真聪明 4。"第二个是，老师天天笑眯眯地看着我说："你一点儿 5 也不笨。"

36 号作品音频 2 个：
《一个美丽的故事》

于是，就是这篇作文，深深地打动了他的老师，那位妈妈式的老师不仅给了他最高分，在班上带感情地朗读了这篇作文，还一笔一画地批道：你很聪明，你的作文写得非常感人，请放心，妈妈肯定会格外喜欢 6 你的，老师肯定会格外喜欢你的，大家肯定会格外喜欢你的。

捧着作文本，他笑了，蹦蹦跳跳 7 地回家了，像 8 只喜鹊。但他并没有把作文本拿给妈妈看，他是在等待，等待着一个美好的时刻。

那个时刻终于到了，是妈妈的生日——一个阳光灿烂的星期天。那天，他起得特别早，把作文本装在一个亲手做的美丽的大信封里，等着妈妈醒来。妈妈刚刚睁眼醒来，他就笑眯眯地走到妈妈跟前说："妈妈，今天是您的生日，我要//送给您一件礼物。"

果然，看着这篇作文，妈妈甜甜地涌出 9 了两行热泪，一把搂住小男孩儿，搂得很紧很紧。

是的，智力可以受损 10，但爱永远不会。

节选自张玉庭《一个美丽的故事》

语音提示

1. 塌鼻子 tābízi　　2. 比方 bǐfang　　3. 愿望 yuànwàng　　4. 聪明 cōngming

5. 一点儿 yìdiǎnr　　6. 喜欢 xǐhuan　　7. 蹦蹦跳跳 bèngbèngtiàotiào　　8. 像 xiàng
9. 涌出 yǒngchū　　10. 受损 shòusǔn

朗读指导

　　这是一个表达爱心的故事。一位智力受损的小男孩儿，用他美丽的心愿和纯真的话语深深打动他的老师和妈妈，这个故事最能激起所有善良心灵的共鸣。朗读应着力表现孩子的纯真和大人们的善良和爱心，把自己完全带到作品中，真正做到以情带声。老师的话语要非常亲切、温柔、和缓，"妈妈肯定会……，老师肯定会……，大家肯定会……"前句要强调"肯定"，中句强调"老师"，后句强调"大家"，这几句的语气也要层层推高。孩子的两段话语也要读出区别，描述愿望的三句话平静而缓慢，读得轻柔一些，中间设置较长的停顿："我有两个愿望，第一个是，妈妈天天……第二个是，……"。第五段对妈妈说的那句话，音量要提高，节奏要加快，俏皮一些，显示出孩子对母亲的挚爱。

37 号作品

　　小学的时候，有一次我们去海边远足，妈妈没有做便饭，给了我十块钱买午餐。好像走了很久，很久，终于到海边了，大家坐下来便吃饭，荒凉的海边没有商店，我一个人跑到防风林外面去，级任老师要大家把吃剩的饭菜分给我一点儿。有两三个男生留下一点儿给我，还有一个女生，她的米饭拌了酱油，很香，我吃完的时候，她笑眯眯地看着我，短头发，脸圆圆的。

37 号作品音频 2 个：
《永远的记忆》

　　她的名字[1]叫翁香玉。

　　每天放学的时候，她走的是经过我们家的一条小路，带着一位比她小的男孩，可能是弟弟。小路边是一条清澈[2]见底的小溪，两旁竹荫[3]覆盖[4]，我总是远远地跟在她后面，夏日的午后特别炎热，走到半路她会停下来，拿手帕在溪水[5]里浸湿[6]，为小男孩儿擦脸。我也在后面停下来，把肮脏[7]的手帕[8]弄湿[9]了擦脸，再一路远远跟着她回家。后来我们家搬到镇上去了，过几年我也上了中学。有一天放学回家，在火车上，看见斜对面一位短头发、圆脸的女孩，一身素净[10]的白衣黑裙。我想她一定不认识[11]我了。火车很快到站了，我随着人群挤向门口，她也走近了，叫我的名字。这是她第一次和我说话。

　　她笑眯眯地，和我一起走过月台。以后就没有再见过//她了。

　　这篇文章收在我出版的《少年心事》这本书里。书出版后半年，有一天我忽然收到出版社转来的一封信，信封上是陌生[12]的字迹，但清楚地写着我本名。信里面说她看到了这篇文章心里非常激动，没想到离开家乡，漂泊[13]异地这么久之后，会看见自己仍然在一个人的记忆里，她自己也深深记得这其中的每一幕，只是没想到越过遥远的时空，竟然[14]另一个人也深深记得。

节选自苦伶《永远的记忆》

语音提示

1. 名字 míngzi　2. 清澈 qīngchè　3. 竹荫 zhúyīn　4. 覆盖 fùgài　5. 溪水 xīshuǐ
6. 浸湿 jìnshī　7. 肮脏 āngzāng　8. 手帕 shǒupà　9. 弄湿 nòngshī　10. 素净 sùjìng
11. 认识 rènshi　12. 陌生 mòshēng　13. 漂泊 piāobó　14. 竟然 jìngrán

朗读指导

本文题名《永远的记忆》，它像一杯淡淡的绿茶，散发出阵阵清香，牵动着我们久远的记忆。作者通过描述几个简单的场景，回忆他与小女孩交往的经历，字里行间充满着朴素的情感和深深的怀念。尤其令人感动的是，作者记录这几件小事的书发表后，收到了女孩儿的来信，为作者对她的记忆而深受感动。朗读时宜娓娓道来，语调温柔舒缓，情感起伏不必太大，始终保持平稳舒畅。但朗读那几件小事时，要表现出童心，尤其第三段描写他放学时远远跟在女孩儿身后回家的场景，更要把他对女孩儿的好感和纯真的情感用轻柔的语气娓娓地表达出来。

38 号作品

在繁华的巴黎大街的路旁，站着一个衣衫褴褛[1]、头发斑白[2]、双目失明的老人。他不像其他乞丐[3]那样伸手[4]向过路行人乞讨，而是在身旁立一块木牌，上面写着："我什么也看不见！"街上过往的行人很多，看了木牌上的字都无动于衷[5]，有的还淡淡一笑，便姗姗[6]而去了。

这天中午，法国著名诗人让·彼浩勒[7]也经过这里。他看看木牌上的字，问盲老人："老人家，今天上午有人给你钱吗？"

盲老人叹息着回答："我，我什么[8]也没有得到。"说着，脸上的神情[9]非常悲伤。

让·彼浩勒听了，拿起笔悄悄地在那行字的前面添上了"春天到了，可是"几个字，就匆匆地离开了。

晚上，让·彼浩勒又经过这里，问那个盲老人下午的情况。盲老人笑着回答说："先生，不知为什么，下午给我钱的人多极了！"让·彼浩勒听了，摸着胡子满意地笑了。

"春天到了，可是我什么也看不见！"这富有诗意的语言，产生这么大的作用，就在于它有非常浓厚的感情色彩。是的，春天是美好的，那蓝天白云，那绿树红花，那莺歌燕舞[10]，那流水人家，怎么不叫人陶醉呢？但这良辰美景[11]，对于一个双目失明的人来说，只是一片漆黑。当人们想到这个盲老人，一生中竟连万紫千红的春天//都不曾看到，怎能不对他产生同情之心呢？

节选自小学《语文》第六册中《语言的魅力》

38 号作品音频 2 个：
《语言的魅力》

151

语音提示

1. 褴褛 lánlǚ	2. 斑白 bānbái	3. 乞丐 qǐgài
4. 伸手 shēnshǒu	5. 无动于衷 wúdòngyúzhōng	6. 姗姗 shānshān
7. 彼浩勒 bǐhàolè	8. 什么 shénme	9. 神情 shénqíng
10. 莺歌燕舞 yīnggēyànwǔ	11. 良辰美景 liángchénměijǐng	

朗读指导

本文讲述了一个有趣生动的故事：一个诗人在盲老人的木牌上巧妙地加上几个字，就让盲老人的乞讨结果发生了逆转。首段铺陈环境，"不像……那样"语气重一些，表现其非同一般的乞讨方式，"无动于衷""淡淡一笑""姗姗而去"要读得轻描淡写，表示这位乞丐没有引起任何人的注意，方能突出文字所产生的特殊魅力。诗人和盲老人的对话要读出对比的意味。如重读老人第一次对话中的"什么也没有得到"和第二次对话中的"不知道为什么"。诗人的

问话语气关切友善，表现出对盲老人的同情，"老人家，今天上午有人给你钱吗"一句中，"有人"二字可加重，但同时诗人对结果早有预测，这是明知故问，所以语气要相对轻松一些。盲老人的两次回答语气应截然不同，第一次悲伤、失望、声音低沉、节奏缓慢，第二次欣喜、意外、声音明亮、节奏轻快。末段朗读时语气要肯定舒缓，感情饱满而真挚。

39 号作品

人活着，最要紧的是寻觅到那片代表着生命绿色和人类希望的丛林，然后选一高高的枝头[1]站在那里观览人生，消化痛苦，孕育[2]歌声，愉悦世界！

这可真是一种潇洒[3]的人生态度，这可真是一种心境爽朗的情感风貌。

站在历史的枝头微笑，可以减免许多烦恼。在那里，你可以从众生相所包含的甜酸苦辣，百味人生中寻找你自己；你境遇中的那点儿[4]苦痛，也许相比之下，再也难以占据一席之地；你会较容易地获得从不悦中解脱灵魂[5]的力量，使之不致变得灰色。

人站得高些，不但能有幸早些领略到希望的曙光[6]，还能有幸发现生命的立体的诗篇。每一个人的人生，都是这诗篇[7]中的一个词、一个句子或者一个标点。你可能没有成为一个美丽的词，一个引人注目的句子，一个惊叹号，但你依然是这生命的立体诗篇中的一个音节、一个停顿、一个必不可少的组成部分。这足以使你放弃前嫌[8]，萌生[9]为人类孕育新的歌声的兴致，为世界带来更多的诗意。

最可怕的人生见解，是把多维的生存图景看成平面。因为那平面上刻下的大多是凝固[10]了的历史——过去的遗迹；但活着的人们，活得却是充满着新生智慧的，由//不断逝去的"现在"组成的未来。人生不能像某些鱼类躺着游，人生也不能像某些兽类爬着走，而应该站着向前行，这才是人类应有的生存姿态。

节选自［美］本杰明·拉什《站在历史的枝头微笑》

语音提示

1. 枝头 zhītóu　　2. 孕育 yùnyù　　3. 潇洒 xiāosǎ　　4. 那点儿 nàdiǎnr
5. 灵魂 línghún　　6. 曙光 shǔguāng　　7. 诗篇 shīpiān　　8. 前嫌 qiánxián
9. 萌生 méngshēng　　10. 凝固 nínggù

朗读指导

这是一篇富有哲理的散文。文章开宗明义，以"站在历史的枝头微笑"为比喻，启发人们如果站在新的高度上观察人生，将会积极乐观地面对生活，将会有开朗豁达的人生态度。文章的基调明快，朗读时宜用明亮的声音、中等语速、活泼明快的节奏。

首段强调"最要紧的……"，而"观览人生、消化痛苦、孕育歌声、愉悦世界"四个词组，要用递进式语调逐步上扬。第二段中两个"真是"要高调领起，转入第三段可放低声音，徐徐道来，三个分段的层次用抑扬相间的语调表现出来。第四段中有一个长的转折句，转折之前宜低沉缓慢一些，"一个……一个……一个……"的排比词组可用逐次下降的语势朗读，但读至转折处可提高音量，语势上升，读出"一个音节""一个停顿"等词语来。

39 号作品音频 2 个：
《站在历史的枝头微笑》

40 号作品

在一次名人访问中，被问及上个世纪最重要的发明是什么时，有人说是电脑，有人说是汽车，等等。但新加坡的一位知名人士却说是冷气机。他解释，如果没有冷气，热带地区如东南亚国家，就不可能有很高的生产力，就不可能达到今天的生活水准[1]。他的回答实事求是[2]，有理有据。

看了上述报道，我突发奇想：为什么没有记者问："二十世纪最糟糕[3]的发明是什么？"其实二〇〇二年十月中旬，英国的一家报纸就评出了"人类最糟糕的发明"。获此"殊荣"[4]的，就是人们每天大量使用的塑料袋。

诞生[5]于上个世纪三十年代的塑料袋，其家族包括用塑料制成的快餐饭盒、包装纸、餐用杯盘、饮料瓶、酸奶杯、雪糕杯等等。这些废弃物形成的垃圾，数量多、体积大、重量轻、不降解[6]，给治理工作带来很多技术难题和社会问题。

比如，散落[7]在田间、路边及草丛中的塑料餐盒，一旦被牲畜[8]吞食，就会危及健康甚至导致死亡。填埋废弃塑料袋、塑料餐盒的土地，不能生长庄稼[9]和树木，造成土地板结，而焚烧[10]处理这些塑料垃圾，则会释放出多种化学有毒气体，其中一种称为二噁英[11]的化合物，毒性极大。

此外，在生产塑料袋、塑料餐盒的//过程中使用的氟利昂[12]，对人体免疫系统和生态环境造成的破坏也极为严重。

节选自林光如《最糟糕的发明》

40 号作品音频 2 个：
《最糟糕的发明》

153

语音提示

1. 水准 shuǐ zhǔn　2. 实事求是 shí shì qiú shì　3. 糟糕 zāogāo　4. 殊荣 shūróng

5. 诞生 dànshēng　6. 降解 jiàngjiě　7. 散落 sǎnluò　8. 牲畜 shēngchù

9. 庄稼 zhuāngjia　10. 焚烧 fénshāo　11. 二噁英 èr'èyīng　12. 氟利昂 fúlì'áng

朗读指导

本文由二十世纪最重要的发明，提出最糟糕的发明是塑料袋的论点，进而指出它的种种危害，旨在引发人们对环境污染的重视，进而增强环保意识，自觉地维护我们共同的家园。文章理据充分，科学性强，具有很强的说服力。朗读时要做到语调客观、平实，语气严肃认真。第三、四、五段列举塑料袋的种种危害，体现出很强的知识性和科学性，语速中等、语气平缓，语气严肃肯定，做到句读分明，语意清晰，以增加文章的说服力。

二、普通话水平测试泛读作品 20 篇

提示：这 20 篇泛读短文，是相对于上面 40 篇精读短文而言的，是国家普通话水平测试朗读测试项必备的，加上上面的 40 篇，一共要准备 60 篇。对于参加浙江省普通话水平测试的学员，下面 20 篇可以作为泛读内容，不做语音提示及朗读指导，每篇短文后有汉语拼音全文标注，"一""不"标变调。

41 号作品

两个同龄的年轻人同时受雇于一家店铺，并且拿同样的薪水。可是一段时间后，叫阿诺德的那个小伙子青云直上，而那个叫布鲁诺的小伙子却仍在原地踏步。布鲁诺很不满意老板

的不公正待遇。终于有一天他到老板那儿发牢骚了。老板一边耐心地听着他的抱怨，一边在心里盘算着怎样向他解释清楚他和阿诺德之间的差别。

"布鲁诺先生，"老板开口说话了，"您现在到集市上去一下，看看今天早上有什么卖的。"

布鲁诺从集市上回来向老板汇报说，今早集市上只有一个农民拉了一车土豆在卖。

"有多少？"老板问。

布鲁诺赶快戴上帽子又跑到集上，然后回来告诉老板一共四十袋土豆。

"价格是多少？"

布鲁诺又第三次跑到集上问来了价格。

"好吧，"老板对他说，"现在请您坐到这把椅子上一句话也不要说，看看阿诺德怎么说。"

阿诺德很快就从集市上回来了，向老板汇报说到现在为止只有一个农民在卖土豆，一共四十口袋，价格是多少多少；土豆质量很不错，他带回来一个让老板看看。这个农民一个钟头以后还会弄来几箱西红柿，据他看价格非常公道。昨天他们铺子的西红柿卖得很快，库存已经不//多了。他想这么便宜的西红柿，老板肯定会要进一些的，所以他不仅带回了一个西红柿做样品，而且把那个农民也带来了，他现在正在外面等回话呢。

此时老板转向了布鲁诺，说："现在您肯定知道为什么阿诺德的薪水比您高了吧！"

节选自张健鹏、胡足青主编《故事时代》中《差别》

154   **41 Hào Zuòpǐn**

Liǎnggè tónglíng de niánqīngrén tóngshí shòugù yú yì jiā diànpù, bìngqiě ná tóngyàng de xīn•shuǐ.Kěshì yí duàn shíjiān hòu, jiào ā'nuòdé de nàge xiǎohuǒzi qīngyún zhíshàng, ér nàge jiào Bùlǔnuò de xiǎohuǒzi què réng zài yuándì tàbù.Bùlǔnuò hěn bù mǎnyì lǎobǎn de bù gōngzhèng dàiyù.Zhōng yú yǒu yì tiān tā dào lǎobǎn nàr fā láo•sāo le. Lǎobǎn yī biān nàixīn de tīngzhe tā de bào•yuàn, yìbiān zài xīn•lǐ pánsuanzhe zěnyàng xiàng tā jiěshì qīngchu tā hé ā'nuòdé zhījiān de chābié.

"Bùlǔnuò xiānsheng," Lǎo bǎn kāikǒu shuōhuà le, "Nín xiànzài dào jíshì•shàng qù yī xià, kànkan jīntiān zǎoshang yǒu shénme mài de."

Bùlǔnuò cóng jí shì•shàng huí•lái xiàng lǎobǎn huìbào shuō, jīnzǎo jíshì•shàng zhǐyǒu yí gè nóngmín lāle yì chē tǔdòu zài mài.

"yǒu duō•shǎo？" Lǎo bǎn wèn.

Bùlǔnuò gǎnkuài dài•shàng màozǐ yòu pǎodào jí•shàng, rán hòu huí•lái gàosu lǎobǎn yígòng sìshí dài tǔdòu.

"Jià gé shì duō•shǎo？"

Bùlǔnuò yòu dì-sān cì pǎodào jí•shàng wènláile jiàgé.

"Hǎo bā," Lǎo bǎn duì tā shuō, "Xiànzài qǐng nín zuòdàozhè bǎ yǐzi•shàng yí jù huà yě búyào shuō, kànkan ā'nuòdé zěnme shuō."

ā'nuòdé hěn kuài jiù cóng jí shì•shàng huí•lái le, xiàng lǎobǎn huìbào shuō dào xiànzài wéizhǐ zhǐyǒu yí gè nóngmín zài mài tǔdòu, yígòng sìshí kǒudai, jià gé shì duō•shǎo duō•shǎo; tǔdòu zhìliàng hěn búcuò, tā dài huí•lái yí gè ràng lǎobǎn kànkan.Zhège nóng mín yí gè zhōngtóu yǐhòu hái huì nònglái jǐ xiāng xīhóngshì, jù tā kàn jiàgé fēi cháng gōng dào.Zuótiān tāmen pùzi de xīhóngshì mài de hěn kuài, kù cún yǐ • jīng bù //duō le.Tā xiǎng zhème piányi de xīhóngshì lǎobǎn kěndìng huì yào jìn yīxiē de, suǒyǐ tā bùjǐn dàihuí le yī gè xīhóngshì zuò yàngpǐn, érqiě bǎ nàgè nóng mín yě dài • lái le, tā xiànzài zhèngzài wài • miàn děng huí huà ne.

Cǐ shí lǎobǎn zhuǎnxiàngle Bùlǔnuò, shuō: "Xiànzài nín kěndìng zhī • dào wèishénme ā'nuòdé de xīn • shuǐ bǐ nín gāo le ba?"

Jié xuǎn zì Zhāng Jiànpéng、Hú Zúqīng zhǔ biān《Gùshì Shídài》zhōng《Chābié》

42 号作品

假日到河滩上转转，看见许多孩子在放风筝。一根根长长的引线，一头系在天上，一头系在地上，孩子同风筝都在天与地之间悠荡，连心也被悠荡得恍恍惚惚了，好像又回到了童年。

儿时放的风筝，大多是自己的长辈或家人编扎的，几根削得很薄的篾，用细纱线扎成各种鸟兽的造型，糊上雪白的纸片，再用彩笔勾勒出面孔与翅膀的图案。通常扎得最多的是"老雕""美人儿""花蝴蝶"等。

我们家前院就有位叔叔，擅扎风筝，远近闻名。他扎得风筝不只体型好看，色彩艳丽，放飞得高远，还在风筝上绷一叶用蒲苇削成的膜片，经风一吹，发出"嗡嗡"的声响，仿佛是风筝的歌唱，在蓝天下播扬，给开阔的天地增添了无尽的韵味，给驰荡的童心带来几分疯狂。

我们那条胡同的左邻右舍的孩子们放的风筝几乎都是叔叔编扎的。他的风筝不卖钱，谁上门去要，就给谁，他乐意自己贴钱买材料。

后来，这位叔叔去了海外，放风筝也渐与孩子们远离了。不过年年叔叔给家乡写信，总不忘提起儿时的放风筝。香港回归之后，他在家信中说到，他这只被故乡放飞到海外的风筝，尽管飘荡游弋，经沐风雨，可那线头儿一直在故乡和//亲人手中牵着，如今飘得太累了，也该要回归到家乡和亲人身边来了。

是的。我想，不光是叔叔，我们每个人都是风筝，在妈妈手中牵着，从小放到大，再从家乡放到祖国最需要的地方去啊！

节选自李恒瑞《风筝畅想曲》

42 Hào Zuòpǐn

Jiàrì dào hétān • shàng zhuànzhuan, kàn • jiàn xǔduō háizi zài fàng fēngzheng. Yì gēngēn chángcháng de yǐnxiàn, yì tóur jì zài tiān • shàng, yì tóur jì zài dì • shàng, háizi tóng fēng zhengdōu zài tiān yǔ dì zhījiān yōudàng, lián xīn yě bèi yōudàng de huǎnghuǎng-hūhū le, hǎoxiàngyòu huí dàole tóngnián.

Ershí fàng de fēngzheng, dàduō shì zìjǐ de zhǎngbèi huò jiārén biānzā de, jǐ gēn xiāo de hěnbáo de miè, yòng xì shāxiàn zāchénggè zhǒng niǎo shòu de zàoxíng, hú • shàng xuěbái de zhǐpiàn, zài yòng cǎibǐ gōulè chū miànkǒng yǔ chìbǎng de tú'àn.Tōngcháng zā de zuì duō de shì "lǎodiāo" "měirénr" "huā húdié" děng.

Wǒmen jiā qiányuàn jiù yǒu wèi shūshu, shàn zā fēngzheng, yuǎn-jìn wénmíng.Tā zā defēng

155

zheng bùzhǐ tǐxíng hǎokàn, sècǎi yànlì, fàngfēi de gāo yuǎn, hái zài fēngzheng·shàng bēngyí yě yòng púwěi xiāochéng de mópiàn, jīng fēng yī chuī, fāchū "wēngwēng" de shēngxiǎng, fǎngfúshì fēngzheng de gēchàng, zài lántiān·xià bō yáng, gěi kāikuò de tiāndì zēngtiānle wújìn deyùnwèi, gěi chídàng de tóngxīn dàilái jǐ fēn fēngkuáng.

Wǒmen nà tiáo hútòngr de zuǒlín-yòushè de háizimen fàng de fēngzheng jīhū dōu shì shūshubiānzā de.Tā de fēngzheng bù mài qián, shéi shàngmén qù yào, jiù gěi shéi, tā lèyì zìjǐ tiēqián mǎi cáiliào.

Hòulái, zhèwèi shūshu qùle hǎiwài, fàng fēngzheng yě jiàn yǔ háizi men yuǎnlí le. Bùguò niánnián shūshu gěi jiāxiāng xiěxìn, zǒng bù wàng tíqǐ érshí de fàng fēngzheng.Xiānggǎng huíguī zhīhòu, tā zài jiāxìn zhōng shuōdào, tā zhè zhī bèi gùxiāng fàngfēi dào hǎiwài defēngzheng, jǐnguǎn piāodàng yóuyì, jīng mù fēngyǔ, kě nà xiàntóur yīzhí zài gùxiāng hé//qīnrénshǒu zhōng qiānzhe, rújīn piāo de tài lèi le, yě gāi yào huíguī dào jiāxiāng hé qīnrén shēnbiānlái le.

Shìde.Wǒ xiǎng, bùguāng shì shūshu, wǒmen měi gè rén dōu shì fēngzheng, zài māma shǒuzhōng qiānzhe, cóngxiǎo fàngdào dà, zài cóng jiāxiāng fàngdào zǔguó zuì xūyào de dì fang qù a!

Jiéxuǎn zì Lǐ Héngruì 《Fēngzheng Chàngxiǎngqǔ》

43 号作品

很久以前，在一个漆黑的秋天的夜晚，我泛舟在西伯利亚一条阴森森的河上。船到一个转弯处，只见前面黑黢黢的山峰下面，一星火光蓦地一闪。

火光又明又亮，好像就在眼前……

"好啦，谢天谢地！"我高兴地说，"马上就到过夜的地方啦！"

船夫扭头朝身后的火光望了一眼，又不以为然地划起桨来。

"远着呢！"

我不相信他的话，因为火光冲破朦胧的夜色，明明在那儿闪烁。不过船夫是对的，事实上，火光的确还远着呢。

这些黑夜的火光的特点是：驱散黑暗，闪闪发亮，近在眼前，令人神往。乍一看，再划几下就到了……其实却还远着呢！……

我们在漆黑如墨的河上又划了很久。一个个峡谷和悬崖，迎面驶来，又向后移去，仿佛消失在茫茫的远方，而火光却依然停在前头，闪闪发亮，令人神往——依然是这么近，又依然是那么远……

现在，无论是这条被悬崖峭壁的阴影笼罩的漆黑的河流，还是那一星明亮的火光，都经常浮现在我的脑际，在这以前和在这以后，曾有许多火光，似乎近在咫尺，不止使我一人心驰神往。可是生活之河却仍然在那阴森森的两岸之间流着，而火光也依旧非常遥远。因此，必须加劲划桨……

然而，火光啊……毕竟……毕竟就//在前头！……

节选自［俄］柯罗连科《火光》，张铁夫译

43 Hào Zuòpǐn

Hěn jiǔ yǐqián, zài yí gè qīhēi de qiūtiān de yèwǎn, wǒ fàn zhōu zài Xībólìyà yì tiáo yīnsēnsēn de hé·shàng.Chuán dào yí gè zhuǎnwān chù, zhǐ jiàn qián·miàn hēiqūqū de shān fēng xià·miàn, yī xīng huǒguāng mòdì yì shǎn.

Huǒ guāng yòu míng yòu liàng, hǎoxiàng jiù zài yǎnqián……

"Hǎo la, xiètiān-xièdì!" Wǒ gāoxìng de shuō, "Mǎshàng jiù dào guòyè de dìfang la!"

Chuánfū niǔtóu cháo shēnhòu de huǒguāng wàng le yì yǎn, yòu bùyǐwéirán de huá·qǐ jiǎng·lái.

"Yuǎnzhe ne!"

Wǒ bù xiāngxìn tā de huà, yīn·wèi huǒguāng chōngpò ménglóng de yèsè, míngmíng zài nàr shǎnshuò.Bùguò chuánfū shì duì de, shìshí·shàng, huǒguāng díquè hái yuǎnzhe ne.

Zhèxiē hēiyè de huǒguāng de tèdiǎn shì：Qū sàn hēi'àn, shǎnshǎn fāliàng, jìn zài yǎn qián, lìngrén shénwǎng.Zhà yí kàn, zài huá jǐ xià jiù dào le……Qíshí què hái yuǎnzhe ne!……

Wǒmen zài qīhēi rú mò de hé·shàng yòu huále hěn jiǔ.Yígègè xiágǔ hé xuányá, yíng miàn shǐ·lái, yòu xiàng hòu yí·qù, fǎng fú xiāoshī zài mángmáng de yuǎnfāng, ér huǒ guāng què yīrán tíng zài qiántou, shǎnshǎn fāliàng, lìngrénshénwǎng——yīrán shì zhème jìn, yòu yīrán shì nàme yuǎn……

Xiànzài, wúlùn shì zhè tiáo bèi xuányá qiàobì de yīnyǐng lǒngzhào de qīhēi de héliú, háishì nà yì xīng míngliàng de huǒguāng, dōu jīngcháng fúxiàn zài wǒ de nǎojì, zài zhè yǐqián hé zài zhè yǐhòu, céng yǒu xǔduō huǒguāng, sìhū jìn zài zhǐchǐ, bùzhǐ shǐ wǒ yì rén xīnchí-shénwǎng. Kěshì shēnghuó zhī hé què réngrán zài nà yīnsēnsēn de liǎng'àn zhī jiān liúzhe, ér huǒguāng yě yījiù fēicháng yáoyuǎn.Yīncǐ, bìxū jiājìn huá jiǎng……

Rán'ér, huǒguānga……bìjìng……bìjìng jiù//zài qiántou!……

Jiéxuǎn zì〔E〕Kēluóliánkē《Huǒguāng》, Zhāng Tiěfū yì

44 号作品

十年，在历史上不过是一瞬间。只要稍加注意，人们就会发现：在这一瞬间里，各种事物都悄悄经历了自己的千变万化。

这次重新访日，我处处感到亲切和熟悉，也在许多方面发觉了日本的变化。就拿奈良的一个角落来说吧，我重游了为之感受很深的唐招提寺，在寺内各处匆匆走了一遍，庭院依旧，但意想不到还看到了一些新的东西。其中之一，就是近几年从中国移植来的"友谊之莲"。

在存放鉴真遗像的那个院子里，几株中国莲昂然挺立，翠绿的宽大荷叶正迎风而舞，显得十分愉快。开花的季节已过，荷花朵朵已变为莲蓬累累。莲子的颜色正在由青转紫，看来已经成熟了。

我禁不住想："因"已转化为"果"。

中国的莲花开在日本，日本的樱花开在中国，这不是偶然。我希望这样一种盛况延续不衰。可能有人不欣赏花，但绝不会有人欣赏落在自己面前的炮弹。

在这些日子里，我看到了不少多年不见的老朋友，又结识了一些新朋友。大家喜欢涉及的话题之一，就是古长安和古奈良。那还用得着问吗，朋友们缅怀过去，正是瞩望未来。瞩目于未来的人们必将获得未来。

我不例外，也希望一个美好的未来。为//了中日人民之间的友谊，我将不浪费今后生命的每一瞬间。

节选自严文井《莲花和樱花》

44 Hào Zuòpǐn

Shí nián, zài lìshǐ •shàng bùguò shì yí shùnjiān.Zhǐyào shāo jiā zhùyì, rénmen jiù huì fāxiàn: Zài zhè yí shùnjiān •lǐ, gè zhǒng shìwù dōu qiāoqiāo jīnglìle zìjǐ de qiānbiàn-wànhuà.

Zhè cì chóngxīn fǎng Rì, wǒ chùchù gǎndào qīnqiè hé shú •xī, yě zài xǔduō fāng miàn fājuéle Rìběn de biànhuà.Jiù ná Nàiliáng de yí gè jiǎoluò lái shuō ba, wǒ chóngyóule wèi zhī gǎnshòu hěn shēn de Táng Zhāotísì, zài sìnèi gè chù cōngcōng zǒule yí biàn, tíng yuàn yījiù, dàn yìxiǎngbúdào hái kàndàole yìxiē xīn de dōngxi.Qízhōng zhīyī, jiùshì jìnjǐ nián cóng Zhōngguó yízhí lái de "yǒuyì zhī lián".

Zài cúnfàng Jiànzhēn yíxiàng de nàge yuànzi •lǐ, jǐ zhū Zhōngguó lián ángrán tǐnglì, cuìlǜ de kuāndà héyè zhèng yíngfēng ér wǔ, xiǎn •dé shífēn yúkuài.Kāihuā de jìjié yǐ guò, héhuā duǒduǒ yǐ biànwéi liánpéng léiléi.Liánzǐ de yánsè zhèngzài yóu qīng zhuǎn zǐ, kàn •lái yǐ •jīng chéngshú le.

Wǒ jīn •bùzhù xiǎng: "Yīn" yǐ zhuǎnhuà wéi "guǒ".

Zhōngguó de liánhuā kāi zài Rìběn, Rìběn de yīnghuā kāi zài Zhōngguó, zhè bù shì ǒurán.Wǒ xīwàng zhèyàng yì zhǒng shèngkuàng yánxù bù shuāi.Kěnéng yǒu rén bù xīnshǎng huā, dàn jué bùhuì yǒu rén xīnshǎng luò zài zìjǐ miànqián de pàodàn.

Zài zhèxiē rìzi •lǐ, wǒ kàndàole bùshǎo duō nián bù jiàn de lǎopéngyou, yòu jiéshíle yì xiē xīn péngyou.Dàjiā xǐhuān shèjí de huàtí zhīyī, jiùshì gǔ Cháng'ān hé gǔ Nàiliáng.Nà hái yòngdezháo wèn ma, péngyoumen miǎnhuái guòqù, zhèngshì zhǔwàng wèilái.Zhǔmù yú wèilái de rénmen bìjiāng huòdé wèilái.

Wǒ bù lìwài, yě xīwàng yí gè měihǎo de wèilái.

Wèi//le Zhōng-Rì rénmín zhījiān de yǒuyì, wǒ jiāng bù làngfèi jīnhòu shēngmìng de měi yī shùnjiān.

Jiéxuǎn zì Yán Wénjǐng《Liánhuā hé Yīnghuā》

45 号作品

梅雨潭闪闪的绿色招引着我们，我们开始追捉她那离合的神光了。揪着草，攀着乱石，小心探身下去，又鞠躬过了一个石穹门，便到了汪汪一碧的潭边了。

瀑布在襟袖之间，但是我的心中已没有瀑布了。我的心随潭水的绿而摇荡。那醉人的绿呀！仿佛一张极大极大的荷叶铺着，满是奇异的绿呀。我想张开两臂抱住她，但这是怎样一个妄想啊。

站在水边，望到那面，居然觉着有些远呢！这平铺着、厚积着的绿，着实可爱。她松松地皱缬着，像少妇拖着的裙幅；她滑滑地明亮着，像涂了"明油"一般，有鸡蛋清那样软，那样嫩；她又不杂些尘滓，宛然一块温润的碧玉，只清清的一色——但你却看不透她！

我曾见过北京什刹海拂地的绿杨，脱不了鹅黄的底子，似乎太淡了。我又曾见过杭州虎跑寺近旁高峻而深密的"绿壁"，丛叠着无穷的碧草与绿叶的，那又似乎太浓了。其余呢，西湖的波太明了，秦淮河的也太暗了。可爱的，我将什么来比拟你呢？我怎么比拟得出呢？大约潭是很深的，故能蕴蓄着这样奇异的绿；仿佛蔚蓝的天融了一块在里面似的，这才这般的鲜润啊。

那醉人的绿呀！我若能裁你以为带，我将赠给那轻盈的//舞女，她必能临风飘举了。我若能挹你以为眼，我将赠给那善歌的盲妹，她必明眸善睐了。我舍不得你，我怎舍得你呢？我用手拍着你，抚摩着你，如同一个十二三岁的小姑娘。我又掬你入口，便是吻着她了。我送你一个名字，我从此叫你"女儿绿"，好吗？

第二次到仙岩的时候，我不禁惊诧于梅雨潭的绿了。

节选自朱自清《绿》

45 Hǎo Zuòpǐn

Méiyǔtán shǎnshǎn de lùsè zhāoyǐnzhe wǒmen, wǒmen kāishǐ zhuīzhuō tā nà líhé de shénguāng le. Jiūzhe cǎo, pānzhe luànshí, xiǎo •xīn tànshēn xià •qù, yòu jūgōngguòle yí gè shí qióngmén, biàn dàole wāngwāng yí bì de tán biān le.

Pùbù zài jīnxiù zhījiān, dànshì wǒ de xīnzhōng yǐ méi • yǒu pùbù le. Wǒ de xīn suí tánshuǐ de lù ér yáodàng. Nà zuìrén de lù ya! Fǎngfú yì zhāng jí dà jí dà de héyè pūzhe, mǎnshì qíyì de lù ya. Wǒ xiǎng zhāngkāi liǎngbì bàozhù tā, dàn zhè shì zěnyàng yí gè wàngxiǎng ā.

Zhàn zài shuǐbiān, wàngdào nà • miàn, jūrán juézhe yǒu xiē yuǎn ne! Zhè píngpūzhe、hòujīzhe de lù, zhuóshí kě'ài. Tā sōngsōng de zhòuxiézhe, xiàng shàofù tuōzhe de qúnfú; tā huáhuá de míngliàngzhe, xiàng túle "míngyóu" yìbān, yǒu jīdànqīng nàyàng ruǎn, nàyàng nèn; tā yòu bù zá xiē chénzǐ, wǎnrán yí kuài wēnrùn de bìyù, zhǐ qīngqīng de yí sè——dàn nǐ què kàn • bùtòu tā!

Wǒ céng jiànguo Běijīng Shíchàhǎi fúdì de lùyáng, tuō •bùliǎo éhuáng de dǐzi, sìhū tài dàn le. Wǒ yòu céng jiànguo Hángzhōu Hǔpáosì jìnpánggāojùn ér shēnmì de "lùbì", cóngdié zhe wúqióng de bìcǎo yǔ lùyè de, nà yòu sìhū tài nóng le. Qíyú ne, Xīhú de bō tài míng le, Qínhuái Hé de yě tài àn le. Kě'ài de, wǒ jiāng shénme lái bǐnǐ nǐ ne? Wǒ zěnme bǐnǐ de chū ne? Dàyuē tán shì hěn shēn de, gù néng yùnxùzhe zhèyàng qíyì de lù; fǎngfú wèilán de tiān róngle yí kuài zài lǐ • miàn shìde, zhè cái zhèbān de xiānrùn a.

Nà zuìrén de lù ya! Wǒ ruò néng cái nǐ yǐ wéi dài, wǒ jiāng zènggěi nà qīngyíng de// wǔnǚ, tā bìnéng línfēng piāojǔ le. Wǒ ruò néng yì nǐ yǐ wéi yǎn, wǒ jiāng zènggěi nà shàn gē de mángmèi, tā bì míngmóu-shànlài le. Wǒ shě •bù •dé nǐ; wǒ zěn shě •dé nǐ ne? Wǒ yòng shǒu pāizhe nǐ, fǔmózhe nǐ, rútóng yí gè shí'èr-sān suì de xiǎogūniang. Wǒ yòu jū nǐ rùkǒu, biànshì wěnzhe tā le. Wǒ sòng nǐ yí gè míngzi, wǒ cóngcǐ jiào nǐ "nǚ'érlù", hǎo ma?

Dì-èr cì dào Xiānyán de shíhou, wǒ bùjīn jīngchà yú Méiyǔtán de lù le.

Jiéxuǎn zì Zhū Zìqīng《Lù》

46 号作品

我们家的后园有半亩空地，母亲说："让它荒着怪可惜的，你们那么爱吃花生，就开辟出来种花生吧。"我们姐弟几个都很高兴，买种，翻地，播种，浇水，没过几个月，居然收获了。

母亲说："今晚我们过一个收获节，请你们父亲也来尝尝我们的新花生，好不好？"我们都说好。母亲把花生做成了好几样食品，还吩咐就在后园的茅亭里过这个节。

晚上天色不太好，可是父亲也来了，实在很难得。

父亲说："你们爱吃花生吗？"

我们争着答应："爱！"

"谁能把花生的好处说出来？"

姐姐说："花生的味美。"

哥哥说："花生可以榨油。"

我说："花生的价钱便宜，谁都可以买来吃，都喜欢吃。这就是它的好处。"

父亲说："花生的好处很多，有一样最可贵：它的果实埋在地里，不像桃子、石榴、苹果那样，把鲜红嫩绿的果实高高地挂在枝头上，使人一见就生爱慕之心。你们看它矮矮地长在地上，等到成熟了，也不能立刻分辨出来它有没有果实，必须挖出来才知道。"

我们都说是，母亲也点点头。

父亲接下去说："所以你们要像花生，它虽然不好看，可是很有用，不是外表好看而没有实用的东西。"

我说："那么，人要做有用的人，不要做只讲体面，而对别人没有好处的人了。"//

父亲说："对。这是我对你们的希望。"

我们谈到夜深才散。花生做的食品都吃完了，父亲的话却深深地印在我的心上。

节选自许地山《落花生》

46 Hào Zuòpǐn

Wǒmen jiā de hòuyuán yǒu bàn mǔ kòngdì, mǔ •qīn shuō: "Ràng tā huāngzhe guài kěxī de, nǐmen nàme ài chī huāshēng, jiù kāipì chū •lái zhòng huāshēng ba." Wǒmen jiě-dì jǐ gè dōu hěn gāoxìng, mǎizhǒng, fāndì, bōzhǒng, jiāoshuǐ, méi guò jǐ gè yuè, jūrán shōuhuò le.

Mǔ •qīn shuō: "Jīnwǎn wǒmen guò yí gè shōuhuòjié, qǐng nǐmen fù •qīn yě lái cháng chang wǒmen de xīn huāshēng, hǎo •bú hǎo? " Wǒmen dōu shuō hǎo.Mǔ •qīn bǎ huāshēng zuò chéngle hǎo jǐ yàng shípǐn, hái fēnfù jiù zài hòuyuán de máotíng •lǐ guò zhège jié.

Wǎnshang tiānsè bú tài hǎo, kěshì fù •qīn yě lái le, shí zài hěn nándé.

Fù •qīn shuō: "Nǐmen ài chī huāshēng ma? "

Wǒmen zhēngzhe dāying: "ài ! "

"Shéi néng bǎ huāshēng de hǎo •chù shuō chū •lái? "

Jiějie shuō: "Huāshēng de wèir měi."

gēge shuō: "Huāshēng kěyǐ zhàyóu."

Wǒ shuō: "Huāshēng de jià •qián piányi, shéi dōu kěyǐ mǎi •lái chī, dōu xǐhuan chī.Zhè jiùshì tā de hǎo •chù."

Fù • qīn shuō："Huāshēng de hǎo • chù hěn duō，yǒu yí yàng zuì kěguì：Tā de guǒshí mái zài dì • lǐ，bú xiàng táozi、shíliu、píngguǒ nàyàng，bǎ xiānhóng nènlǜ de guǒshí gāo gāo de guà zài zhītóu • shàng，shǐ rén yí jiàn jiù shēng àimù zhī xīn.Nǐmen kàn tā ǎi'ǎi de zhǎng zài dì • shàng，děngdào chéngshú le，yě bùnéng lìkè fēnbiàn chū • lái tā yǒu méi • yǒu guǒshí，bìxū wā chū • lái cái zhī • dào."

Wǒmen dōu shuō shì，mǔ • qīn yě diǎndiǎn tóu.

Fù • qīn jiē xià • qù shuō："Suǒyǐ nǐmen yào xiàng huāshēng，tā suīrán bù hǎokàn，kě shì hěn yǒuyòng，bú shì wàibiǎo hǎokàn ér méi • yǒu shíyòng de dōngxi."

Wǒ shuō："Nàme，rén yào zuò yǒuyòng de rén，bùyào zuò zhǐ jiǎng tǐ • miàn，ér duì bié • rén méi • yǒu hǎo • chù de rén le." //

Fù • qīn shuō："Duì.Zhè shì wǒ duì nǐmen de xīwàng."

Wǒmen tándào yè shēn cái sàn.Huāshēng zuò de shípǐn dōu chīwán le，fù • qīn de huà què shēnshēn de yìn zài wǒ de xīn • shàng.

Jiéxuǎn zì Xǔ Dìshān《Luòhuāshēng》

47 号作品

在浩瀚无垠的沙漠里，有一片美丽的绿洲，绿洲里藏着一颗闪光的珍珠。这颗珍珠就是敦煌莫高窟。它坐落在我国甘肃省敦煌市三危山和鸣沙山的怀抱中。

鸣沙山东麓是平均高度为十七米的崖壁。在一千六百多米长的崖壁上，凿有大小洞窟七百余个，形成了规模宏伟的石窟群。其中四百九十二个洞窟中，共有彩色塑像两千一百余尊，各种壁画共四万五千多平方米。莫高窟是我国古代无数艺术匠师留给人类的珍贵文化遗产。

莫高窟的彩塑，每一尊都是一件精美的艺术品。最大的有九层楼那么高，最小的还不如一个手掌大。这些彩塑个性鲜明，神态各异。有慈眉善目的菩萨，有威风凛凛的天王，还有强壮勇猛的力士……

莫高窟壁画的内容丰富多彩，有的是描绘古代劳动人民打猎、捕鱼、耕田、收割的情景，有的是描绘人们奏乐、舞蹈、演杂技的场面，还有的是描绘大自然的美丽风光。其中最引人注目的是飞天。壁画上的飞天，有的臂挎花篮，采摘鲜花；有的反弹琵琶，轻拨银弦；有的倒悬身子，自天而降；有的彩带飘拂，漫天遨游；有的舒展着双臂，翩翩起舞。看着这些精美动人的壁画，就像走进了//灿烂辉煌的艺术殿堂。

莫高窟里还有一个面积不大的洞窟——藏经洞。洞里曾藏有我国古代的各种经卷、文书、帛画、刺绣、铜像等共六万多件。由于清朝政府腐败无能，大量珍贵的文物被外国强盗掠走。仅存的部分经卷，现在陈列于北京故宫等处。

莫高窟是举世闻名的艺术宝库。这里的每一尊彩塑、每一幅壁画、每一件文物，都是中国古代人民智慧的结晶。

节选自小学《语文》第六册中《莫高窟》

47 Hào Zuòpǐn

Zài hàohàn wúyín de shāmò • lǐ，yǒu yí piàn měilì de lǜzhōu，lǜzhōu • lǐ cángzhe yì kē shǎnguāng de zhēnzhū.Zhè kē zhēnzhū jiùshì Dūnhuáng Mògāokū.Tā zuòluò zài wǒguó gānsù Shěng Dūnhuáng Shì Sānwēi Shān hé Míngshā Shān de huáibào zhōng.

Míngshā Shān dōnglù shì píngjūn gāodù wéi shíqī mǐ de yábì.Zài yìqiān liùbǎi duō mǐ cháng de yábì·shàng, záo yǒu dàxiǎo dòngkū qībǎi yú gè, xíngchéngle guīmó hóngwěi de shíkūqún.Qízhōng sìbǎi jiǔshí'èr gè dòngkū zhōng, gòng yǒu cǎisè sùxiàng liǎngqiān yì bǎi yú zūn,gè zhǒng bìhuà gòng sìwàn wǔqiān duō píngfāngmǐ.Mògāokū shì wǒguó gǔdài wúshù yìshù jiàngshī liúgěi rénlèi de zhēnguì wénhuà yíchǎn.

Mògāokū de cǎisù, měi yì zūn dōu shì yì jiàn jīngměi de yìshùpǐn.Zuì dà de yǒu jiǔ céng lóu nàme gāo, zuì xiǎo de hái bùrú yí gè shǒuzhǎng dà.Zhèxiē cǎisù gèxìng xiānmíng, shéntài-gèyì.Yǒu címéi-shànmù de pú·sà, yǒu wēifēng-lǐnlǐn de tiānwáng, háiyǒu qiángzhuàng yǒngměng de lìshì……

Mògāokū bìhuà de nèiróng fēngfù-duōcǎi, yǒude shì miáohuì gǔdài láodòng rénmín dǎ liè、bǔyú、gēngtián、shōugē de qíngjǐng, yǒude shì miáohuì rénmen zòuyuè、wǔdǎo、yǎn zá jì de chǎngmiàn, háiyǒude shì miáohuì dàzìrán de měilì fēngguāng.Qízhōng zuì yǐnrén-zhùmù de shì fēitiān.Bìhuà·shàng de fēitiān, yǒude bì kuà huālán, cǎizhāi xiānhuā; yǒude fǎn tán pí·pá, qīng bō yínxián; yǒude dào xuán shēnzi, zì tiān ér jiàng; yǒude cǎidài piāofú, màntiān áo yóu; yǒude shūzhǎnzhe shuāngbì, piānpiān-qǐwǔ.Kànzhe zhèxiē jīngměi dòngrén de bìhuà, jiù xiàng zǒujìnle//cànlàn huīhuáng de yìshù diàntáng.

Mògāokū·lǐ háiyǒu yí gè miànjī bù dà de dòngkū——cángjīngdòng.Dòng·lǐ céng cángyǒu wǒguó gǔdài de gè zhǒng jīngjuàn、wénshū、bóhuà、cìxiù、tóngxiàng děnggòng liù wàn duō jiàn.Yóuyú Qīngcháo zhèngfǔ fǔbài wúnéng, dàliàng zhēnguì de wénwù bèi wàiguó qiángdào lüèzǒu.Jǐncún de bùfen jīngjuàn, xiànzài chénliè yú Běijīnggùgōng děng chù.

Mògāokū shì jǔshì-wénmíng de yìshù bǎokù.Zhè·lǐ de měi yì zūn cǎisù、měi yì fú bì huà、měi yì jiàn wénwù, dōu shì Zhōngguó gǔdài rénmín zhìhuì de jiéjīng.

Jiéxuǎn zì Xiǎoxué《Yǔwén》dì-liù cè zhōng《Mògāokū》

48 号作品

其实你在很久以前并不喜欢牡丹，因为它总被人作为富贵膜拜。后来你目睹了一次牡丹的落花，你相信所有的人都会为之感动：一阵清风徐来，娇艳鲜嫩的盛期牡丹忽然整朵整朵地坠落，铺撒一地绚丽的花瓣。那花瓣落地时依然鲜艳夺目，如同一只奉上祭坛的大鸟脱落的羽毛，低吟着壮烈的悲歌离去。

牡丹没有花谢花败之时，要么烁于枝头，要么归于泥土，它跨越萎顿和衰老，由青春而死亡，由美丽而消遁。它虽美却不吝惜生命，即使告别也要展示给人最后一次的惊心动魄。

所以在这阴冷的四月里，奇迹不会发生。任凭游人扫兴和诅咒，牡丹依然安之若素。它不苟且、不俯就、不妥协、不媚俗，甘愿自己冷落自己。它遵循自己的花期自己的规律，它有权利为自己选择每年一度的盛大节日。它为什么不拒绝寒冷？

天南海北的看花人，依然络绎不绝地涌入洛阳城。人们不会因牡丹的拒绝而拒绝它的美。如果它再被贬谪十次，也许它就会繁衍出十个洛阳牡丹城。

于是你在无言的遗憾中感悟到，富贵与高贵只是一字之差。同人一样，花儿也是有灵性的，更有品位之高低。品位这东西为气为魂为//筋骨为神韵，只可意会。你叹服牡丹卓而不群之姿，方知品位是多么容易被世人忽略或漠视的美。

节选自张抗抗《牡丹的拒绝》

48 Hào Zuòpǐn

Qíshí nǐ zài hěn jiǔ yǐqián bìng bù xǐhuan mǔ•dān, yīn•wèi tā zǒng bèi rén zuòwéi fùguì móbài.Hòulái nǐ mùdǔle yí cì mǔ•dān de luòhuā, nǐ xiāngxìn suǒyǒu de rén dōu huì wèi zhī gǎndòng: Yí zhèn qīngfēng xúlái, jiāoyàn xiānnèn de shèngqī mǔ•dān hūrán zhěng duǒ zhěng duǒ de zhuìluò, pūsǎ yídì xuànlì de huābàn.Nà huābàn luòdì shí yīrán xiānyàn duómù, rútóng yì zhī fèng•shàng jìtán de dàniǎo tuōluò de yǔmáo, dīyínzhe zhuàngliè de bēigē líqù.

Mǔ•dān méi•yǒu huāxiè-huābài zhī shí, yàome shuòyú zhītóu, yàome guīyú nítǔ, tā kuàyuè wěidùn hé shuāilǎo, yóu qīngchūn ér sǐwáng, yóu měilì ér xiāodùn.Tā suī měi què bù lìnxī shēngmìng, jíshǐ gàobié yě yào zhǎnshì gěi rén zuìhòu yí cì de jīngxīn-dòngpò.

Suǒyǐ zài zhè yīnlěng de sìyuè•lǐ, qíjì bú huì fāshēng.Rènpíng yóurén sǎoxìng hé zǔzhòu, mǔ•dān yīrán ānzhī-ruòsù.Tā bù gǒuqiě、bù fūjiù、bù tuǒxié、bù mèisú, gānyuàn zìjǐ lěngluò zìjǐ.Tā zūnxún zìjǐ de huāqī zìjǐ de guīlǜ, tā yǒu quánlì wèi zìjǐ xuǎnzé měinián yī dù de shèngdà jiérì.Tā wèishénme bù jùjué hánlěng?

Tiānnán-hǎiběi de kàn huā rén, yīrán luòyì-bùjué de yǒngrù Luòyáng Chéng.Rénmen bú huì yīn mǔ•dān de jùjué ér jùjué tā de měi.Rúguǒ tā zài bèi biǎnzhé shí cì, yěxǔ tā jiùhuì fányǎn chū shí gè Luòyáng mǔ•dān chéng.

Yúshì nǐ zài wúyán de yíhàn zhōnggǎnwù dào, fùguì yǔ gāoguì zhǐshì yī zì zhī chā.Tóng rén yíyàng, huā'ér yě shì yǒu língxìng de, gèng yǒu pǐnwèi zhī gāodī.Pǐnwèi zhè dōngxi wéi qì wéi hún wéi//jīngǔ wéi shényùn, zhǐ kě yìhuì.Nǐ tànfú mǔ•dān zhuó'ěr-bùqún zhī zī, fāngzhī pǐnwèi shì duōme róng•yì bèi shìrén hūlüè huò mòshì de měi.

Jiéxuǎn zì Zhāng Kàngkàng《Mǔ•dān de Jùjué》

49 号作品

我在俄国见到的景物再没有比托尔斯泰墓更宏伟、更感人的。

完全按照托尔斯泰的愿望，他的坟墓成了世间最美的，给人印象最深刻的坟墓。它只是树林中的一个小小的长方形土丘，上面开满鲜花——没有十字架，没有墓碑，没有墓志铭，连托尔斯泰这个名字也没有。

这位比谁都感到受自己的声名所累的伟人，却像偶尔被发现的流浪汉，不为人知的士兵，不留姓名地被人埋葬了。谁都可以踏进他最后的安息地，围在四周稀疏的木栅栏是不关闭的——保护列夫•托尔斯泰得以安息的没有任何别的东西，唯有人们的敬意；而通常，人们却总是怀着好奇，去破坏伟人墓地的宁静。

这里，逼人的朴素禁锢住任何一种观赏的闲情，并且不容许你大声说话。风儿俯临，在这座无名者之墓的树木之间飒飒响着，和暖的阳光在坟头嬉戏；冬天，白雪温柔地覆盖这片幽暗的圭土地。无论你在夏天或冬天经过这儿，你都想象不到，这个小小的、隆起的长方体里安放着一位当代最伟大的人物。

然而，恰恰是这座不留姓名的坟墓，比所有挖空心思用大理石和奢华装饰建造的坟墓更扣人心弦。在今天这个特殊的日子//里，到他的安息地来的成百上千人中间，没有一个有勇气，哪怕仅仅从这幽暗的土丘上摘下一朵花留作纪念。人们重新感到，世界上再没有比托尔斯泰最后留下的、这座纪念碑式的朴素坟墓，更打动人心的了。

节选自［奥］茨威格《世间最美的坟墓》，张厚仁译

49 Hào Zuòpǐn

Wǒ zài e'guó jiàndào de jǐngwù zài méi·yǒu bǐ Tuō'ěrsītài mù gèng hóngwěi、gèng gǎnrén de.

Wánquán ànzhào Tuō'ěrsītài de yuànwàng，tā de fénmù chéngle shìjiān zuì měi de，gěi rén yìnxiàng zuì shēnkè de fénmù.Tā zhǐshì shùlín zhōng de yí gè xiǎoxiǎo de chángfāng xíng tǔqiū，shàng·miàn kāimǎn xiānhuā——méi·yǒu shízìjià，méi·yǒu mùbēi，méi·yǒu mùzhìmíng，lián Tuō'ěrsītài zhège míng zi yě méi·yǒu.

Zhè wèi bǐ shéi dōu gǎndào shòu zìjǐ de shēngmíng suǒ lèi de wěirén，què xiàng ǒu'ěr bèi fāxiàn de liúlànghàn，bù wéi rén zhī de shìbīng，bù liú míngxìng de bèi rén máizàng le.Shéi dōu kěyǐ tàjìn tā zuìhòu de ānxīdì，wéi zài sìzhōu xīshū de mù zhàlan shì bù guānbì de——bǎohù Lièfū Tuō'ěrsītài déyǐ ānxī de méi·yǒu rènhé biéde dōngxi，wéiyǒu rénmen de jìngyì；ér tōngcháng，rénmen què zǒngshì huáizhe hàoqí，qù pòhuài wěirén mùdì de níngjìng.

Zhè·lǐ，bīrén de pǔsù jìngù zhù rènhé yì zhǒngguānshǎng de xiánqíng，bìngqiě bù róngxǔ nǐ dàshēng shuōhuà。Fēng'ér fǔ lín，zài zhè zuò wúmíngzhě zhī mù de shùmù zhī jiān sàsàxiǎngzhe，hénuǎn de yángguāngzài féntóu xīxì；dōngtiān，báixuě wēnróu de fùgài zhè piàn yōu'àn de guītǔdì.Wúlùn nǐ zài xiàtiān huò dōngtiān jīngguò zhèr，nǐ dōu xiǎngxiàng bú dào，zhège xiǎoxiǎo de、lóngqǐ de chángfāngtǐ·lǐ ānfàngzhe yí wèi dāngdài zuì wěidà de rénwù.

Rán'ér，qiàqià shì zhè zuò bù liú xìngmíng de fénmù，bǐ suǒyǒu wākōng xīnsi yòng dàlǐshí hé shēhuá zhuāngshì jiànzào de fénmù gèng kòurénxīnxián.Zài jīntiān zhège tèshū de rìzi//·lǐ，dào tā de ānxīdì lái de chéng bǎi shàng qiān rén zhōngjiān，méi·yǒu yí gè yǒu yǒngqì，nǎpà jǐnjǐn cóng zhè yōu'àn de tǔqiū·shàng zhāixià yì duǒ huā liúzuò jì niàn.Rénmen chóngxīn gǎndào，shìjiè·shàng zài méi·yǒu bǐ Tuō'ěrsītài zuìhòu liúxià de、zhè zuò jìniànbēi shì de pǔsù fénmù，gèng dǎdòng rénxīn de le.

Jiéxuǎn zì ［Ào］ Cíwēigé《Shìjiān Zuì Měi de Fénmù》，Zhāng Hòurén yì

50 号作品

享受幸福是需要学习的，当它即将来临的时刻需要提醒。人可以自然而然地学会感官的享乐，却无法天生地掌握幸福的韵律。灵魂的快意同器官的舒适像一对孪生兄弟，时而相傍相依，时而南辕北辙。

幸福是一种心灵的震颤。它像会倾听音乐的耳朵一样，需要不断地训练。

简而言之，幸福就是没有痛苦的时刻。它出现的频率并不像我们想象的那样少。人们常常只是在幸福的金马车已经驶过去很远时，才拣起地上的金鬃毛说，原来我见过它。

人们喜爱回味幸福的标本，却忽略它披着露水散发清香的时刻。那时候我们往往步履匆

匆，瞻前顾后不知在忙着什么。

世上有预报台风的，有预报蝗灾的，有预报瘟疫的，有预报地震的。没有人预报幸福。

其实幸福和世界万物一样，有它的征兆。

幸福常常是朦胧的，很有节制地向我们喷洒甘霖。你不要总希望轰轰烈烈的幸福，它多半只是悄悄地扑面而来。你也不要企图把水龙头拧得更大，那样它会很快地流失。你需要静静地以平和之心，体验它的真谛。

幸福绝大多数是朴素的。它不会像信号弹似的，在很高的天际闪烁红色的光芒。它披着本色的外衣，亲//切温暖地包裹起我们。

幸福不喜欢喧嚣浮华，它常常在暗淡中降临。贫困中相濡以沫的一块糕饼，患难中心心相印的一个眼神，父亲一次粗糙的抚摸，女友一张温馨的字条……这都是千金难买的幸福啊。像一粒粒缀在旧绸子上的红宝石，在凄凉中愈发熠熠夺目。

节选自毕淑敏《提醒幸福》

50 Hào Zuòpǐn

Xiǎngshòu xìngfú shì xūyào xuéxí de, dāng tā jíjiāng láilín de shíkè xūyào tí xǐng.Rén kěyǐ zìrán'érrán de xuéhuì gǎnguān de xiǎnglè, què wúfǎ tiānshēng de zhǎngwò xìngfú de yùnlù.Línghún de kuàiyì tóng qìguān de shūshì xiàng yí duì luánshēng xiōngdì, shí'ér xiāngbàng-xiāngyī, shí'ér nányuán-běizhé.

Xìngfú shì yì zhǒng xīnlíng de zhènchàn.Tā xiàng huì qīngtīng yīnyuè de ěrduo yí yàng, xūyào bùduàn de xùnliàn.

Jiǎn'éryánzhī, xìngfú jiùshì méi •yǒu tòngkǔ de shíkè.Tā chūxiàn de pínlǜ bìng bù xiàng wǒmen xiǎngxiàng de nàyàng shǎo.Rénmen chángcháng zhǐshì zài xìngfú de jīn mǎchē yǐ •jīng shǐ guò •qù hěn yuǎn shí, cái jiǎnqǐ dì •shàng de jīn zōngmáo shuō, yuánlái wǒ jiànguò tā.

Rénmen xǐ'ài huíwèi xìngfú de biāoběn, què hūlüè tā pīzhe lù •shuǐ sànfā qīngxiāng de shíkè.Nà shíhou wǒmen wǎngwǎng bùlǚ cōngcōng, zhānqián-gùhòu bù zhī zài mángzhe shénme.

Shì •shàng yǒu yùbào táifēng de, yǒu yùbào huángzāi de, yǒu yùbào wēnyì de, yǒu yù bào dìzhèn de.Méi •yǒu rén yùbào xìngfú.

Qíshí xìngfú hé shìjiè wànwù yíyàng, yǒu tā de zhēngzhào.

Xìngfú chángcháng shì ménglóng de, hěn yǒu jiézhì de xiàng wǒmen pēnsǎ gānlín.Nǐ búyào zǒng xīwàng hōnghōng-lièliè de xìngfú, tā duōbàn zhǐshì qiāoqiāo de pūmiàn ér lái.Nǐ yě búyào qǐtú bǎ shuǐlóngtóu nǐng degèng dà, nàyàng tā huì hěn kuài de liúshī.Nǐ xūyào jìngjìng de yǐ pínghé zhī xīn, tǐyàn tā de zhēndì.

Xìngfú jué dà duōshù shì pǔsù de.Tā bú huì xiàng xìnhàodàn shìde, zài hěn gāo de tiānjì shǎnshuò hóngsè de guāngmáng.Tā pīzhe běnsè de wàiyī, qīn//qiè wēnnuǎn de bāo guǒqǐ wǒmen.

Xìng fú bù xǐhuan xuānxiāo fúhuá, tā chángcháng zài àndàn zhōng jiànglín.Pínkùn zhōng xiāngrúyǐmò de yí kuài gāobǐng, huànnàn zhōng xīnxīn-xiāngyìn de yí gè yǎnshén, fù •qīn yí cì cūcāo de fǔmō, nǔyǒu yì zhāng wēnxīn de zìtiáo……Zhè dōu shì qiānjīn nán mǎi de xìngfú wa.Xiàng yí lìlì zhuì zàijiù chóuzǐ•shàng de hóngbǎoshí, zài qī liáng zhōng yùfā yìyì duómù.

Jiéxuǎn zì Bì Shūmǐn《Tíxǐng Xìngfú》

51 号作品

在里约热内卢的一个贫民窟里，有一个男孩子，他非常喜欢足球，可是又买不起，于是就踢塑料盒，踢汽水瓶，踢从垃圾箱里捡来的椰子壳。他在胡同里踢，在能找到的任何一片空地上踢。

有一天，当他在一处干涸的水塘里猛踢一个猪膀胱时，被一位足球教练看见了。他发现这个男孩儿踢得很像是那么回事，就主动提出要送给他一个足球。小男孩儿得到足球后踢得更卖劲了。不久，他就能准确地把球踢进远处随意摆放的一个水桶里。

圣诞节到了，孩子的妈妈说："我们没有钱买圣诞礼物送给我们的恩人，就让我们为他祈祷吧。"

小男孩儿跟随妈妈祈祷完毕，向妈妈要了一把铲子便跑了出去。他来到一座别墅前的花园里，开始挖坑。

就在他快要挖好坑的时候，从别墅里走出一个人来，问小孩儿在干什么，孩子抬起满是汗珠的脸蛋儿，说："教练，圣诞节到了，我没有礼物送给您，我愿给您的圣诞树挖一个树坑。"

教练把小男孩儿从树坑里拉上来，说，我今天得到了世界上最好的礼物。明天你就到我的训练场去吧。

三年后，这位十七岁的男孩儿在第六届足球锦标赛上独进二十一球，为巴西第一次捧回了金杯。一个原来不//为世人所知的名字——贝利，随之传遍世界。

节选自刘燕敏《天才的造就》

51 Hào Zuòpǐn

Zài Lǐyuērènèilú de yí gè pínmínkū•lǐ, yǒu yí gè nánháizi, tā fēicháng xǐhuan zúqiú, kěshì yòu mǎi•bùqǐ, yúshì jiù tī sùliàohér, tī qìshuǐpíng, tī cóng lājīxiāng•lǐ jiǎnlái de yēzikér. Tā zài hútòngr•lǐ tī, zài néng zhǎodào de rènhé yí piàn kòngdì•shàng tī.

Yǒu yì tiān, dāng tā zài yí chù gānhé de shuǐtáng•lǐ měng tī yí gè zhū pángguāng shí, bèi yí wèi zúqiú jiàolián kàn•jiàn le. Tā fāxiàn zhège nánháir tī de hěn shì nàme huí shì, jiù zhǔdòng tíchū yào sònggěi tā yí gè zúqiú. Xiǎonánháir dédào zúqiú hòu tī de gèng màijìnr le. Bùjiǔ, tā jiù néng zhǔnquè de bǎ qiú tījìn yuǎnchù suíyì bǎifàng de yí gè shuǐtǒng•lǐ.

Shèngdànjié dào le, háizi de māma shuō: "Wǒmen méi•yǒu qián mǎi shèngdàn lǐwù sòng gěi wǒmen de ēnrén, jiù ràng wǒmen wéi tā qídǎo ba."

Xiǎonánháir gēnsuí māma qídǎo wánbì, xiàng māma yàole yì bǎ chǎnzi biàn pǎole chū•qù.Tā láidào yí zuò biéshù qián de huāyuán•lǐ, kāishǐ wā kēng.

Jiù zài tā kuài yào wāhǎo de shíhou, cóng biéshù•lǐ zǒuchū yí gè rén•lái, wèn xiǎohái'r zài gàn shénme, háizi táiqǐ mǎn shì hànzhū de liǎndànr, shuō: "Jiàolián, Shèngdànjié dào le, wǒ méi•yǒu lǐwù sònggěi nín, wǒ yuàn gěi nín de shèngdànshù wā yí gè shùkēng."

Jiàolián bǎ xiǎonánháir cóng shùkēng•lǐ lā shàng•lái, shuō, wǒ jīntiān dédàole shì jiè•shàng zuìhǎo de lǐwù.Míngtiān nǐ jiù dào wǒ de xùnliànchǎng qù ba.

Sān nián hòu, zhè wèi shíqī suì de nánháir zài dì-liù jiè zúqiú jǐnbiāosài·shàng dú jìn èrshíyī qiú, wèi Bāxī dì-yī cì pěnghuí le jīnbēi. Yí gè yuánlái bù//wéi shìrén suǒ zhī de míngzi——Bèilì, suí zhī chuánbiàn shìjiè.

Jiéxuǎn zì Liú Yànmǐn《Tiāncái de Zàojiù》

52 号作品

我为什么非要教书不可？是因为我喜欢教师的时间安排表和生活节奏。七、八、九三个月给我提供了进行回顾、研究、写作的良机，并将三者有机融合，而善于回顾、研究和总结正是优秀教师素质中不可缺少的成分。

干这行给了我多种多样的"甘泉"去品尝，找优秀的书籍去研读，到"象牙塔"和实际世界里去发现。教学工作给我提供了继续学习的时间保证，以及多种途径、机遇和挑战。

然而，我爱这一行的真正原因，是爱我的学生。学生们在我的眼前成长、变化。当教师意味着亲历"创造"过程的发生——恰似亲手赋予一团泥土以生命，没有什么比目睹它开始呼吸更激动人心的了。

权利我也有了：我有权利去启发诱导，去激发智慧的火花，去问费心思考的问题，去赞扬回答的尝试，去推荐书籍，去指点迷津。还有什么别的权利能与之相比呢？

而且，教书还给我金钱和权利之外的东西，那就是爱心。不仅有对学生的爱，对书籍的爱，对知识的爱，还有教师才能感受到的对"特别"学生的爱。这些学生，有如冥顽不灵的泥块，由于接受了老师的炽爱才勃发了生机。所以，我爱教书，还因为，在那些勃发生机的"特//别"学生身上，我有时发现自己和他们呼吸相通，忧乐与共。

节选自［美］彼得·基·贝得勒《我为什么当教师》

167

52 Hào Zuòpǐn

Wǒ wèishénme fēi yào jiāoshū bùkě? Shì yīn·wèi wǒ xǐhuan dāng jiàoshī de shíjiān ānpáibiǎo hé shēnghuó jiézòu. Qī、bā、jiǔ sān gè yuè gěi wǒ tígōngle jìnxíng huígù、yánjiū、xiězuò de liángjī, bìng jiāng sānzhě yǒujī rónghé, ér shànyú huígù、yánjiū hé zǒngjié zhèng shì yōuxiù jiàoshī sùzhì zhōng bùkě quēshǎo de chéng·fèn.

gàn zhè hánggěile wǒ duōzhǒng-duōyàng de "gānquán" qù pǐncháng, zhǎo yōuxiù de shū jí qù yándú, dào "xiàngyátǎ" hé shíjì shìjiè·lǐ qù fāxiàn. Jiàoxué gōngzuò gěi wǒ tígōng le jìxù xuéxí de shíjiān bǎozhèng, yǐjí duōzhǒng tújìng、jīyù hé tiǎozhàn.

Rán'ér, wǒ ài zhè yì háng de zhēnzhèng yuányīn, shì ài wǒ de xuésheng. Xuéshengmen zài wǒ de yǎnqián chéngzhǎng、biànhuà. Dāng jiàoshī yìwèizhe qīnlì "chuàngzào" guòchéng de fāshēng——qiàsì qīnshǒu fùyǔ yì tuán nítǔ yǐ shēngmìng, méi·yǒu shénme bǐ mùdǔ tā kāishǐ hūxī gèng jīdòng rénxīn de le.

Quánlì wǒ yě yǒu le: Wǒ yǒu quánlì qù qǐfā yòudǎo, qù jīfā zhìhuì de huǒhuā, qù wèn fèixīn sīkǎo de wèntí, qù zànyáng huídá de chángshì, qù tuījiàn shūjí, qù zhǐdiǎn mí jīn. Háiyǒu shénme biéde quánlì néng yǔ zhī xiāng bǐ ne?

Erqiě, jiāoshū hái gěi wǒ jīnqián hé quánlì zhīwài de dōngxi, nà jiùshì àixīn. Bùjǐn yǒu duì xuésheng de ài, duì shūjí de ài, duì zhīshi de ài, háiyǒu jiàoshī cái nénggǎnshòudào de duì "tèbié" xuésheng de ài. Zhèxiē xuésheng, yǒurú míngwán-bùlíng de níkuài, yóu yú jiē shòule lǎoshī de chì'ài cái bófāle shēngjī. Suǒyǐ, wǒ ài jiāoshū, hái yīn•wèi, zài nàxiē bófā shēngjī de "tè//bié" xuésheng shēn•shàng, wǒ yǒushí fāxiàn zìjǐ hé tāmen hūxī xiāngtōng, yōulè yǔ gòng.

Jiéxuǎn zì〔Měi〕Bǐdé Jī Bèidélè《Wǒ Wèishénme Dāng Jiàoshī》

53 号作品

　　中国西部我们通常是指黄河与秦岭相连一线以西，包括西北和西南的十二个省、市、自治区。这块广袤的土地面积为五百四十六万平方公里，占国土总面积的百分之五十七；人口二点八亿，占全国总人口的百分之二十三。

　　西部是华夏文明的源头。华夏祖先的脚步是顺着水边走的：长江上游出土过元谋人牙齿化石，距今约一百七十万年；黄河中游出土过蓝田人头盖骨，距今约七十万年。这两处古人类都比距今约五十万年的北京猿人资格更老。

　　西部地区是华夏文明的重要发源地，秦皇汉武以后，东西方文化在这里交汇融合，从而有了丝绸之路的驼铃声声，佛院深寺的暮鼓晨钟。敦煌莫高窟是世界文化史上的一个奇迹，它在继承汉晋艺术传统的基础上，形成了自己兼收并蓄的恢宏气度，展现出精美绝伦的艺术形式和博大精深的文化内涵。秦始皇兵马俑、西夏王陵、楼兰古国、布达拉宫、三星堆、大足石刻等历史文化遗产，同样为世界所瞩目，成为中华文化重要的象征。

　　西部地区又是少数民族及其文化的集萃地，几乎包括了我国所有的少数民族。在一些偏远的少数民族地区，仍保留//了一些久远时代的艺术品种，成为珍贵的"活化石"，如纳西古乐、戏曲、剪纸、刺绣、岩画等民间艺术和宗教艺术，特色鲜明、丰富多彩，犹如一个巨大的民族民间文化艺术宝库。

　　我们要充分重视和利用这些得天独厚的资源优势，建立良好的民族民间文化生态环境，为西部大开发做出贡献。

节选自《中考语文课外阅读试题精选》中《西部文化和西部开发》

53 Hào Zuòpǐn

Zhōngguó xībù wǒmen tōngcháng shì zhǐ Huáng Hé yǔ Qín Lǐng xiānglián yí xiàn yǐxī, bāokuò xīběi hé xīnán de shí'èr gè shěng、shì、zìzhìqū.Zhè kuài guǎngmào de tǔdì miànjī wéi wǔbǎi sìshíliù wàn píngfānggōnglǐ, zhàn guótǔ zǒng miànjī de bǎi fēn zhī wǔ shíqī; rénkǒu èr diǎn bā yì, zhàn quánguó zǒng rénkǒu de bǎi fēn zhī èrshísān.

Xībù shì Huáxià wénmíng de yuántóu.Huáxià zǔxiān de jiǎobù shì shùnzhe shuǐbiān zǒu de; Cháng Jiāng shàngyóu chūtǔguo Yuánmóurén yáchǐ huàshí, jù jīn yuē yìbǎi qīshí wàn nián; Huáng Hé zhōngyóu chūtǔguo Lántiánrén tóugàigǔ, jù jīn yuē qīshí wàn nián.Zhè liǎng chù gǔ rénlèi dōu bǐ jù jīn yuē wǔshí wàn nián de Běijīng yuánrén zī•gé gèng lǎo.

Xībù dìqū shì HuáXià wénmíng de zhòngyào fāyuándì.Qínhuáng Hànwǔ yǐhòu, dōngxīfāng wénhuà zài zhè•lǐ jiāohuì rónghé, cóng'ér yǒule sīchóu zhī lù de tuólíng shēng shēng, fó yuàn shēn sì de mùgǔ-chénzhōng. Dūnhuáng Mògāokū shì shìjiè wénhuàshǐ•shàng de yī gè qíjì, tā zài jìchéng Hàn Jìn yìshù chuántǒng de jīchǔ•shàng, xíngchéngle zìjǐ jiānshōu-bìngxù de huīhóng qìdù, zhǎnxiànchū jīngměi-juélún de yìshù xíngshì hé bódà-jīngshēn de wénhuà nèihán. Qínshǐhuáng Bīngmǎyǒng、Xīxià wánglíng、Lóulán gǔguó、Bù dálāgōng、Sānxīngduī、Dàzú shíkè děng lìshǐ wénhuà yíchǎn,tóngyàng wéi shìjiè suǒ zhǔ mù, chéngwéi zhōnghuá wénhuà zhòngyào de xiàngzhēng.

Xībù dìqū yòu shì shǎoshù mínzú jíqí wénhuà de jícuìdì, jīhū bāokuòle wǒguó suǒ yǒu de shǎoshù mínzú. Zài yìxiē piānyuǎn de shǎoshù mínzú dìqū, réng bǎoliú//le yìxiē jiù yuǎn shídài de yìshù pǐnzhǒng, chéngwéi zhēnguì de "huó huàshí", rú Nàxī gǔyuè、xìqǔ、jiǎnzhǐ、cìxiù、yánhuà děngmínjiān yìshù hé zōngjiào yìshù,Tèsè xiānmíng、fēngfù-duōcǎi, yóurú yí gè jùdà de mínzú mínjiān wénhuà yìshù bǎokù.

Wǒmen yào chōngfèn zhòngshì hé lìyòng zhèxiē détiān-dúhòu de zīyuán yōushì, jiànlì liánghǎo de mínzú mínjiān wénhuà shēngtài huánjìng, wèi xībù dà kāifā zuòchū gòngxiàn.

Jiéxuǎn zì《Zhōngkǎo Yǔwén Kèwài Yuèdú Shìtí Jīngxuǎn》zhōng《Xībù Wénhuà hé Xī bù Kāifā》

54 号作品

有这样一个故事。

有人问：世界上什么东西的气力最大？回答纷纭得很，有的说"象"，有的说"狮"，有人开玩笑似的说：是"金刚"，金刚有多少气力，当然大家全不知道。

结果，这一切答案完全不对，世界上气力最大的，是植物的种子。一粒种子所可以显现出来的力，简直是超越一切。

人的头盖骨，结合得非常致密与坚固，生理学家和解剖学者用尽了一切的方法，要把它完整地分出来，都没有这种力气。后来忽然有人发明了一个方法，就是把一些植物的种子放在要剖析的头盖骨里，给它以温度与湿度，使它发芽。一发芽，这些种子便以可怕的力量，将一切机械力所不能分开的骨骼，完整地分开了。植物种子的力量之大，如此如此。

这，也许特殊了一点儿，常人不容易理解。那么，你看见过笋的成长吗？你看见过被压在瓦砾和石块下面的一棵小草的生长吗？它为着向往阳光，为着达成它的生之意志，不管上面的石块如何重，石与石之间如何狭，它必定要曲曲折折地，但是顽强不屈地透到地面上来。它的根往土壤钻，它的芽往地面挺，这是一种不可抗拒的力，阻止它的石块，结果也被它掀翻，一粒种子的力量之大，//如此如此。

没有一个人将小草叫作"大力士"，但是它的力量之大，的确是世界无比。这种力是一般人看不见的生命力。只要生命存在，这种力就要显现。上面的石块，丝毫不足以阻挡。因为它是一种"长期抗战"的力；有弹性，能屈能伸的力；有韧性，不达目的不止的力。

节选自夏衍《野草》

54 Hào Zuòpǐn

Yǒu zhèyàng yí gè gùshi.

Yǒu rén wèn: Shìjiè •shàng shénme dōngxi de qìlì zuì dà? Huídá fēnyún de hěn, yǒude shuō "xiàng", yǒude shuō "shī", yǒu rén kāi wánxiào shìde shuō: shì "Jīngāng", Jīngāng yǒu duō •shǎo qìlì, dāngrán dàjiā quán bù zhī •dào.

Jiéguǒ, zhè yíqiè dá'àn wánquán bú duì, shìjiè •shàng qìlì zuì dà de, shì zhíwù de zhǒngzi.Yí lì zhǒngzi suǒ kěyǐ xiǎnxiàn chū •lái de lì, jiǎnzhí shì chāoyuè yíqiè.

Rén de tóugàigǔ, jiéhé de fēicháng zhìmì yǔ jiāngù, shēnglǐxuéjiā hé jiěpōuxuézhě yòngjìnle yíqiè de fāngfǎ, yào bǎ tā wánzhěng de fēn chū·lái, dōu méi·yǒu zhè zhǒng lì qì.Hòulái hūrán yǒu rén fāmíngle yí gè fāngfǎ, jiùshì bǎ yìxiē zhíwù de zhǒngzi fàng zài yào pōuxī de tóugàigǔ·lǐ, gěi tā yǐ wēndù yǔ shīdù, shǐ tā fāyá.Yì fāyá, zhèxiē zhǒng zi biàn yǐ kěpà de lì·liàng, jiāng yíqiè jīxièlì suǒ bùnéng fēnkāi de gǔgé, wánzhěng de fēnkāi le.Zhíwù zhǒngzi de lìliàng zhī dà, rúcǐ rúcǐ.

Zhè, yěxǔ tèshūle yìdiǎnr, chángrén bù róng·yì lǐjiě.Nàme, nǐ kàn·jiànguo sǔn de chéng zhǎng ma? Nǐ kàn·jiànguo bèi yā zài wǎlì hé shíkuài xià·miàn de yì kē xiǎocǎo de shēng zhǎng ma? Tā wèizhe xiàngwǎng yángguāng, wèizhe dáchéng tā de shēng zhī yìzhì, bù guǎn shàng·miàn de shíkuài rúhé zhòng, shí yǔ shí zhījiān rúhé xiá, tā bìdìng yào qūqū-zhézhé de, dànshì wánqiáng-bùqū de tòudào dìmiàn shàng·lái.Tā de gēn wǎng tǔrǎng zuān, tā de yáwǎng dìmiàn tǐng, zhèshì yì zhǒng bùkě kàngjù de lì, zǔzhǐ tā de shíkuài, jiéguǒ yě bèi tā xiānfān, yí lì zhǒngzǐ de lì·liàng zhī dà, //rúcǐ rúcǐ.

Méi·yǒu yí gè rén jiāng xiǎo cǎo jiàozuò "dàlìshì", dànshì tā de lì·liàng zhī dà, díquè shì shìjiè wúbǐ.Zhè zhǒng lì shì yìbān rén kàn·bùjiàn de shēngmìnglì.Zhǐyào shēngmìng cúnzài, zhè zhǒng lì jiù yào xiǎnxiàn.Shàng·miàn de shíkuài, sīháo bù zúyǐ zǔ dǎng.Yīn·wèi tā shì yī zhǒng "chángqī kàngzhàn" de lì; yǒu tánxìng, néngqū-néngshēn de lì; yǒu rènxìng, bù dá mùdì bù zhǐ de lì.

Jiéxuǎn zì Xià Yǎn《Yěcǎo》

170　　**55 号作品**

　　著名教育家班杰明曾经接到一个青年人的求救电话，并与那个向往成功、渴望指点的青年人约好了见面的时间和地点。

　　待那个青年人如约而至时，班杰明的房门敞开着，眼前的景象却令青年人颇感意外——班杰明的房间里乱七八糟、狼藉一片。

　　没等青年人开口，班杰明就招呼道："你看我这房间，太不整洁了，请你在门外等候一分钟，我收拾一下，你再进来吧。"一边说着，班杰明就轻轻地关上了房门。

　　不到一分钟的时间，班杰明就又打开了房门并热情地把青年人让进客厅。这时，青年人的眼前展现出另一番景象——房间内的一切已变得井然有序，而且有两杯刚刚倒好的红酒，在淡淡的香水气息里还漾着微波。

　　可是，没等青年人把满腹的有关人生和事业的疑难问题向班杰明讲出来，班杰明就非常客气地说道："干杯。你可以走了。"

　　青年人手持酒杯一下子愣住了，既尴尬又非常遗憾地说："可是，我……我还没向您请教呢……"

　　"这些……难道还不够吗？"班杰明一边微笑着，一边扫视着自己的房间，轻言细语地说，"你进来又有一分钟了。"

　　"一分钟……一分钟……"青年人若有所思地说，"我懂了，您让我明白了一分钟的时间可以做许//多事情，可以改变许多事情的深刻道理。"

　　班杰明舒心地笑了。青年人把杯里的红酒一饮而尽，向班杰明连连道谢后，开心地走了。

　　其实，只要把握好生命的每一分钟，也就把握了理想的人生。

节选自纪广洋《一分钟》

55 Hǎo Zuòpǐn

Zhùmíng jiàoyùjiā Bānjiémíng céngjīng jiēdào yī gè qīngniánrén de qiújiù diànhuà, bìng yǔ nàge xiàngwǎng chénggōng、kěwàng zhǐdiǎn de qīngniánrén yuēhǎole jiànmiàn de shíjiān hé dìdiǎn.

Dài nàge qīngniánrén rúyuē'érzhì shí, Bānjiémíng de fángmén chǎngkāizhe, yǎnqián de jǐngxiàng què lìng qīngniánrén pō gǎn yìwài——Bānjiémíng de fángjiān·lǐ luànqībāzāo、lángjí yī piàn.

Méi děng qīngniánrén kāikǒu, Bānjiémíng jiù zhāohu dào: "Nǐ kàn wǒ zhè fángjiān, tài bù zhěngjié le, qǐng nǐ zài ménwài děnghòu yì fēnzhōng, wǒ shōushi yīxià, nǐ zài jìn·lái ba." Yībiān shuōzhe, Bānjiémíng jiù qīngqīng de guān·shàngle fángmén.

Bù dào yī fēnzhōng de shíjiān, Bānjiémíng jiù yòu dǎkāile fángmén bìng rèqíng de bǎ qīngniánrén ràngjìn kètīng.Zhèshí, qīngniánrén de yǎnqián zhǎnxiàn chū lìng yī fān jǐng xiàng——fángjiān nèi de yīqiè yǐ biàn·dé jǐngrán-yǒuxù, érqiě yǒu liǎng bēi gānggāng dàohǎo de hóngjiǔ, zài dàndàn de xiāngshuǐ qìxī·lǐ hái yàngzhe wēibō.

Kěshì, méi děng qīngniánrén bǎ mǎnfù de yǒuguān rénshēng hé shìyè de yínán wèntí xiàng Bānjiémíng jiǎng chū·lái, Bānjiémíng jiù fēicháng kèqi de shuōdào: "gānbēi.Nǐ kě yǐ zǒu le."

Qīngniánrén shǒu chí jiǔbēi yíxiàzi lèngzhù le, jì gāngà yòu fēicháng yíhàn de shuō: "Kěshì, wǒ……wǒ hái méi xiàng nín qǐngjiào ne……"

"Zhèxiē……nándào hái bùgòu ma?"Bānjiémíng yìbiān wēixiàozhe, yìbiān sǎoshìzhe zì jǐ de fángjiān, qīngyán-xìyǔ de shuō, "Nǐ jìn·lái yòu yǒu yì fēnzhōng le."

"Yì fēnzhōng……yì fēnzhōng……"Qīngniánrén ruòyǒusuǒsī de shuō, "wǒ dǒng le, nín ràng wǒ míngbaile yì fēnzhōng de shíjiān kěyǐ zuò xǔ//duō shìqíng, kěyǐ gǎibiàn xǔduō shìqíng de shēnkè dào·lǐ."

Bānjiémíng shūxīn de xiào le.Qīngniánrén bǎ bēi·lǐ de hóngjiǔ yìyǐnérjìn, xiàng Bānjiémíng liánlián dàoxiè hòu, kāixīn de zǒu le.

Qíshí, zhǐyào bǎwò hǎo shēngmìng de měi yì fēnzhōng, yě jiù bǎwòle lǐxiǎng de rénshēng.

Jiéxuǎn zì Jǐguǎngyáng《Yì Fēnzhōng》

56 号作品

有一次，苏东坡的朋友张鹗拿着一张宣纸来求他写一幅字，而且希望他写一点儿关于养生方面的内容。苏东坡思索了一会儿，点点头说："我得到了一个养生长寿古方，药只有四味，今天就赠给你吧。"于是，东坡的狼毫在纸上挥洒起来，上面写着："一曰无事以当贵，二曰早寝以当富，三曰安步以当车，四曰晚食以当肉。"

这哪里有药？张鹗一脸茫然地问。苏东坡笑着解释说，养生长寿的要诀，全在这四句里面。

所谓"无事以当贵"，是指人不要把功名利禄、荣辱过失考虑得太多，如能在情志上潇洒大度，随遇而安，无事以求，这比富贵更能使人终其天年。

"早寝以当富",是指吃好穿好、财货充足,并非就能使你长寿。对老年人来说,养成良好的起居习惯,尤其是早睡早起,比获得任何财富更加宝贵。

"安步以当车",是指人不要过于讲求安逸、肢体不劳,而应多以步行来替代骑马乘车,多运动才可以强健体魄,通畅气血。

"晚食以当肉",意思是人应该用已饥方食、未饱先止代替对美味佳肴的贪吃无厌。他进一步解释,饿了以后才进食,虽然是粗茶淡饭,但其香甜可口会胜过山珍;如果饱了还要勉强吃,即使美味佳肴摆在眼前也难以//下咽。

苏东坡的四味"长寿药",实际上是强调了情志、睡眠、运动、饮食四个方面对养生长寿的重要性,这种养生观点即使在今天仍然值得借鉴。

节选自蒲昭和《赠你四味长寿药》

56 Hào Zuòpǐn

Yǒu yí cì, Sū Dōngpō de péngyou Zhāng'è názhe yì zhāng xuānzhǐ lái qiú tā xiě yì fú zì, érqiě xīwàng tā xiě yìdiǎnr guānyú yǎngshēng fāngmiàn de nèiróng.Sū Dōngpō sī suǒle yíhuìr, diǎndiǎn tóu shuō:"Wǒ dédàole yí gè yǎngshēng chángshòu gǔfāng, yào zhǐ yǒu sì wèi, jīntiān jiù zènggěi nǐ ba." Yúshì, Dōngpō de lánháo zài zhǐ·shàng huī sǎ qǐ·lái, shàng·miàn xiězhe:"Yī yuē wú shì yǐ dàngguì, èr yuē zǎo qǐn yǐ dàng fù, sān yuē ān bù yǐ dàng chē, sì yuē wǎn shí yǐ dàng ròu."

Zhè nǎ·lǐ yǒu yào? Zhāng'è yì liǎn mángrán de wèn.Sū Dōngpō xiàozhe jiěshì shuō, yǎngshēng chángshòu de yàojué, quán zài zhè sì jù lǐ·miàn.

Suǒwèi "wú shì yǐ dàngguì", shì zhǐ rén búyào bǎ gōngmíng lìlù、róngrǔ guòshī kǎolǜ de tài duō, rú néng zài qíngzhì·shàng xiāosǎ dàdù, suíyù'ér'ān, wú shì yǐ qiú, zhè bǐ fùguì gèng néng shǐ rén zhōng qí tiānnián.

"Zǎo qǐn yǐ dàng fù", shì zhǐ chīhǎo chuānhǎo、cáihuò chōngzú, bìngfēi jiù néng shǐ nǐ chángshòu. Duì lǎoniánrén lái shuō, yǎngchéng liánghǎo de qǐjū xíguàn, yóuqí shì zǎo shuì zǎo qǐ, bǐ huòdé rènhé cáifù gèngjiā fùguì.

"Ān bù yǐ dàng chē", shì zhǐ rén búyào guòyú jiǎngqiú ānyì、zhītǐ bù láo, ér yīng duō yǐ bùxíng lái tìdài qímǎ chéngchē, duō yùndòng cái kěyǐ qiángjiàn tǐpò, tōngchàng qìxuè.

"Wǎn shí yǐ dàng ròu", yìsi shì rén yīnggāi yòng yǐ jī fāng shí、wèi bǎo xiān zhǐ dàitì duì měiwèi jiāyáo de tānchī wú yàn.Tā jìnyíbù jiěshì, èle yǐhòu cái jìnshí, suīrán shì cūchá-dànfàn, dàn qí xiāngtián kěkǒu huì shèngguò shānzhēn; rúguǒ bǎole háiyào miǎnqiǎng chī, jíshǐ měiwèi jiāyáo bǎi zài yǎnqián yě nányǐ//xiàyàn.

Sū Dōngpō de sì wèi "chángshòuyào", shíjì·shàng shì qiángdiàole qíngzhì、shuì mián、yùndòng、yǐnshí sì gè fāngmiàn duì yǎngshēng chángshòu de zhòngyàoxìng, zhè zhǒng yǎngshēngguāndiǎn jíshǐ zài jīntiān réngrán zhí·dé jièjiàn.

Jiéxuǎn zì Pú Zhāohé《Zèng Nǐ Sì Wèi Chángshòuyào》

57 号作品

中国的第一大岛、台湾省的主岛台湾岛,位于中国大陆架的东南方,地处东海和南海之间，隔着台湾海峡和大陆相望。天气晴朗的时候，站在福建沿海较高的地方，就可以隐隐约约地望见岛上的高山和云朵。

台湾岛形状狭长，从东到西，最宽处只有一百四十多公里；由南至北，最长的地方约有三百九十多公里。地形像一个纺织用的梭子。

台湾岛上的山脉纵贯南北，中间的中央山脉犹如全岛的脊梁。西部为海拔近四千米的玉山山脉，是中国东部的最高峰。全岛约有三分之一的地方是平地，其余为山地。岛内有缎带般的瀑布，蓝宝石似的湖泊，四季常青的森林和果园，自然景色十分优美。西南部的阿里山和日月潭，台北市郊的大屯山风景区，都是闻名世界的游览胜地。

台湾岛地处热带和温带之间，四面环海，雨水充足，气温受到海洋的调剂，冬暖夏凉，四季如春，这给水稻和果木生长提供了优越的条件。水稻、甘蔗、樟脑是台湾的"三宝"。岛上还盛产鲜果和鱼虾。

台湾岛还是一个闻名世界的"蝴蝶王国"。岛上的蝴蝶共有四百多个品种，其中有不少是世界稀有的珍贵品种。岛上还有不少鸟语花香的蝴//蝶谷，岛上居民利用蝴蝶制作的标本和艺术品，远销许多国家。

节选自《中国的宝岛——台湾》

57 Hào Zuòpǐn

Zhōngguó de dì-yī dàdǎo、Táiwān shěng de zhǔdǎo Táiwān Dǎo, wèiyú Zhōngguó dàlùjià de dōngnánfāng, dìchǔ Dōng Hǎi hé Nán Hǎi zhījiān, gézhe Táiwān Hǎixiá hé dàlù xiāng wàng.Tiānqì qínglǎng de shíhou, zhàn zài Fújiàn yánhǎi jiào gāo de dìfang, jiù kěyǐ yǐnyǐn-yuēyuē de wàng•jiàn dǎo•shàng de gāoshān hé yúnduǒ.

Táiwān Dǎo xíngzhuàng xiácháng, cóng dōng dào xī, zuì kuān chù zhǐyǒu yìbǎi sìshí duō gōnglǐ; yóu nán zhì běi, zuì cháng de dìfang yuē yǒu sānbǎi jiǔshí duō gōnglǐ.Dìxíng xiàng yí gè fǎngzhī yòng de suōzi.

Táiwān Dǎo•shàng de shānmài zòngguàn nánběi, zhōngjiān de zhōngyāng shānmài yóurú quándǎo de jǐliang.Xībù wéi hǎibá jìn sìqiān mǐ de Yù Shān shānmài, shì Zhōngguó dōngbù de zuì gāo fēng.Quándǎo yuē yǒu sān fēn zhī yī de dìfang shì píngdì, qíyú wéi shāndì. Dǎonèi yǒu duàndài bān de pùbù, lánbǎoshí shìde húpō, sìjì chángqīng de sēnlín hé guǒ yuán, zìrán jǐngsè shífēn yōuměi. Xīnánbù de Ā Lǐ Shān hé Rìyuè Tán, Táiběi shìjiāo de Dàtúnshān fēngjǐngqū, dōu shì wénmíng shìjiè de yóulǎn shèngdì.

Táiwān Dǎo dìchǔ rèdài hé wēndài zhījiān, sìmiàn huán hǎi, yǔshuǐ chōngzú, qìwēn shòudào hǎiyáng de tiáojì, dōng nuǎn xià liáng, sìjì rú chūn, zhè gěi shuǐdào hé guǒmù shēngzhǎng tígōngle yōuyuè de tiáojiàn. Shuǐdào、gānzhe、zhāngnǎo shì Táiwān de "sān bǎo". Dǎo•shàng hái shèngchǎn xiānguǒ hé yúxiā.

Táiwān Dǎo háishì yí gè wénmíng shìjiè de "húdié wángguó". Dǎo•shàng de húdié gòng yǒu sìbǎi duō gè pǐnzhǒng, qízhōng yǒu bùshǎo shì shìjiè xīyǒu de zhēnguì pǐnzhǒng. Dǎo•shàng háiyǒu bùshǎo niǎoyǔ-huāxiāng de hú//dié gǔ, dǎo•shàng jūmín lìyòng húdié zhìzuò de biāoběn hé yìshùpǐn, yuǎnxiāo xǔduō guójiā.

Jiéxuǎn zì《Zhōngguó de Bǎodǎo——Táiwān》

58 号作品

对于中国的牛，我有着一种特别尊敬的感情。

留给我印象最深的，要算在田垄上的一次"相遇"。

一群朋友郊游，我领头在狭窄的阡陌上走，怎料迎面来了几头耕牛，狭道容不下人和牛，终有一方要让路。它们还没有走近，我们已经预计斗不过畜牲，恐怕难免踩到田地泥水里，弄得鞋袜又泥又湿了。正踟蹰的时候，带头的一头牛，在离我们不远的地方停下来，抬起头看看，稍迟疑一下，就自动走下田去。一队耕牛，全跟着它离开阡陌，从我们身边经过。

我们都呆了，回过头来，看着深褐色的牛队，在路的尽头消失，忽然觉得自己受了很大的恩惠。

中国的牛，永远沉默地为人做着沉重的工作。在大地上，在晨光或烈日下，它拖着沉重的犁，低头一步又一步，拖出了身后一列又一列松土，好让人们下种。等到满地金黄或农闲时候，它可能还得担当搬运负重的工作；或终日绕着石磨，朝同一方向，走不计程的路。

在它沉默的劳动中，人便得到应得的收成。

那时候，也许，它可以松一肩重担，站在树下，吃几口嫩草。偶尔摇摇尾巴，摆摆耳朵，赶走飞附身上的苍蝇，已经算是它最闲适的生活了。

中国的牛，没有成群奔跑的习//惯，永远沉沉实实的，默默地工作，平心静气。这就是中国的牛！

节选自小思《中国的牛》

58 Hào Zuòpǐn

Duìyú Zhōngguó de niú, wǒ yǒu zhe yì zhǒng tèbié de zūnjìng de gǎnqíng.

Liúgěi wǒ yìnxiàng zuì shēn de, yào suàn zài tián lǒng·shàng de yí cì "xiāngyù".

Yì qún péngyou jiāoyóu, wǒ lǐngtóu zài xiázhǎi de qiānmò·shàng zǒu, zěnliào yíngmiàn láile jǐ tóu gēngniú, xiádào róng·bùxià rén hé niú, zhōng yǒu yìfāng yào rànglù.Tāmen hái méi·yǒu zǒujìn, wǒmen yǐ·jīng yùjì dòu·bú guò chùsheng, kǒngpà nánmiǎn cǎidào tiándì níshuǐ·lǐ, nòng de xiéwà yòu ní yòu shīle.Zhèng chíchú de shíhou, dàitóu de yì tóu niú, zài lí wǒmen bùyuǎn de dìfang tíng xià·lái, táiqǐ tóu kànkan, shāo chíyí yíxià, jiù zìdòng zǒu·xià tián qù.Yí duì gēngniú, quán gēnzhe tā líkāi qiānmò, cóng wǒmen shēnbiān jīngguò.

Wǒmen dōu dāi le, huíguo tóu·lái, kànzhe shēnhèsè de niúduì, zài lù de jìntóu xiāoshī, hūrán jué·dé zìjǐ shòule hěn dà de ēnhuì.

Zhōngguó de niú, yǒngyuǎn chénmò de wèi rén zuòzhe chénzhòng de gōngzuò.Zài dà dì·shàng, zài chénguāng huò lièrì·xià, tā tuōzhe chénzhòng de lí, dītóu yí bù yòu yí bù, tuōchūle shēnhòu yí liè yòu yí liè sōngtǔ, hǎo ràng rénmen xià zhǒng.Děngdào mǎndì jīnhuáng huò nóngxián shíhou, tā kěnéng háiděi dāndāng bānyùn fùzhòng de gōngzuò；huò zhōngrì ràozhe shímò, cháo tóng yī fāngxiàng, zǒu bú jìchéng de lù.

Zài tā chénmò de láodòng zhōng, rén biàn dédào yīng dé de shōucheng.

Nà shíhou, yěxǔ, tā kěyǐ sōng yì jiān zhòngdàn, zhàn zài shù·xià, chī jǐ kǒu nèn cǎo.Ǒu'ěr yáoyao wěiba, bǎibai ěrduo, gǎnzǒu fēifù shēn·shàng de cāngying, yǐ·jīng suàn shì tā zuì xiánshì de shēnghuó le.

Zhōngguó de niú，méi·yǒu chéngqún bēnpǎo de xí//guàn，yǒngyuǎn chénchén-shíshí de mòmò de gōng zuò，píngxīn-jìngqì.Zhè jiùshì Zhōngguó de niú！

Jiéxuǎn zì Xiǎo Sī《Zhōngguó de Niú》

59 号作品

不管我的梦想能否成为事实，说出来总是好玩儿的：

春天，我将要住在杭州。二十年前，旧历的二月初，在西湖我看见了嫩柳与菜花，碧浪与翠竹。由我看到的那点儿春光，已经可以断定，杭州的春天必定会教人整天生活在诗与图画之中。所以，春天我的家应当是在杭州。

夏天，我想青城山应当算作最理想的地方。在那里，我虽然只住过十天，可是它的幽静已拴住了我的心灵。在我所看见过的山水中，只有这里没有使我失望。到处都是绿，目之所及，那片淡而光润的绿色都在轻轻地颤动，仿佛要流入空中与心中似的。这个绿色会像音乐，涤清了心中的万虑。

秋天一定要住北平。天堂是什么样子，我不知道，但是从我的生活经验去判断，北平之秋便是天堂。论天气，不冷不热。论吃的，苹果、梨、柿子、枣儿、葡萄，每样都有若干种。论花草，菊花种类之多，花式之奇，可以甲天下。西山有红叶可见，北海可以划船——虽然荷花已残，荷叶可还有一片清香。衣食住行，在北平的秋天，是没有一项不使人满意的。

冬天，我还没有打好主意，成都或者相当得合适，虽然并不怎样和暖，可是为了水仙，素心蜡梅，各色的茶花，仿佛就受一点儿寒//冷，也颇值得去了。昆明的花也多，而且天气比成都好，可是旧书铺与精美而便宜的小吃远不及成都那么多。好吧，就暂这么规定：冬天不住成都便住昆明吧。

在抗战中，我没能发国难财。我想，抗战胜利以后，我必能阔起来。那时候，假若飞机减价，一二百元就能买一架的话，我就自备一架，择黄道吉日慢慢地飞行。

节选自老舍《住的梦》

59 Hào Zuòpǐn

Bùguǎn wǒ de mèngxiǎng néngfǒu chéngwéi shìshí，shuō chū·lái zǒngshì hǎowánr de：

Chūntiān，wǒ jiāng yào zhù zài Hángzhōu.Ershí nián qián，jiùlì de èryuè chū，zài Xīhú wǒ kàn·jiànle nènliǔ yǔ càihuā，bì làng yǔ cuì zhú. Yóu wǒkàndào de nà diǎnr chūnguāng，yǐ·jīng kěyǐ duàndìng，Hángzhōu de chūntiān bìdìng huì jiào rén zhěngtiān shēnghuó zài shī yǔ túhuà zhīzhōng. Suǒyǐ，chūntiān wǒ de jiā yīngdāng shì zài Hángzhōu.

Xiàtiān，wǒ xiǎng Qīngchéng Shān yīngdāng suànzuò zuì lǐxiǎng de dìfang. Zài nà·lǐ，wǒ suīrán zhǐ zhùguo shí tiān，kěshì tā de yōujìng yǐshuānzhùle wǒ de xīnlíng. Zài wǒ suǒ kàn·jiànguo de shānshuǐ zhōng，zhǐyǒu zhè·lǐ méi·yǒu shǐ wǒ shīwàng. Dàochù dōu shì lǜ，mù zhī suǒ jí，nàpiàn dàn ér guāngrùn de lǜsè dōu zài qīngqīng de chàndòng，fǎngfú yào liúrù kōngzhōng yǔ xīnzhōng shì de. Zhège lǜsè huì xiàngyīnyuè，díqīngle xīnzhōng de wànlǜ.

Qiūtiān yídìng yào zhù Běipíng. Tiāntáng shì shénme yàngzi，wǒ bù zhī·dào，dànshì cóng wǒ de shēnghuó jīngyàn qù pànduàn，Běipíng zhī qiū biàn shì tiāntáng. Lùn tiānqì，bù lěng bú rè. Lùn chīde，píngguǒ，lí、shìzi、zǎor、pú·táo，měi yàng dōu yǒu ruògān zhǒng. Lùn huācǎo，júhuā zhǒnglèi zhī duō，huā shì zhī qí，kěyǐ jiǎ tiānxià. Xīshān yǒu hóngyè kě jiàn，

Běihǎi kěyǐ huáchuán——suīrán héhuā yǐ cán, héyè kě háiyǒu yí piàn qīngxiāng. Yī-shí-zhù-xíng, zài Běipíng de qiūtiān, shì méi•yǒu yí xiàng bù shǐ rén mǎnyì de.

Dōngtiān, wǒ hái méi•yǒu dǎhǎo zhǔyi, Chéngdū huòzhě xiāngdāng de héshì, suīrán bìng bù zěnyàng hénuǎn, kěshì wèile shuǐxiān, sù xīn làméi, gèsè de cháhuā, fǎngfú jiù shòu yì diǎnr hán//lěng, yě pō zhí•dé qù le.Kūnmíng de huā yě duō, érqiě tiānqì bǐ Chéngdū hǎo, kě shì jiù shūpù yǔ jīngměiér piányi de xiǎochī yuǎn•bùjí Chéngdū nàme duō.Hǎo ba, jiù zàn zhè me guīdìng: Dōngtiān bú zhù Chéngdū biàn zhù Kūnmíng ba.

Zài kàngzhàn zhōng, wǒ méinéngfā guónàn cái.Wǒ xiǎng, kàngzhàn shènglì yǐhòu, wǒ bì néng kuò qǐ•lái.Nà shíhou, jiǎruò fēijī jiǎnjià, yī-èr bǎi yuán jiù néng mǎi yí jià de huà, wǒ jiù zìbèi yí jià, zé huángdào-jírì mànmàn de fēixíng.

Jiéxuǎn zì Lǎo Shě《Zhù de Mèng》

60 号作品

我不由得停住了脚步。

从未见过开得这样盛的藤萝，只见一片辉煌的淡紫色，像一条瀑布，从空中垂下，不见其发端，也不见其终极，只是深深浅浅的紫，仿佛在流动，在欢笑，在不停地生长。紫色的大条幅上，泛着点点银光，就像迸溅的水花。仔细看时，才知那是每一朵紫花中的最浅淡的部分，在和阳光互相挑逗。

这里除了光彩，还有淡淡的芳香。香气似乎也是浅紫色的，梦幻一般轻轻地笼罩着我。忽然记起十多年前，家门外也曾有过一大株紫藤萝，它依傍一株枯槐爬得很高，但花朵从来都稀落，东一穗西一串伶仃地挂在树梢，好像在察颜观色，试探什么。后来索性连那稀零的花串也没有了。园中别的紫藤花架也都拆掉，改种了果树。那时的说法是，花和生活腐化有什么必然关系。我曾遗憾地想：这里再看不见藤萝花了。

过了这么多年，藤萝又开花了，而且开得这样盛，这样密，紫色的瀑布遮住了粗壮的盘虬卧龙般的枝干，不断地流着，流着，流向人的心底。

花和人都会遇到各种各样的不幸，但是生命的长河是无止境的。我抚摸了一下那小小的紫色的花舱，那里满装了生命的酒酿，它张满了帆，在这//闪光的花的河流上航行。它是万花中的一朵，也正是由每一个一朵，组成了万花灿烂的流动的瀑布。

在这浅紫色的光辉和浅紫色的芳香中，我不觉加快了脚步。

节选自宗璞《紫藤萝瀑布》

60 Hào Zuòpǐn

Wǒ bùyóude tíngzhùle jiǎobù.

Cóngwèi jiànguo kāide zhèyàng shèng de téngluó, zhǐ jiàn yí piàn huīhuáng de dàn zǐ sè, xiàng yì tiáo pùbù, cóng kōngzhōng chuíxià, bú jiàn qí fāduān, yě bú jiàn qí zhōngjí, zhǐshì shēnshēn-qiǎnqiǎn de zǐ, fǎngfú zài liúdòng, zài huānxiào, zài bùtíng de shēngzhǎng. zǐsè de dà tiáofú•shàng, fànzhe diǎndiǎn yínguāng, jiù xiàng bèngjiàn de shuǐhuā.Zǐxì kàn shí, cái zhī nà shì měi yì duǒ zǐhuā zhōng de zuì qiǎndàn de bùfen, zài hé yángguāng hù xiāng tiǎodòu.

Zhè•lǐ chúle guāngcǎi, háiyǒu dàndàn de fāngxiāng. xiāngqì sìhū yě shì qiǎn zǐsè de, mènghuàn yìbān qīngqīng de lǒngzhàozhe wǒ.Hūrán jìqǐ shí duō nián qián，jiā mén wài yě céng yǒuguo yí dà zhū zǐténgluó，tā yībàng yì zhū kū huái pá de hěn gāo，dàn huāduǒ cónglái dōu xīluò，dōng yí suì xī yí chuàn língdīng de guà zài shùshāo，hǎoxiàng zài chá yán-guānsè，shìtàn shénme.Hòulái suǒxìng lián nà xīlíng de huāchuàn yě méi • yǒu le.Yuán zhōng biéde zǐténg huājià yě dōu chāidiào，gǎizhòngle guǒshù.Nàshí de shuōfǎ shì，huā hé shēnghuó fǔhuà yǒu shénme bìrán guānxi.Wǒ céng yíhàn de xiǎng：Zhè • lǐ zài kàn • bújiàn téngluóhuā le.

guòle zhème duō nián，téngluó yòu kāihuā le，érqiě kāi de zhèyàng shèng，zhèyàng mì，zǐsè de pùbù zhēzhùle cūzhuàng de pánqiú wòlóng bān de zhīgàn，búduàn de liúzhe，liúzhe，liúxiàng rén de xīndǐ.

Huā hé rén dōu huì yùdào gèzhǒng-gèyàng de búxìng，dànshì shēngmìng de chánghé shì wú zhǐjìng de.Wǒ fǔmōle yíxià nà xiǎoxiǎo de zǐsè de huācāng，nà • lǐ mǎn zhuāngle shēngmìng de jiǔniàng，tā zhàngmǎnle fān，zài zhè//shǎnguāng de huā de héliú • shàng háng xíng.Tā shì wàn huā zhōng de yì duǒ，yě zhèngshì yóu měi yí gè yì duǒ，zǔchéngle wàn huā cànlàn de liúdòng de pùbù.

Zài zhè qiǎn zǐsè de guānghuī hé qiǎn zǐsè de fāngxiāng zhōng，wǒ bùjué jiākuàile jiǎobù.

Jiéxuǎn zì Zōng Pú 《Zǐténgluó Pùbù》

第八单元　普通话命题说话考级指导

第一节　测试项简介

命题说话考级，须准备 30 个说话话题，考级时在抽中的签条中两题选一题进行命题说话考试，说 3 分钟，计 40 分，以单向说话为主。

此项测试目的在于考查应试人在没有文字材料的情况下，说普通话时的语音标准程度，说成段、成篇话语时的自然流畅度，所使用的词汇、语法是否规范，围绕主题组织语言的能力和所达到的规范程度。

一、评分标准

（1）语音标准程度，共 25 分，按 6 个档次分别计分。

一档：语音标准，或者极少有错误。扣 0 分、0.5 分、1 分、1.5 分、2 分。

二档：语音错误在 10 次以下，有方言语音但不明显。扣 3 分、4 分。

三档：语音错误在 10 次以下，但方言语音比较明显；或者语音错误为 10～15 次，有方言语音但不明显。扣 5 分、6 分。

四档：语音错误为 10～15 次，方言语音比较明显。扣 7 分、8 分。

五档：语音错误超过 15 次（16～45 次），方言语音明显。扣 9 分、10 分、11 分。

六档：语音错误多（45 次以上），方言语音重。扣 12 分、13 分、14 分。

（2）词汇、语法规范程度，占 10 分，按 3 个档次分别计分。

一档：词汇、语法规范。扣 0 分。

二档：词汇、语法偶有（1～3 次）不规范的情况。扣 1 分、2 分。

三档：词汇、语法屡有（4 次及以上）不规范的情况。扣 3 分、4 分。

（3）自然流畅程度，占 5 分，按 3 个档次分别计分。

一档：语言自然流畅。扣 0 分。

二档：语言基本流畅，口语化较差，有背稿子的表现。扣 0.5 分、1 分。

三档：语言不连贯，语调生硬。扣 2 分、3 分。

（4）说话不足 3 分钟，酌情扣分。不足 0～1 分钟（含 1 分钟），扣 1 分、2 分、3 分；不足 1 分 01 秒至 2 分 29 秒，扣 4 分、5 分、6 分；说话不足 30 秒（含 30 秒），扣 40 分。

（5）说话明显离题，酌情扣 3～5 分。

二、评分标准阐释

（1）衡量应试人的语音标准程度，主要是依据应试人说话时字音错误的量来划分语音档次。

（2）命题说话评分项中的方言语音主要是指应试人说话时反映出来的语流缺陷，尤其是成系统的语流缺陷。

（3）词汇不规范主要是指使用普通话语音与方言语音杂糅、生造词的情况，语法不规范一般是指使用带地方色彩且与普通话的语法不一致的句子。

（4）"口语化较差"是指类似背稿的表现，表达比较生硬，书面语气过重等情况。

（5）要围绕主题组织说话语言，是指在抽到话题后，要注意审题立意，避免因为离题而出现无效话语。

第二节　命题说话考级指导

命题说话最能反映应试人的普通话真实水平。说话时要围绕一个中心，自然流畅地说 3 分钟。内容要集中，表达条理要清晰，语音要标准、自然流畅。

命题说话考试和平时说话的不同之处在于没有双方交流，主要由应试人一个人自说自话。与日常口语不同之处在于要围绕一个中心说，不能随心所欲，脚踩西瓜皮走到哪说到哪；用语用词也应该是规范化的口语，不能使用不规范句式；同时还要克服日常口语中的一些不良的习惯，如太多的口头禅、啰唆重复、过多的语气词等。要想在命题说话测试项上取得较好成绩，在说话考试时必须注意以下几点。

一、语句要自然流畅

语句自然流畅对于说话内容的表述至关重要，一个人语音标准，语调自然，语流通畅，则说话听起来非常容易理解，而且这样的说话可以吸引人；反之，说话磕磕绊绊，断断续续，不但语义不易理解，而且听者容易疲劳或烦燥，表达的效果就差了。要按照日常口语中的语音、语调去说话，不带有朗读、朗诵或背诵的腔调，同时注意语流音变技巧的使用。说话时语速勿过快或过慢，语速快，容易产生滑音和吞字现象；太慢则会出现拖音现象，并拖出方言语调。"说话"自然、规范、流畅，这是体现普通话口语表达能力的基本标准。但在测试中，我们发现有的应试人把说话变成背稿，造成书面化、程式化，从而影响测试成绩。

二、不滥用新词语

随着社会的发展和语言的变化，新词语不断涌现。它们不仅活跃在一定层次、一定范围的人群中，而且有很强的渗透力。在普通话测试的"说话"项中，我们发现在青年学生中，使用新词语比较普遍。如果放任自流显然不可取，但一味地禁止使用，也是行不通的。我们提倡使用已经被民众普遍接受了的新词语，比如：大咖、卡拉 OK、料理、家私、写字间、非典、激光、打的、跳槽、洗手间、做秀、炒鱿鱼、ＡＡ制等，尽量不使用范围较窄的或旧词新义的词语，如"三八""天才""可爱""偶像""歌星""白骨精""蛋白质""老板""正点""落水""大话""青蛙""恐龙"等。

三、不使用普通话和方言杂糅的词语和句式

任何一个方言地区的人，对于母语方言词语的认同都是自然的、根深蒂固的。有时候人们不大注意方言词语和普通话词语的区别，尤其是一些口语中常用的词语。往往人们在说普通话时，语音是符合普通话标准的，词形和词义仍然是方言的，如"二百五"说成"两百五"，"自行车"说成"脚踏车"，"胡同"说成"弄堂"，"窗户"说成"窗门"，"冰棍儿"说成"棒冰"等。

语法句式也是如此，说的句子，语音没什么问题，如"这部电影多少好看"（这部电影很好看）；"你把文件送送到校长那里去"（你把文件送到校长那里去）；"请教师把所借杂志赶快还掉"（请教师把所借杂志赶快归还）；"我打他不过"（我打不过他）；"我好不好进来？"（我能不能进来？）；"你吃过这个东东吗？"（你吃过这个东西吗？）；"你好像瘦去了"（你好像瘦了）等。这些句子在"说话"项考试时都要避免。要使用规范的普通话词语，尽量使用口语词语，少用文言词语、公文用语和专业术语，不用粗俗语。

四、句子宜短不宜长

在口语中，听话人主要关注说话人表述的意思，短小的句子易被人记住，短句也便于说话人修改；如果句子过长，给人的印象就不深刻，听了后句忘了前句，对句意的表述也有影响。句子太长，容易出现语法失误和逻辑混乱，所以说话中提倡以简洁的短句为主，尽量做到口语化表达。

五、词语宜白不宜文

说话是口语交际，不是书面语言，不要过于文雅。所使用的词语应该简洁明了，使人一听就理解。在应试人中，有相当一部分人在准备说话题目时，都是先写好稿子，然后表达出来，说话时就会不知不觉带上书面色彩，把文绉绉的修饰语放在话语中，这样说话不是太过文雅，就是冗余繁杂，会影响说话成绩。

六、避免过多的口头禅

每个人说话，都有自己的语言习惯。有的人习惯不自觉地重复，有的人习惯语句重音的加强，有的人则习惯口头禅，如"然后""嗯""这个""所以说""的话""就是说""呢"等。口头禅过多介入，会使说话的流畅程度受到影响，而且容易造成语句中断不流畅，产生破句现象。

第三节 命题说话考级技巧

普通话水平测试中的命题说话是单向说话，考查的是应试人自然状态下的语音面貌，它对于应试人的语言要求最全面，所以在命题说话考试中，应有良好的心理状态，这是完成此项测试的前提。使用的语言应该是交谈式的口语，语气、语调力求平稳、自然和亲切。勿把谈话理解为即兴演讲，否则会拿腔拿调地演讲，显得不自然。从语言组织和表达角度说，说话的语气语调不要起伏太大，以致影响思维和表述的连贯性。有的人一激动说不出话来，就是这个道理。下面提供几个考级技巧，希望读者能领会掌握。

一、调节情绪，克服心理障碍

对于平时缺乏即兴说话锻炼的人来说，考试难免会心理紧张，产生心慌意乱、手足无措、心跳加快、呼吸急促等症状，这是"怯场"的不良心理所致的，会给考试带来一定的负面影响，可见拥有良好的考试心态至关重要。如何克服"怯场"的不良心理呢？可采用以下两种方法。

（一）心理调节法

一是考前熟悉考场环境，掌握考试程序，缓解紧张情绪；二是用生理运动来镇定情绪，如深呼吸、扩胸、散步等；三是把测试看成久别重逢的故友，在心理上对测试产生认同感，以消除陌生感，减轻心理压力。

（二）自我暗示法

考前消除心里的顾忌，进行积极的自我暗示和鼓励：我一定能行，别人能通过，我也肯定能通过等。这样才能保持坦然的神情，如面带微笑，面部神经松弛，以利于说好难点音，手势自然，增强自信感。

二、内容熟悉，准备充分

说话不仅要有良好的心态，而且要充分准备话题内容。

（1）注意说话内容的完整性。内容完整要求应试人针对一个话题真正做到有话可说，在审题方面下点功夫，注意话题所揭示的中心和范围，话题所暗示的表达类型，话题所涉及的人称，话题中时间、动作、状态的提示等。

（2）注意说话内容的详略得当，这样可以更好地凸显主题。说话时，内容要紧扣主题，无关紧要的话不说，毫无意义的话不说。

（3）注意说话层次的清晰，这是一个人思路的体现，先说什么，后说什么，在头脑中应该有一个安排。如果大脑紧张的话，就不可能有清晰的思路；如果太过于注重说话内容，则不易于说准字音。应遵循熟悉原则，内容熟悉，才能把注意力放在语音表达上，谈得轻松，说得自然。

三、备稿而不背稿

将准备好的说话稿，用口语化的形式表达出来，切勿背稿。背稿难免使语气、语调显得生硬不自然，而且背稿容易出现遗忘而导致手足无措，甚至于情急之中冒出方言词语或方言句子，这是考级之大忌，也是测试员从重扣分的凭据。语音面貌是反映应试人说话能力的主要标准。一个人平时说话基本上只考虑一点：下面该说什么了？而考试时要考虑两点：一是说话的内容，二是咬准字音。对于应试人来说，应该在熟悉说话内容的情况下，更注重自己的语音面貌。

学好普通话的最高境界就是形成普通话思维，在情急之下，脱口而出的仍然是语音、词汇、语法都合乎标准的普通话。因此，我们要将文字稿充分口语化，并熟记于心，只有这样才能不背稿，自然而然地说一口流利的普通话口语。

四、控制好语速

说话的节奏也很重要，不宜过快，也不宜过慢。语速过快，会导致发音时口腔打不开、复元音韵母动程不够和归音不准等，还会出现口不择言的现象；过慢，则导致话语迟钝、语流不畅、不够连贯、拖腔拿调等。这都不是说话的最佳状态。由于应试人年龄、性格、职业等的差异，3 分钟内所表达的音节量会有一定差异。按照正常的语速，3 分钟内应表达 600 个左右的音节量。

第四节　话题分析与编写提纲

普通话水平测试所用的 30 个话题涉及多方面的内容，一般须通过记叙、说明、议论三个主要文体来表述。因为这项测试对布局谋篇、主题开掘、内容新颖真实、遣词造句等作文能力没有很高的要求，所以对于应试人来说，目标是运用标准的语音来表达。那么应如何准备话题呢？

一、话题准备和分析

（一）注重普通话思维

要形成普通话思维，撰写口语化的文字稿，语句短小精悍，避免华丽的辞藻和拗口难读的句子。

（二）淡化文体

要注意话题的文体和内容是可以相互转换的，如"谈谈科技发展与社会生活"既可以作为说明文来说，又可以作为议论文来说；又如话题"我尊敬的人"可以替换为"我的朋友""我喜欢的明星（或其他知名人士）"等不同的话题。一般是由难转易，变抽象的议论为具体的叙述，这样既缩小了准备话题的范围，又降低了话题的难度。

（三）命题说话题目

下列话题的顺序排列可以为学员撰写说话文本、转换文体和内容提供方便。

（1）我的学习生活。

（2）我的业余生活。

（3）我的假日生活。

（4）我的朋友。

（5）我最尊敬的人。

（6）我的成长之路。

（7）我的愿望（或理想）。

（8）我的家乡（或熟悉的地方）。

（9）我喜爱的动物（或植物）。

（10）我喜爱的职业。

（11）我喜爱的文学（或其他）艺术形式。

（12）我喜爱的季节（或天气）。

（13）我喜欢的节日。

（14）我喜欢的明星（或其他知名人士）。

（15）我喜欢的书刊。

（16）我知道的风俗。

（17）我所在的集体（学校、机关、公司等）。

（18）我向往的地方。

（19）我和体育。

（20）谈谈服饰。

（21）谈谈科技发展与社会生活。

（22）谈谈美食。

（23）谈谈社会公德（或职业道德）。

（24）谈谈个人修养。

（25）谈谈对环境保护的认识。

（26）谈谈卫生与健康。

（27）童年的记忆。

（28）难忘的旅行。

（29）谈谈学习普通话的体会。

（30）谈谈购物（消费）的感受。

二、话题编写提纲

为方便广大学员练习"命题说话"，本书给每个说话题目提供了编写提纲，仅供参考。

（一）我的学习生活

本话题可以着重说说自己学习生活中的某一个重要阶段和自己目前的学习生活，或者说说自己学习生活中的经验和收获，或者说说自己在不同学习阶段中难忘的事情。

（1）简单概述一下我的学习生活，如有趣、紧张、有序、充实、艰辛等。

（2）我平时是如何安排自己的学习生活的。可以说说一天的学习时间安排，可以围绕自己的专业特色来说，可以说说自己的爱好和特长，可以说说自己的学习地点、学习伙伴、学习质量，可以说说自己的学习收获和感受，还可以从书本以外、课堂以外的其他角度来说。

（3）我有什么样的学习观点，目的如何，态度怎样，有什么好的方法。

（4）学习在我的生活中有什么样的地位，它对于我的生活有什么样的影响。比如：丰富了我的头脑，增长了我的见识，开阔了我的视野，充实了我的生活等。

（二）我的业余生活

本话题发挥空间大，可讲述的内容丰富，不论是陶冶情操的个人爱好，还是富有乐趣的生活小事，都可以入题叙说。

（1）总体介绍一下我的业余生活的情况。

（2）我的业余生活是丰富多彩的。体育锻炼方面，如羽毛球、网球、乒乓球、跑步、游泳、围棋、象棋等，可以强身健体。娱乐方面，如看电影、看电视、欣赏音乐、唱卡拉OK、跳交际舞等。有时还上网和朋友聊天、玩游戏，参加一些公益活动，喜欢自己烧菜做饭，有自己的拿手绝活等。

（3）我的业余生活使我的人生充实而有意义。

（三）我的假日生活

本话题着重叙述假日生活，可以平铺直叙我的假日生活的方方面面，也可以选取一个有意义的假日，或者一个难忘的假日，或者一个平淡却充实的假日来说。

（1）叙述一下我的假日生活的情况。

（2）说说假日生活中一次与朋友的聚会、一次与家人的旅游、给家人做的一顿丰盛的晚餐，也可以说说看过的一本有意义的书、欣赏的一次高水平的演出或一次激动人心的足球赛等。

（3）我的假日生活丰富而多彩，它是我紧张工作和学习后的调节。

（四）我的朋友

本话题叙说的朋友对象一般是人，也可以是动物，或者一个物件，这样可以说的范围和空间就大一些。

（1）介绍我的朋友是谁。

（2）我的这个朋友有什么特点，他为什么会成为我的朋友，如我和他在什么样的环境下认识，曾经发生过什么事情，是什么事情促使我们的友谊加深。

（3）我和朋友之间发生了什么有趣、有意义的事情，朋友的学习和工作如何，性格如何，他对于我有哪些帮助，我对于朋友的难忘之情、尊敬之情等。

（五）我最尊敬的人

本话题可以叙述的人物不做限定，可以是自己亲近的人，如父母、兄弟、姐妹等，也可以是其他长辈或平辈等。

（1）首先概括介绍我最尊敬的人是谁，他和我的关系怎样，他是干什么的。

（2）我为什么尊敬他。通过具体、生动、典型的事例来体现，比如：他在性格方面有什么特点；他怎样处理生活当中人与人之间的关系；他做的什么事情对我产生了影响；他待人接物如何；他的责任感和聪明才智，或平易近人，或幽默风趣，或责任心强，或积极进取，或善良热情等。

（3）总结他的性格和品德，表达我的尊敬之情。

（六）我的成长之路

本话题可以结合自己的成长过程，说说成长道路上的一些故事，可以是难忘的，可以是平淡的，可以是有趣的，可以是辛酸的，可以是令人感动的，也可以对自己以后的人生道路有影响的等。

（1）总体介绍一下我的成长之路是怎样的。

（2）说说在成长过程中，对我产生过重要影响的人或事情，如小学时遇到过一位非常好的班主任老师；我看过的一本小说，很是感人，其中的一位人物使我难以忘怀；举例说说父母是如何教育我的；我和朋友之间的关系很融洽，有很多朋友帮过我，建立起美好的友谊。

（3）我的成长之路，有太多人的关爱和帮助，既有自己的努力和汗水，也有成长的烦恼和收获。

（七）我的愿望（或理想）

本话题可以从多个愿望说起，也可以从一个主要的愿望谈起。说说自己的愿望为什么会产生，我为什么要实现它，注意多举事例，尽量避免单调的理论性的语言。

（1）从小到大，我有大大小小不同的愿望（或理想），简要列举几个。

（2）着重谈谈几个主要的愿望或理想，它们对我的生活有什么样的影响，如愿望的产生，愿望由一般到强烈的发展变化，我为这个愿望的实现所付出的努力，实现愿望的过程中我遇到的困难和帮助，我有什么样的信心和动力。

（3）我的愿望（或理想）是否实现，对于我的生活和学习有什么积极的影响：提高了我对自己的要求，充实和丰富了自己的学习生活，使平淡的生活有了色彩和动力。

（八）我的家乡（或熟悉的地方）

本话题可以是自己熟悉的家乡，也可以是自己熟悉的一个地方。在介绍家乡或熟悉的地方时，尽可能从地理位置、气候条件、独特风景、风俗习惯等方面详细叙述。

（1）概述我的家乡所处的地理位置、气候条件等。

（2）说说家乡的风俗习惯，如家乡人怎样过春节，人们怎样拜年问好，节日饮食文化，以及人文景观、名胜古迹、自然景观等。

（3）说说家乡近年来的变化，如房屋建筑、经济生活、文化生活、人的精神风貌等，抒发对家乡的热爱之情，欢迎朋友去我的家乡。

（九）我喜爱的动物（或植物）

本话题所涉及的动物（或植物），一般是人们日常所喜欢的种类，也可以根据自己平时的观察和其他渠道得来的知识加以叙说。

（1）介绍我喜爱的一种动物（或植物）。

（2）具体说说这种动物（或植物）的来历、外貌、个性特点；我和它之间的关系，我是怎样照顾它的，我为什么喜欢它；它所具有的品性对我有什么启发。

（3）说说我和动物（或植物）之间的感情，以及一些有趣的事情。

（十）我喜爱的职业

本话题叙述的对象可以是我现在所从事的职业，也可以是我感兴趣的职业，或者是我理想中的职业。

（1）介绍我的职业是什么，它有什么特点。

（2）我对于所从事职业的理解，它的重要性、价值、地位，怎样发挥我的职业的优势，为社会多做贡献。

（3）我喜爱的职业在社会生活中有什么重要作用。

（4）我要做好自己的本职工作，还需要从哪些方面来严格要求自己，如认真学习、刻苦钻研等。

（十一）我喜爱的文学（或其他）艺术形式

本话题讲述的是艺术形式，可以讲文学，也可以谈音乐、美术、戏曲、舞蹈等。

（1）介绍我喜爱的艺术形式，它有什么特点和独特的表现方式。

（2）举例说明这种艺术形式的表现方式是什么，可以讲述一个故事情节，可以讲述一个人物形象，可以结合这种艺术表现讲述它带给人们的艺术享受。

（3）我喜欢这种艺术形式的原因，如它所蕴含的艺术生命力，它带给我的审美体验，它能提高我的审美能力，培养我的审美情趣，给我的生活增添很大的乐趣。

（十二）我喜欢的季节（或天气）

本话题可以选取自己喜欢的一个或几个季节（或天气）来叙述。

（1）我喜欢什么样的季节（或天气）。

（2）比较详细地介绍这个季节（或天气）的特点，如景物的变化、温度或湿度的情况、人的感受；介绍在这样的季节（或天气）里，有什么样的美食，可以做什么样的事情，如可以和家人一起外出旅游或锻炼，享受温暖的亲情等。

（3）在这样的季节（或天气）里，我的心情会更好，我的工作会更顺利。

（十三）我喜欢的节日

本话题讲述节日，但要求是我喜欢的。可以从众多的节日中选出自己喜欢的一个或几个，说说它们在现实生活中的作用和意义。

（1）介绍我喜欢过什么样的节日，是火红、热烈的还是富有浓郁地方色彩的等。

（2）如果喜欢春节，可描述一下迎接春节的气氛，如传统的家庭都在忙碌着，准备年货，杀鸡宰鹅，买鱼买肉，贴门神，贴对联，买鞭炮，做新衣，一派喜庆忙碌的景象。

（3）过春节时，人们忙着走亲访友，互致问候，娱乐消遣，尽情享受假日的悠闲和亲情。

（4）春节是中国人的传统节日，我喜欢过春节，但是随着人们观念的变化，春节的浓厚色彩也渐渐的淡化，我是如何看待这一变化的。

（十四）我喜欢的明星（或其他知名人士）

本话题叙述的对象是明星或其他知名人士，同时强调是我喜欢的。那么为什么喜欢，喜欢什么，都是可以畅说的内容。

（1）我喜欢的明星（或其他知名人士）是谁。

（2）我为什么喜欢这位明星，可以从他的人格魅力说起，可以从他所塑造的角色说起，可以从他的人生经历说起，可以从他的个人修养谈起，也可以从他的思想和作品说起。

（3）他对我的生活产生了什么影响。

（十五）我喜欢的书刊

本话题从我所喜欢的书刊谈起，可以介绍它给人带来的益处和收获。

（1）我喜欢的书刊是什么。

（2）我为什么喜欢这本书，原因如下：它的内容有思想性，见解独到；它的印刷精美，装帧富有特色；它的文字朴实，感情真挚，从小事情中反映出生活的哲理等。

（3）我喜欢它，经常阅读，并把它推荐给朋友。

（十六）我知道的风俗

本话题所包含的风俗应该是我知道、了解的，可以是婚丧嫁娶，可以是重大节日活动，也可以是饮食文化等。

（1）简要介绍自己所了解的一些风俗习惯。

187

（2）详细介绍一些风俗习惯，比如：家乡的人们如何过春节、元宵节、端午节、中秋节、腊八节等，过节都有什么样的准备，过节的过程怎样，过这样的节日有什么样的寓意。

（3）随着经济的发展和社会的进步，家乡的风俗也在不断地变化，它是如何发展变化的。

（十七）我所在的集体（学校、机关、公司等）

本话题要说的集体应是一个宽泛的概念，可以是工作单位，可以是学校班级，也可以是小团体。

（1）概括介绍一下我所在的集体是怎样的。

（2）介绍集体中的成员，如每个人的性格、爱好等，大家在一起发生过什么有趣的事情。

（3）我所在集体的总体风貌：是一个充满欢乐、友谊的大家庭，是一个人人互帮互助、团结友爱的圈子，还是大家勤奋学习、努力工作、有共同爱好的团体等。

（十八）我向往的地方

本话题可以从"向往"说起，"向往"指的是一个人因热爱、羡慕某种事物或境界而希望得到或达到，"向往的地方"是一个有魅力、让人神往的地方。

（1）我向往的地方是哪里。

（2）我为什么向往它，如从别人的谈论中了解了一些有关它的内容，非常神往；从电视或电影里看到它优美的风光，希望身临其境；从神话传说中了解了它深厚的人文底蕴和神秘优美的故事，希望看见它等。

（3）我心目中的地方是什么样的，我企盼自己有朝一日能亲自走一趟。

（十九）我和体育

本话题可以围绕我和体育的关系展开，可以是我热爱体育事业，可以是体育改变了我的生活，可以是我喜欢看体育比赛，也可以是因为体育我交了好朋友等。可以从不同的角度展开，不拘泥于一时一事。

（1）介绍我和体育之间的关系是怎样的。

（2）介绍我对体育的看法，以及我参加体育锻炼的经历。可以以我从被动地上体育课到主动地参加体育锻炼为例，表现出对体育的感情；也可以说说我喜爱的体育项目有什么特点，我是怎样喜欢它的；还可以说说体育对我生活的影响，如积极、有意义的方面等。

（3）我在参加体育锻炼的同时，不仅交了朋友，而且锻炼了意志，增强了体质。

（二十）谈谈服饰

本话题是一个比较专业的话题，同时又是一个大众关心的话题。可以结合日常穿戴的情况，说说大众服饰的特点和百姓服饰的发展变化。也可以从艺术的角度叙说服饰发展对人们生活产生的影响。

（1）对于年轻人来说，服饰是一个常谈常新的话题。服饰的变化体现时代的变化，也体现个人的审美意趣，更是现代社会精神文明的缩影。

（2）可以谈谈不同年龄段人们的服饰特点，从一台服装表演谈到服饰潮流的走向，从中国服饰的发展变化谈到世界服饰潮流的导向，从服饰搭配的艺术性谈到不同场合对服饰的要求，从服饰体现性格、显现个人魅力谈到服饰色彩的取向等。可以谈一个方面，也可以谈几个方面。

（3）谈谈对于服饰的总体印象及自己的见解。

（二十一）谈谈科技发展与社会生活

本话题是一个比较高深的话题。可以从议论的角度说理，阐述科技发展与社会生活的关系；也可以从实际生活入手，说说科技发展对于老百姓生活的影响。可叙可议，切忌空谈。

（1）概述科技发展在社会生活中的地位和作用。

（2）从自己身边的事情谈起，如从手机的不断更新看通信业的发展；从家电的变化看生活现代化的发展；从电脑走入寻常百姓家谈互联网的快捷与便利，互联网使世界变小，使信息畅通无阻；从中国近二十年的发展看科技的神奇作用等。

（3）总结：科技引领生活，科技改变生活，科技离不开知识。

（二十二）谈谈美食

本话题从美食谈起，可以是自己喜欢吃的食物，也可以是自己喜欢做的食物，但不论是哪一种，一般应介绍色、香、味几个方面。

（1）概括介绍自己所了解的美食种类。

（2）自己最喜欢的美食有哪些，为什么喜欢这些美食，它们有哪些特色，有什么绝妙的口味；自己喜欢做哪些美食，这些美食怎样做，制作的程序如何。

（3）民以食为天，喜欢美食是一个人生活的必需，也是一个人生活品位的体现。制作美食是一种享受，更是热爱生活的一种表现。

（二十三）谈谈社会公德（或职业道德）

本话题从社会公德的含义入手，可以谈谈人们在现实生活中的一些行为，并进行评价。

（1）概述社会公德（或职业道德）的内涵。

（2）谈谈不同现象的对比，如遵守社会公德，有良好的社会环境和良好的人际关系；不遵守社会公德，就可能导致混乱的环境和紧张的人际关系。可抓住一些反映公德的生活小事举例。

（3）如何遵守社会公德，有什么重要性。遵守社会公德是社会精神文明的体现，也是每个公民的行为规范，应该从小事做起，从每个人做起。

（二十四）谈谈个人修养

本话题谈个人修养，首先应该明白修养包括哪些方面，一个人的修养该如何培养。良好的修养离不开知识，离不开良好环境的熏陶，更离不开优秀的人生导师和有人格魅力的朋友。

（1）概述修养的内涵，可以指一个人所养成的待人处世的态度，也可以指一个人在知识、艺术、思想等方面的水平。

（2）个人修养是一个人待人处世的态度，举例说说怎样养成良好的待人处世的态度，从哪些方面养成，注意什么样的生活细节。

（3）举例叙述良好的修养对一个人的成长有很大的帮助，修养差的人不仅无法形成良好的社会关系，也不会有一个良好的心态。

（二十五）谈谈对环境保护的认识

本话题谈环境保护，这是当前人们关注的一个热点问题。怎样从大家关心的角度，把环境保护的重要性说清楚，把环境保护的要求说明白，是需要有一个很好的认识的。

（1）谈谈环境保护的重要性，如人类生活需要有良好的环境，好的环境会带来好的心情，恶劣的环境会影响人们的健康，影响人们的学习和工作。

（2）介绍自己所处环境的状况，通过对比小时候（或照片上）优美的自然环境和现在恶劣的自然环境产生的影响，说明治理环境势在必行，以及治理环境要付出的代价。

（3）保护环境应该从我做起，从现在做起；要爱惜资源，爱护环境，希望今后有一个更加优美的环境。

（二十六）谈谈卫生与健康

本话题可以从宏观的角度谈起，也可以从生活的细节谈起，还可以从一则故事谈起，可叙可议，淡化文体。内容从头到尾贯穿卫生与健康即可。

（1）说说卫生与健康的关系。

（2）说说生活中人们如何看待卫生与健康的关系。随着人们生活水平的提高，人们对卫生与健康的关系认识更为深切；生活中，人们越来越意识到健康的重要性，对卫生的关注程度也日益提高，卫生成为现代人提高生活质量的一个热点，如生活卫生、环境卫生、心理卫生、精神卫生等。

（3）拥有健康的体魄是现代人追求高生活质量的一个重要标准，既要关注健康的人生，也要关注卫生与健康的发展。

（二十七）童年的记忆

本话题叙说的核心是有关童年的回忆和往事，一般以生动、有趣为主。

（1）我的童年是无忧无虑的，也是快乐无边的，留下了难忘的童年往事。

（2）童年时，最难忘的莫过于和小伙伴们一起玩耍，可以叙说其中有趣的往事；童年时，受到父母的关爱也是最多的，可以举例叙说爸爸妈妈怎样细心地呵护我；童年时，有什么样的理想，有什么样的得意之事，有什么样的闯祸之事等。

（3）对于童年生活有什么样的感情。

（二十八）难忘的旅行

本话题可以围绕"难忘的"这一定语展开，不限定旅行的次数，所以有较大的发挥空间，既可以说一次旅行，也可以说几次难忘的旅行，重点突出"难忘"即可。

（1）什么时候到什么地方的旅行对我来说是难忘的旅行。

（2）叙述一次旅行的详细经过，比如：如何准备，选择什么样的交通工具，有什么样的心理准备；旅行中有什么趣事或难忘的事情发生；旅行中有什么样的收获，旅行回来后有什么样的回味等。

（3）旅行让我难忘的原因，是山水或风景美丽，还是旅行中吃到了美味佳肴；是结交了某一个新朋友，还是做了某一件意想不到的事情；是增长了见识，感悟了一份道理，还是对我产生了什么深刻的影响。

（二十九）谈谈学习普通话的体会

参加普通话水平测试的人都有学习普通话的一些体会。

（1）说说我学习普通话的目的和经历。

（2）说说我学习普通话的收获和体会，如介绍我的普通话基础如何，如何意识到学习的重要性，以及学习过程中的体会和感受、学习的艰难和痛苦、学习的方法和乐趣、学习的收获等。

（3）学习以后我是如何巩固自己的普通话水平的，如在听广播和看电视时，特别关注播音员的发音，和别人交流时尽量用较标准的口语语音等。

（三十）谈谈购物（消费）的感受

对于购物（消费），每个人都有亲身体验和感受，可以结合自己的实际情况，举例叙述。

（1）购物是生活的一个方面，也是人与社会接触的一种途径。

（2）在购物方面，有什么样的遭遇，比如：做了一回"上帝"，或者受了一次窝囊气；买到了物超所值的东西，或者买到了假冒伪劣的产品。

（3）购物的心态：比较理智，不受风潮的影响；购物不理智，易受广告和别人的影响；购物心态平和；购物遭遇陷阱等。

（4）购物（消费）是生活这个大课堂中不可缺少的一课，如何学好这一课，还需要每个人慢慢体会。

第五节　命题说话示范点评及示例

一、命题说话文字稿示范点评

（一）《我的妈妈》

放学回家，见桌上放着几只苹果，想必是妈妈为我准备的。我也确实又渴又累了，但也实在懒得亲自动手，因而用求援的目光望着妈妈。妈妈笑了笑："大丫头了，你该自己削了。"仅仅是淡淡的一句话，我就认定这次非自己动手不可了。唉，的确，随着自己一天天长大，母爱里便似乎少了几分"关爱"。

真是惭愧，不听使唤的刀一下子在我手上划了道口子，我叫了起来，妈妈慌了，急忙奔过来看伤口，看到伤口不大，这才嘘了口气，又小心地为我包好伤口。

"痛吗？"母亲拧着双眉，关切之情溢于言表。"当然痛喽。"我心里埋怨着，"早知如此，何必当初。"

第二天是礼拜天，碰巧家里的液化气用完了，爸爸又外出了，无奈之下，妈妈只好自己拿着空瓶去换气。好一段时间后，听见母亲在楼下喊我的名字。哼，一定是让我帮忙抬煤气瓶，那么沉，我才不干呢，而且，我的手上还有伤呀。我跑到阳台上，摇了摇包扎好的手。母亲立即理解了，淡淡地说："算了，别下来了，我自己能行。"我松了口气，回屋去了。母亲终于把煤气瓶搬上来了，我听到了几声粗重的呻吟声。

晚上，爸爸回来了。我走过房门，不经意间听到父母的对话。爸爸嗓门挺大，埋怨母亲不小心闪了腰，埋怨母亲为什么不让我帮忙，而母亲仍淡淡地为我解释。我站在门口泪止不住掉了下来。

一阵风吹过，阴冷的空气使我打了个寒战，唯有那包好的伤口仍是温暖如故。苦思了一番，才懂得妈妈的爱有增无减。细想千遍，才知道自己的伤不是在手上，而是在心上。小公主式的娇惯，养成了我的懒惰与自私，我只晓得去享受妈妈过多的爱，却对妈妈吝啬地藏起我完全有能力付出的必不可少的一臂之力[1]。我深深地自责着。

夜晚，我噙着泪花，在妈妈闪伤的腰间轻轻地一遍遍擦着红花油[2]，来回抚摸，也为自己抚平心灵上的伤口。

（二）文字稿点评

这篇说话材料记叙了发生在"我"和"妈妈"之间的故事，流露出"我"对"妈妈"的无限感激和深深的内疚之情。可以说内容是比较感人的，但有方言词语入文的现象，还存在长句子，有较多的难点音。所以要表达得好，说得准确、流畅、自然，并不容易。

（1）方言词语入文现象。"礼拜天"应该说"星期天"，"几只苹果"应该说"几个苹果"，"煤气瓶"应该说"煤气罐"，"痛吗"应该说"疼么"，"晓得"应该说"知道"等。

（2）说话材料中有两个长句子，见上角标数字1、2句。第一句可改成："却不愿对妈妈付出我的一臂之力。"第二句可改成两句："在妈妈闪伤的腰间擦着红花油，轻轻地、一遍遍地小心擦着。"

（3）注意难点音：发准平翘舌音——似乎、松了口气、走过、自责、嗓门等是平舌音，伤口、使唤、闪伤、享受、扎好等是翘舌音；区分前后鼻音——仅仅、亲自、噙着、呻吟等是前鼻音，苹果、心灵、不听、仍是、名字等是后鼻音；轻声——妈妈、爸爸、名字、使唤、懒得、拧着、痛吗等；儿化——嗓门儿、帮忙儿等。

二、话题文字稿示例

下面是编者参加国家普通话水平测试员资格考试时精心准备的话题材料，以及从历年普通话水平测试中挑选出来的比较优秀的命题说话书面文字稿，仅供广大学员编写 3 分钟说话内容时参考。请注意以下内容与声音文本是有区别的。

（一）我的业余生活

（相关话题：童年的记忆、我和体育）

我喜爱的体育运动是游泳。每到夏季，跃入清凉的水中，舒展四肢，或蛙泳，或自由泳，或仰泳，可真是一种人生享受。游泳不仅可以舒活筋骨、消除燥热、增强体质，还可以健美体形。每年坚持游泳，可使四肢匀称健康。毛泽东主席就十分喜爱游泳这项体育运动，70 多岁，还畅游长江，并写下了著名诗句"到中流击水，浪遏飞舟"，这是富有伟大气魄的诗句。毛泽东主席去世后，每年 7 月 16 日我们游泳爱好者都会参加纪念毛主席畅游长江的活动。他老人家那潇洒自如的侧泳，曾给我留下深刻的印象。

我的家可谓是游泳之家。光说我的娘家，我们全家五口人都会游泳。还在我七八岁时，我爸爸妈妈就带我到美丽的鸥江学游泳了。那时我爸爸所在的学校从省城搬到一个小县城。这个小县城有一条著名的江叫鸥江。江水十分诱人，清澈见底。水底是清晰可数的鹅卵石，水中还有许多小鱼儿游来游去，十分有趣。可能是这诱人的溪水吧，使我对游泳产生了极大的兴趣。在我爸爸妈妈的教导下，我很快就学会了游泳。一会儿，一个猛扎下去，潜入水底，一手拿着妈妈的游泳帽，一手摸螺蛳；一会儿，又把头伸出水面换气呼吸，真是畅快极了。

每年夏季，一群喜欢游泳的小伙伴，争先恐后地奔向鸥江。这算是我童年最感兴趣的事了。在我童年的记忆中，从未生过病，没吊过盐水瓶，皮肤晒得黝黑。大人们见着我们，都说我们是小黑猴。

（二）我的愿望（或理想）

（相关话题：我的成长之路、我喜爱的职业）

我曾有过许多愿望。从前，我的一个愿望是当一名女书法教育家。从小受家庭的影响，喜欢写字。因为我的爸爸、妈妈、爷爷、外公都写得一手好字。一上学我写的字就受到老师好评，以后就一发不可收拾，与写字结下了不解之缘。学校里出黑板报，写标语、感谢信，抄老师的鉴定什么的，总少不了我。从中学到大学，我一直担任班里的宣传委员，总是与抄写沾边儿。大学毕业后，分配到一所中专学校任教，先是教语文，后来学校新增一门写字课，我成了学校唯一的书法教师。原先练字，随意性比较大，教了写字课，才开始正正经经地练写古今碑帖，入了点门儿，并且还在几次书法大赛中获奖。正当我踌躇满志地立志从事书法教育事业，想成为周慧珺那样的女书法教育家时，命运之神却并未遂人心愿。1993 年 9 月，母校把我从中专学校调回去改教普通话语音课。一是母校当时急需普通话语音教师；二是因为我在大学读书时，是校广播台的播音员。就这样，我半路出家，又去北京中央普通话语音培训班培训了两个多月。现在已逐渐地喜爱上了这项事业。因此，如果你现在问我的一个愿望是什么，我可以痛快地告诉你，那就是，我想尽快成为一名优秀的普通话口语教师，争取早日拿到国家级测试员证。

（三）我最尊敬的人

（相关话题：我的朋友、我的成长之路）

我最尊敬的人是我的妈妈。我的妈妈和我一样也是师范大学毕业生，但她是五十年代末师范大学毕业生，从事教师职业将近四十年。她热爱教师职业，工作勤勤恳恳，工作高于一切，可以说是事业型女性。我们几个子女可以说都是我姥姥一手带大的，家务活也都是我姥姥操持。我妈妈在生活上不太管子女，但在学业上、工作上、人品上对我们严格要求。她时常教导我们：生活上要简朴些，不要讲究吃穿，而要认认真真地做人、工作、学习，事业上要有所追求，品德要端正，要与人为善，牢记"宁叫天下人负我，我不负天下人"。她这样说的，也是这样做的。在穿戴上她比较马虎，而在工作上却一丝不苟，深受学生们的爱戴。她时常骄傲地说："至今为止，我教的学生，没有一个没出息的，也没有一个品行不端正的，大部分已成为教育领域的骨干。"我妈妈对党忠心耿耿，学生时代就向党组织递交了申请，但是没有如愿，妈妈仍然不放弃追求，先后向党组织递交了三次申请书，一直到 1986 年才实现了加入党组织的愿望。她对党的忠诚几乎到了虔诚的地步，她的追求毫无私心杂念，也不想升官发财。她把这个作为她的人生追求、人生信念，所以我的妈妈是最值得我尊敬的一个人。但作为母亲，我总觉得她缺少点什么，是个可敬但不可亲的人。此外，她也是学校推普骨干，早在五十年代就被省教委评为第一批"推普积极分子"，至今还保留着奖状。她时常骄傲地对我说："你是九十年代的推普骨干，我是五十年代的推普积极分子。正好是我国推普四十年，我们母女俩终于走上了同一条路。"

（四）我熟悉的地方

（相关话题：我所在的集体、我向往的地方）

我的老家在温州的一个小县城里，由于政治原因，我没去过家乡。先是跟着父亲在杭州生活，后又到过丽水，最后又迁至金华。因为我一直生活在学校这个环境中，对当地的风俗习惯不甚了解。许多人对我的学校不太了解，下面我就说说我所在的这个学校吧。浙江师范大学的前身是杭州高专和之江大学分部杭州师院，后合并为浙江师范学院。1968 年，响应党的号召，从杭州搬至金华。金华离杭州有四个小时的车程，是浙江省的一个市，位于浙江中部，是交通枢纽，抗战时期曾经是国民党省政府所在地。1983 年，浙江师范学院与金华师专合并，改名为浙江师范大学，是省里唯一一所重点师范大学。全校有 18 个系，40 个专业，撇开成人教育不算，在校教职员工有一千五百多人，在校生有五千五百多人。学校校址离城区 8 公里，附近设有附中、附小、幼儿园、邮电所、工商银行浙师大储蓄所、光大金融浙师大储蓄所，生活区还有菜场、煤气场、商业街，形成了一个生活设施齐全、配套的地方。为了方便广大教职员工进城购物，每天均有学校的班车进城。

唯一遗憾的是，学校周围没有其他大学。在学术交流、信息传播上，都比不上省城的大学。所以许多青年骨干教师人心浮动，纷纷想往省城调动。后来省委书记联系我校，为了稳定教师队伍，对我校各系开放了许多优惠措施，如住房上，一般的青年教师都能住上两室一厅的房子，有博士学位的免费安装电话专线，副教授以上每月享受牛奶和报纸。

（五）我喜爱的书刊

[相关话题：我喜欢的文学（或其他）艺术形式、我喜爱的职业、我喜欢的明星（或其他知名人士）]

每次看中央电视台的新闻联播，总会对那些往返各国、神采飞扬的政坛风云人物产生一种敬佩和仰慕之情。在我的心目中他们高高在上、遥远神秘，受到老天的格外垂青，否则地球上几十亿人，为何偏偏是他们登上历史舞台？

一个偶然的机会，我有幸读了《走上权利颠峰——当代政坛首脑100位》这本书。翻看着一位位风云人物的简史，才发现他们头上耀眼的光环，是常人无力或不愿付出的代价凝聚而成的。在该书的描写中，首脑级人物的身世和业绩均成为我们不可多得的生动教材，给人们以极大的启示。

美国20世纪最后一位总统，也是21世纪第一位总统克林顿，从小缺少父母之爱，曾被戏称为"阿肯色州的乡巴佬"。就是这样一个极其普通的美国人，在读高中时有幸参观白宫以后，便萌生强烈的愿望：有朝一日，我也要成为国会议员，甚至做白宫的主人。高中毕业后，填报志愿时，他拒绝了周围人的建议，填报了首都华盛顿的乔治敦大学外交学院。于是，有主见、敢想敢做的克林顿告诉人们：只要有坚定的信念、不懈的追求，看似妄想的目标也能成为现实。

英国历史上最年轻、读书最少、出身最寒微的首相梅杰，其经历更令人回味。他从父母那里未能继承到财产，却继承了吃苦耐劳和发奋图强的精神。16岁就开始品尝择业的艰难。23岁时又在车祸中摔折了左腿，失去了膝盖骨。就是这样一个遭遇坎坷的英国人，获得了事业上的巨大成功。于是，梅杰告诉我们：换个角度对待生活上的挫折与磨难，因为它是一笔可贵的人生财富。

英国另一位赫赫有名的风云人物撒切尔夫人，无论世人对她评价如何，都堪称女性的楷模。她曾用1年时间读完5年课程，在孩子刚满月时就去读法律，3个月后即取得律师资格。于是，这位被称为铁娘子的人物告诉我们：做任何事情只要具备顽强的意志、过人的毅力，其结果必定令人惊喜。

如果我们用心阅读这本书，细心咀嚼首脑们的成功经历，便会从中汲取许多精神力量，帮助我们走向成功的事业。

（六）学习普通话的体验

（相关话题：我的学习生活、我的假日生活）

普通话是我国的通用语言，是我们所有炎黄子孙赖以交流、沟通思想感情的工具。一口字正腔圆的标准的普通话能给人一种美感，给人一种无穷的享受。

学好普通话，说难不难，说不难还真有点儿难呢！记得在小学一年级时，天天读a、o、e，想不到这对我们后来学好普通话竟有相当重要的意义呀。可以想象，拼音不过关，想读好、说好普通话是何其之难，简直就是无本之木、无源之水！

说起学习普通话的体验，一句话，就是"太不容易了"。从蹩脚的地方普通话开始，我走上了学习普通话的道路。

我家乡的方言跟普通话有着较大的差别。讲了那么多年的方言，要想一下子改口，困难很大，那得花费相当多的精力与时间。初学普通话的时候，经常会碰到平翘舌、前后鼻韵、边音、鼻音等分辨不清的困难，得仔细地把自己的方言跟普通话做比较，找出主要的不同之处，然后对照发音方法反复练习。开始老觉得，自己的舌头怎么都不听使唤。"别急，慢慢来，一定会成功的！"我暗暗为自己加油鼓劲。

学讲普通话，还要克服害羞心理。如果害怕别人笑话，那就会不好意思张口，不张口，怎么能学好普通话呢？要想说一口流利的普通话，就索性放开胆量多讲多练。渐渐地，你会发现，发音错误越来越少了，普通话说得越来越顺口。敢讲了，错误也就少了。这是不是就意味着你已经完全掌握普通话了呢？那可不一定。有的时候，你会发现，自己方言中的一些说法，在普通话中根本找不到。这里还有一个词语转换的问题，把方言词语转换成贴切的普通话词语，那可不是一日之功。你得一步一步地去领悟。

总之啊，不下一番苦功，是学不好普通话的。

（七）谈谈社会公德（或职业道德）

（相关话题：谈谈个人修养、谈谈对环境保护的认识、谈谈科技发展与社会生活）

社会公德是人在社会生活中的行为准则，是维护社会生活正常进行的一种行为规范，表达了人们的共同愿望和要求，得到了社会大众的认可，它要求社会全体成员都要遵守。

社会公德的内容和要求一般都十分明确、具体、清楚，执行起来也不复杂。如公共场合不随地吐痰、不吸烟等，这些行为规范都能够在社会生活中逐步转化为社会绝大多数成员的行为习惯，成为人们的自觉行为。

社会公德的内容不是一成不变的，它也随着社会的发展而更新内容，创造新形式，在新时期的社会生活中起着举足轻重的作用。

（1）改善道德风尚，维护社会秩序。随着人们交往日益频繁，人们的举手投足无不关系社会秩序和社会其他成员的利益和生活，大力提倡遵守社会公德，能大大促进社会风尚的净化和改善。

（2）调整社会关系，指导人们行为。在社会生活中，人们的交往往往会发生这样或那样的矛盾、摩擦。只有以社会公德要求自己，讲究文明礼貌、互尊互谅，才有利于形成团结、和谐、稳定的社会氛围。

社会公德需要社会的每个成员共同遵守，我们作为新时代的人民教师，更应该自觉遵守公共秩序，倡导讲究文明礼貌，做自觉遵守社会公德的表率。

（八）我喜爱的动物（或植物）

［相关话题：我喜爱的节日、我喜爱的季节（或天气）］

猫是我最喜爱的动物之一。喜爱猫的原因不单是它长得可爱，常逗人喜欢，给生活带来乐趣，而且它还是一名出色的捕鼠能手。

猫和虎同属一科，尽管体形悬殊，猫却具有虎的种种优点。强健的四肢使它有极快的奔跑速度。脚上的爪子使它不但能在平地上疾走如飞，而且能沿着墙壁爬上房顶，爬树跳跃，追捕老鼠。脚底下的肉垫，使它走起路来悄然无声，能偷偷地接近老鼠，轻而易举地把它抓住。猫还具有一些虎所不能相比的优点：猫的眼睛可神了，即使在伸手不见五指的黑夜里，也能看清楚东西，再狡猾的老鼠也逃不过它的眼睛。它的耳朵非常灵活，能够随意转向声音的来处，只要有声音，哪怕是极小的，它也能及时分辨。猫的胡须很长，感觉十分灵敏，能

195

够测量各种洞口的大小。这样一来，老鼠一旦遇见了猫，便注定是难逃的了。

在夜晚，猫显得特别精神，这是它捕鼠的最好时机。白天，它会找个暖和的地方睡大觉，无忧无虑，什么事也不过问。有时它很贪玩，出去一天一夜也不回家。可是，当它听到老鼠的一点响动，又那么尽职，它屏息凝视，一等就是几个钟头，非把老鼠等出来不可！

我家有了猫之后，晚上再也听不到老鼠偷食的吱吱声了，再也不怕老鼠会咬坏或打坏家中的物品了，每晚都可以睡上一个安稳觉。

猫有时特好玩，你在桌上静静地看书或写作业时，它会悄悄地来到你的脚边钻来钻去，喵喵地不停叫几下，有时还会爬到书桌的另一面，卧在那里眯着双眼，静静地陪着你阅读，让你情不自禁地伸出手来，抚摸它一下。

猫很可爱也通人性，我多么喜欢可爱的小猫啊！

第九单元　普通话水平测试演示与评级

第一节　浙江省普通话水平测试样卷

样卷一

（一）读单音节字词 100 个（10%）

阔 你 亏 次 高 亡 于 攀 量 散 怒 后 宫 怀 抠 喂 曰 凭 更 扫
换 浪 盯 管 掉 闻 匀 瞧 假 上 荒 料 捌 耐 想 则 求 觉 缩 脆
磷 货 倍 顿 锈 增 些 泉 看 汤 记 铝 播 讹 暖 谈 睁 入 拉 鸟
迈 剪 财 罚 填 性 皴 书 扎 便 紧 抄 每 防 免 特 组 霜 转 唉
肯 摸 沉 推 粪 亿 信 渠 跑 冲 话 左 迟 风 挖 用 绒 十 切 拧

（二）读多音节词语 50 个（100 个音节，20%）

充足	好久	专门	排球	时代	大伙儿	消灭	并且	国王	影子	柔软
互相	睡眠	马路	孙女	老头儿	沙漠	走私	展览	玩弄	池塘	人家
被迫	前年	包干儿	航空	抚育	兜儿	开采	放心	有机	纽扣	先锋
洗涤	稳妥	领导	起来	贯彻	作品	接着	哈哈	夜里	正常	请客
粉碎	生存	状况	种种	外宾	一个劲儿

（三）朗读短文（抽签 2 选 1，30%）

2 号作品《丑石》
38 号作品《语言的魅力》

（四）命题说话（抽签 2 选 1，40%）

我最尊敬的人
谈谈卫生与健康

样卷二

（一）读单音节字词 100 个（10%）

军　胸　远　决　渠　钟　顿　慌　春　软　锅　滑　船　呼　兵　碎　崩　雾　镶
催　醒　庙　金　扭　届　扶　捧　摘　流　猫　织　蓝　猜　腻　裆　薛　天　而
紫　射　盒　甩　破　滚　涌　卷　讯　侣　翁　绒　框　搓　挠　品　耍　瞥　颊
嵌　猛　糠　掐　震　竿　砌　揍　贼　驶　搜　雌　楬　荫　郑　饶　纺　贰　肆
拨　废　踹　镖　苷　蔫　傣　屉　蛹　诈　砭　弩　褓　嗑　闰　披　萧　舜　褪
索　纫　妾　瞭　藕

（二）读多音节词语（100 个音节，20%）

钟头　手稿　搜查　档案　随便　克制　允许　进裂　背后　婆家　勤劳
下班　封存　烟卷儿　分担　羡慕　逆子　尚且　类型　菠菜　跑腿儿　条款
纯粹　果断　儿女　嘴巴　军队　衰弱　矿工　快乐　想念　刚毅　沉思
拥护　抓紧　灭决　雄壮　任何　原则　小孩儿　起码　燃烧　照片儿　点心
确实　朋友　滑冰　抚摩　碧玉　抢修

（三）朗读（抽签 2 选 1，30%）

6 号作品《二十美金的价值》
33 号作品《喜悦》

（四）说话（抽签 2 选 1，40%）

我的朋友
谈谈个人修养

第二节　计算机辅助普通话水平测试
操作规程（试行）

根据《普通话水平测试管理规定》（教育部令第 16 号），结合计算机辅助普通话水平测试的特点和要求，制定本操作规程。

（一）考点

（1）考点设置的总体要求是：考场相对封闭、布局合理、设施完善、整洁肃静、标志清晰，应在适当位置张贴《计算机辅助普通话水平测试考场规则》《计算机辅助普通话水平测试应试指南》。

（2）考点应设置考务办公室、候测室、备测室、测试室，具备宽带上网条件。测试用服务器、测试用电脑应预装国家普通水平测试信息管理系统（以下简称"管理系统"）软件。

（3）考务办公室负责相应的考务工作，须设在考点醒目位置。

（4）候测室供参加测试的人员（以下称"应试人"）等候测试用。候测室能容纳半天测试的 1/3 应试人数。

（5）备测室供应试人取得试卷、准备测试用。备测室须临近测试室，室内座位数应不少于测试用机位数，并为每位应试人备《普通话水平测试实施纲要》1 本。

（6）测试室供应试人测试用。专用测试室应有独立测试机位若干，测试机位应为 2 平方米以上独立空间，隔音效果良好，内置测试设备 1 套。利用常规教室或语音室作为测试室的，其室内各机位的间隔不得少于 3 米。

（7）考点应配备考点负责人、系统管理员和其他考务人员。考务人员须佩戴工作证进入考点执行测试，无证人员不得进入。

（二）报名

（1）普通话水平测试报名地点和时间应提前向社会公告。

（2）办理报名时须查验报名者有效身份证件，进行电子采像（或提交报名者近期照片），登记相关信息并配发《普通话水平测试准考证》。对代他人办理报名手续者，除查验报名者有效身份证件外，还须查验代办者的有效身份证件并记录相关信息。

（三）组织流程

（1）测试站负责人应至少提前 10 个工作日向省级测试机构提交测试申请。申请内容应包括测试时间、地点、人数、机位数及应试人信息，按照省级测试机构批复的计划组织考试。

（2）测试结束后，系统管理员应按要求填写测试情况记录，并向省级测试机构报送测试信息和数据。

（四）测试流程

（1）在应试人报到时应核对应试人身份，引导应试人进入候测室，并提示应试人了解应试过程操作和遵守《考场规则》。

（2）按照编组顺序引导应试人进入备测室，随机分配（或由应试人抽取）试卷后开始测试准备，备测时间为 15 分钟。

（3）安排应试人在相应的机位顺序测试，每个测试机位只允许 1 人应试。

（4）测试结束，检查应试现场确认无问题后允许应试人离开测试室。

（五）试卷

（1）测试试卷由《国家普通话水平测试题库》提供。

（2）试卷由专人负责，做好保密工作。测试使用的纸质试卷，使用后应及时销毁，不得泄露、外传。计算机内试卷应按照国家《计算机信息系统国际互联网保密管理规定》的要求进行管理。

（六）成绩评定

（1）评定测试成绩，应严格按照《普通话水平测试大纲》和省级测试实施机构制定，并经国家测试机构审订的《普通话水平测试评分细则》执行。

（2）试卷的"读单音节字词""读多音节词语""朗读短文"测试项，由计算机辅助普通话水平测试评分系统（以下简称"辅评系统"）评定。

（3）试卷的"选择判断"和"说话"测试项，由省级测试机构通过管理系统分配至 2 名测试员审听评分。

（4）测试各项得分通过辅评系统合成，合成后的分数为应试人测试初始成绩。在一级乙等以下（含一级乙等）范围内的初始成绩，经省级测试机构审核通过后，确认为最终成绩。在一级甲等范围内的初始成绩，须经省级测试机构上报，由国家测试机构组织复审确认。

（七）证书

（1）《普通话水平测试等级证书》（以下简称"《证书》"）由国家语言文字工作部门统一印制。

（2）省级语言文字工作机构为应试人（包括未入级者）颁发《证书》。一级甲等成绩的《证书》，由国家测试机构加盖复审印章后，交省级语言文字工作机构颁发。

（3）省级测试机构应按规定为因《证书》遗失、损毁而提出申请者补办证书。

（八）档案管理

测试档案由省级测试机构负责管理。

测试档案包括文书档案和电子档案。文书档案包括报名表、第三项"选择判断"和第五项"说话"评分记录表、复审记录表、应试人成绩单、证书签收单等。电子档案包括完整的应试人个人信息、测试录音和试卷。文书档案保存期不少于两年；电子档案在线保存不少于 6 个月，并通过备份永久保留。

（九）附则

本规程自颁发之日执行。

教育部语用司

二〇〇八年六月十八日

第三节　普通话水平测试视频演示与评级

普通话水平测试演示
与评级（视频）

200

附录A 《普通话异读词审音表（修订稿）》（2016年5月）

本表条目按照异读音节的音序排列。

A

阿 ①ā ～訇/～罗汉/～木/林～姨
②ē ～谀/～附/～胶/～弥陀佛

挨 ①āi ～个/～近
②ái ～打/～说

癌 ái（统读）

霭 ǎi（统读）

蔼 ǎi（统读）

隘 ài（统读）

谙 ān（统读）

埯 ǎn（统读）

昂 áng（统读）

凹 āo（统读）

拗 ①ào ～口
②niù 执～/脾气很～

坳 ào（统读）

B

拔 bá（统读）

把 bà 印～子

白 bái（统读）

拜 bái ～～（再见、分手）

膀 bǎng 翅～

蚌 ①bàng 蛤～
②bèng ～埠

傍 bàng（统读）

磅 bàng 过～

龅 bāo（统读）

胞 bāo（统读）

薄 ①báo（语）常单用，如"纸很～"
②bó（文）多用于复音词，～弱/稀～/淡～/
尖嘴～舌/单～/厚～

堡 ①bǎo 碉～/～垒
②bǔ ～子/吴～/瓦窑～/柴沟～
③pù 十里～

暴 ①bào ～露
②pù 一～（曝）十寒

爆 bào（统读）

焙 bèi（统读）

惫 bèi（统读）

背 bèi ～脊/～静

鄙 bǐ（统读）

俾 bǐ（统读）

笔 bǐ（统读）

比 bǐ（统读）

臂 ①bì 手～/～膀
②bei 胳～

庇 bì（统读）

髀 bì（统读）

避 bì（统读）

辟 bì 复～

裨 bì ～补/～益

婢 bì（统读）

痹 bì（统读）

壁 bì（统读）

蝙 biān（统读）

遍 biàn（统读）

骠 ①biāo 黄～马

　　②piào ～骑/～勇

傧 bīn（统读）

缤 bīn（统读）

濒 bīn（统读）

殡 bìn（统读）

屏 ①bǐng ～除/～弃/～气/～息

　　②píng ～藩/～风

柄 bǐng（统读）

波 bō（统读）

播 bō（统读）

菠 bō（统读）

剥 ①bō（文）～削

　　②bāo（语）

泊 ①bó 淡～/飘～/停～

　　②pō 湖～/血～

帛 bó（统读）

勃 bó（统读）

铍 bó（统读）

伯 ①bó ～～（bo）老～

　　②bāi 大～子（丈夫的哥哥）

箔 bó（统读）

簸 ①bǒ 颠～

　　②bò ～箕

膊 bo 胳～

卜 bo 萝～

醭 bú（统读）

哺 bǔ（统读）

捕 bǔ（统读）

鹋 bǔ（统读）

埠 bù（统读）

C

残 cán（统读）

惭 cán（统读）

灿 càn（统读）

藏 ①cáng 矿～

②zàng 宝～

糙 cāo（统读）

嘈 cáo（统读）

螬 cáo（统读）

厕 cè（统读）

岑 cén（统读）

差 ①chā（文）不～累黍/不～什么/偏～/色～/～别/视～/误～/电势～/一念之～/～池/～错/言～语错/一～二错/阴错阳～/～等/～额/～价/～强人意/～数/～异

②chà（语）～不多/～不离/～点儿

③cī 参～

猹 chá（统读）

搽 chá（统读）

阐 chǎn（统读）

羼 chàn（统读）

颤 ①chàn ～动/发～

②zhàn ～栗（战栗）/打～（打战）

鞯 chàn（统读）

伥 chāng（统读）

场 ①chǎng ～合/～所/冷～/捧～/外～/圩～/一～雨

②cháng ～院

③chang 排～

钞 chāo（统读）

巢 cháo（统读）

嘲 cháo ～讽/～骂/～笑

秒 chào（统读）

车 ①chē 安步当～/杯水～薪/闭门造～/螳臂当～

②jū（象棋棋子名称）

晨 chén（统读）

称 chèn ～心/～意/～职/对～/相～

撑 chēng（统读）

乘（动作义，念 chéng）～便/～风破浪/～客/～势/～兴

橙 chéng（统读）

惩 chéng（统读）

澄 ①chéng（文）～清（如"～清混乱""～清问题"）

②dèng（语）单用，如"把水~清了"

痴 chī（统读）

吃 chī（统读）

弛 chí（统读）

褫 chǐ（统读）

尺 chǐ ~寸/~头

豉 chǐ（统读）

侈 chǐ（统读）

炽 chì（统读）

舂 chōng（统读）

冲 chòng ~床/~模

臭 ①chòu 遗~万年
②xiù 乳~/铜~

储 chǔ（统读）

处 chǔ（动作义）~罚/~分/~决/~理/~女/~置

畜 ①chù（名物义）~力/家~/牲~/幼~
②xù（动作义）~产/~牧/~养

触 chù（统读）

搐 chù（统读）

绌 chù（统读）

黜 chù（统读）

闯 chuǎng（统读）

创 ①chuàng 草~/~举/首~/~造/~作
②chuāng ~伤/重~

绰 ①chuò ~~有余
②chāo ~起

疵 cī（统读）

雌 cí（统读）

赐 cì（统读）

伺 cì ~候

枞 ①cōng ~树
②zōng ~阳（地名）

从 cóng（统读）

攒 cuán 万头~动/万箭~心

脆 cuì（统读）

撮 ①cuō ~儿/一~儿盐/一~儿匪帮
②zuǒ 一~儿毛

措 cuò（统读）

D

搭 dā（统读）

答 ①dá 报~/~复
②dā ~理/~应

打 dá 苏~/一~（十二个）

大 ①dà ~夫（古官名）/~王（如"爆破~王""钢铁~王"）
②dài ~夫（医生）/~黄/~王（如"山~王"）/~城（地名）

呆 dāi（统读）

傣 dǎi（统读）

逮 ①dài（文）如"~捕"
②dǎi（语）单用，如"~蚊子""~特务"

当 ①dāng ~地/~间儿/~年（指过去）/~日（指过去）/~天（指过去）/~时（指过去）/螳臂~车
②dàng 一个~俩/安步~车/适~/~年（同一年）/~日（同一时候）/~天（同一天）

档 dàng（统读）

蹈 dǎo（统读）

导 dǎo（统读）

倒 ①dǎo 颠~/颠~是非/颠~黑白/颠三~四/倾箱~箧/排山~海/~板/~嚼/~仓/~嗓/~戈/~溽
②dào ~粪（把粪弄碎）

悼 dào（统读）

纛 dào（统读）

凳 dèng（统读）

羝 dī（统读）

氐 dī（古民族名）

堤 dī（统读）

提 dī ~防

的 dí ~当/~确

抵 dǐ（统读）

蒂 dì（统读）

缔 dì（统读）

谛 dì（统读）

点 diǎn 打~（收拾、贿赂）

跌 diē（统读）

蝶 dié（统读）

订 dìng（统读）

都 ①dōu ～来了

　　②dū ～市/首～/大～（大多）

堆 duī（统读）

吨 dūn（统读）

盾 dùn（统读）

多 duō（统读）

咄 duō（统读）

掇 ①duō（"拾取、采取"义）

　　②duo 撺～/掂～

裰 duō（统读）

踱 duó（统读）

度 duó 忖～/～德量力

E

婀 ē（统读）

F

伐 fá（统读）

阀 fá（统读）

砝 fá（统读）

法 fǎ（统读）

发 fà 理～/脱～/结～

帆 fān（统读）

藩 fān（统读）

梵 fàn（统读）

坊 ①fāng 牌～/～巷

　　②fáng 粉～/磨碾～/染～/油～/谷～

妨 fáng（统读）

防 fáng（统读）

肪 fáng（统读）

沸 fèi（统读）

汾 fén（统读）

讽 fěng（统读）

肤 fū（统读）

敷 fū（统读）

俘 fú（统读）

浮 fú（统读）

服 fú ～毒/～药

拂 fú（统读）

辐 fú（统读）

幅 fú（统读）

甫 fǔ（统读）

复 fù（统读）

缚 fù（统读）

G

噶 gá（统读）

冈 gāng（统读）

刚 gāng（统读）

岗 gǎng ～楼/～哨/～子/门～/站～/山～

港 gǎng（统读）

葛 ①gé ～藤/～布/瓜～

　　②gě（姓，包括单、复姓）

隔 gé（统读）

革 gé ～命/～新/改～

合 gě（一升的十分之一）

给 ①gěi（语）单用

　　②jǐ（文）补～/供～/～予/配～/自～自足

亘 gèn（统读）

更 gēng 五～/～生

颈 gěng 脖～子

供 ①gōng ～给/提～/～销

　　②gòng 口～/翻～/上～

佝 gōu（统读）

枸 gǒu ～杞

勾 gòu ～当

估（除"～衣"读gù外，都读gū）

骨（除"～碌""～朵"读gū外，都读gǔ）

谷 gǔ ～雨

锢 gù（统读）

冠 ①guān（名物义）～心病

　　②guàn（动作义）沐猴而～/～军

犷 guǎng（统读）

庋 guǐ（统读）

桧 ①guì（树名）

　　②huì（人名）秦～

刿 guì（统读）

聒 guō（统读）

蝈 guō（统读）

过（除姓氏读guō外，都读guò）

H

虾 há ～蟆

哈 ①hǎ ～达
②hà ～什蚂
汗 hán 可～
巷 hàng ～道
号 ①háo ～叫
②hào 发～施令
和 ①hè 唱～/附～/曲高～寡
②huo 搀～/搅～/暖～/热～/软～
貉 ①hé（文）一丘之～
②háo（语）～绒/～子
壑 hè（统读）
褐 hè（统读）
喝 hè ～采/～道/～令/～止
鹤 hè（统读）
黑 hēi（统读）
亨 hēng（统读）
横 ①héng ～肉/～行霸道
②hèng 蛮～/～财
訇 hōng（统读）
虹 ①hóng（文）～彩/～吸
②jiàng（语）单说
讧 hòng（统读）
囫 hú（统读）
瑚 hú（统读）
蝴 hú（统读）
桦 huà（统读）
徊 huái（统读）
踝 huái（统读）
浣 huàn（统读）
黄 huáng（统读）
荒 huang 饥～（指经济困难）
诲 huì（统读）
贿 huì（统读）
会 huì 一～儿/多～儿/～厌（生理名词）
混 hùn ～合/～乱/～凝土/～淆/～血儿/～杂
蠖 huò（统读）
霍 huò（统读）
豁 huò ～亮
获 huò（统读）

羁 jī（统读）
击 jī（统读）
奇 jī ～数
芨 jī（统读）
缉 ①jī 通～/侦～
②qī ～鞋口
几 jī 茶～/～条
圾 jī（统读）
戢 jí（统读）
疾 jí（统读）
汲 jí（统续）
棘 jí（统读）
藉 jí 狼～（籍）
嫉 jí（统读）
脊 jǐ（统读）
纪 ①jǐ（姓）
②jì ～念/～律/纲～/～元
偈 jì ～语
绩 jì（统读）
迹 jì（统读）
寂 jì（统读）
箕 ji 簸～
辑 ji 逻～
茄 jiā 雪～
夹 jiā ～带藏掖/～道儿/～攻/～棍/～生/～杂/～竹桃/～注
浃 jiā（统读）
甲 jiǎ（统读）
歼 jiān（统读）
鞯 jiān（统读）
间 ①jiān ～不容发/中～
②jiàn 中～儿/～道/～谍/～断/～或/～接/～距/～隙/～续/～阻/～作/挑拨离～
趼 jiǎn（统读）
俭 jiǎn（统读）
缰 jiāng（统读）
膙 jiǎng（统读）
嚼 ①jiáo（语）味同～蜡/咬文～字
②jué（文）咀～/过屠门而大～

③jiào 倒～（倒噍）

侥 jiǎo ～幸

角 ①jiǎo 八～（大茴香）/～落/独～戏/～
膜/～度/～儿(犄～)/～楼/勾心斗～/号～/
口～（嘴～）/鹿～菜/头～
②jué ～斗/～儿（脚色）/口～（吵嘴）/
主～儿/配～儿/～力/捧～儿

脚 ①jiǎo 根～
②jué ～儿（也作"角儿"，脚色）

剿 ①jiǎo 围～
②chāo ～说/～袭

校 jiào ～勘/～样/～正

较 jiào（统读）

酵 jiào（统读）

嗟 jiē（统读）

疖 jiē（统读）

结（除"～了个果子""开花～果""～巴"
"～实"念 jiē之外，其他都念 jié）

睫 jié（统读）

芥 ①jiè ～菜（一般的芥菜）/～末
②gài ～菜（也作"盖菜"）/～蓝菜

矜 jīn ～持/自～/～怜

仅 jǐn ～～/绝无～有

谨 jǐn（统读）

觐 jìn（统读）

浸 jìn（统读）

斤 jin 千～（起重的工具）

茎 jīng

附录 B 《普通话水平测试等级标准》

一级

甲等　朗读和自由交谈时，语音标准，词汇、语法正确无误，语调自然，表达流畅。测试总失分率在 3%以内。

乙等　朗读和自由交谈时，语音标准，词汇、语法正确无误，语调自然，表达流畅。偶然有字音、字调失误。测试总失分率在 8%以内。

二级

甲等　朗读和自由交谈时，声韵调发音基本标准，语调自然，表达流畅。少数难点音（平翘舌音、前后鼻尾音等）有时出现失误。词汇、语法极少有误。测试总失分率在 13%以内。

乙等　朗读和自由交谈时，个别调值不准，声韵母发音有不到位现象。难点音较多（平翘舌音、前后鼻尾音、边鼻音、fu-hu、z-zh-j、送气不送气、i-ü不分、保留浊塞音、浊塞擦音、丢介音、复韵母单音化等），失误较多，方言语调不明显。有使用方言词、方言语法的情况。测试总失分率在 20%以内。

三级

甲等　朗读和自由交谈时，声韵母发音失误较多，难点音超出常见范围，声调调值多不准。方言语调较明显。词汇、语法有失误。测试总失分率在 30%以内。

乙等　朗读和自由交谈时，声韵调发音失误多，方言特征突出。方言语调明显。词汇、语法失误较多。外地人听其谈话有听不懂的情况。测试总失分率在 40%以内。

参 考 文 献

[1] 国家语言文字工作委员会普通话培训测试中心. 普通话水平测试实施纲要. 北京：商务印书馆，2004.

[2] 浙江省高等学校在线开放课程共享平台. https://zjedu.moocollege.com.

[3] 宋欣桥. 普通话语音训练教程. 长春：吉林人民出版社，1993.

[4] 宋欣桥. 普通话水平测试员实用手册. 北京：商务印书馆，2000.

[5] 全玉莉，王仙瀛. 普通话水平测试应试手册. 香港：香港城市大学出版社，2008.

[6] 赵则玲. 普通话学习与测试教程. 哈尔滨：黑龙江人民出版社，2002.

[7] 赵则玲. 普通话口语测试教程. 南京：南京大学出版社，2017.

[8] 张慧. 绕口令. 北京：中国广播电视出版社，1996.

[9] 徐世荣. 普通话语音常识. 北京：语文出版社，1999.

[10] 颜逸明. 普通话水平测试指要. 上海：华东师范大学出版社，1995.

[11] 胡灵荪，等. 普通话教程. 上海：华东师范大学出版社，1991.

[12] 姚喜双. 《普通话水平测试大纲》修订和《普通话水平测试实施纲要》研制的几点思考（续）. 中国语文现代化学会通讯，2004（38）.

[13] 张颂. 朗读学. 北京：北京广播学院出版社，1999.

[14] 罗常培，王均. 普通语音学纲要. 北京：商务印书馆，1981.

[15] 吕叔湘. 现代汉语八百词. 北京：商务印书馆，1980.

[16] 胡玉树. 现代汉语. 上海：上海教育出版社，1995.

[17] 赵元任. 语言问题. 北京：商务印书馆，1999.

[18] 王尚文. 语感论. 上海：上海教育出版社，2006.

[19] 赵则玲. 论高师普通话的教与学. 高等师范教育研究，2000（5）.

[20] 赵则玲. 略论朗读在语文教育中的作用. 浙江师大学报，1997（5）.

[21] 赵则玲. 论方言与普通话教学. 浙江师范大学学报，1998（6）.

[22] 赵则玲. 普通话水平测试中的"轻声"问题. 浙江师范大学学报，2000（5）.

[23] 赵则玲. 普通话水平测试中的"说话"问题. 广西师范大学学报，2000（4）.

[24] 赵则玲. 普通话水平测试中的"方言语调"问题. 浙江师范大学学报，2001（5）.

[25] 赵则玲，徐波. 普通话口语教学的语感培养. 浙江师范大学学报，2003（2）.

[26] 徐波，赵则玲. 对当前普通话水平测试中有关问题的思考. 安阳师范学院学报，2001（6）.

[27] 浙江省语言文字工作委员会. 浙江省普通话水平测试教程. 杭州：浙江大学出版社，2012.